LES EXCENTRIQUES

PAR

CHAMPFLEURY

NOUVELLE ÉDITION

PARIS

MICHEL LÉVY FRÈRES, LIBRAIRES-ÉDITEURS

RUE VIVIENNE, 2 BIS

1856

Traduction et reproduction réservées.

LES

EXCENTRIQUES

Paris. — Typ. de Mme Ve Dondey-Dupré, rue Saint-Louis, 46.

PRÉFACE

DE LA DEUXIÈME ÉDITION.

A proprement parler, ce livre n'est pas un livre, c'est une réunion d'articles que la critique a vivement reprochés à l'auteur lors de la première édition. On appuyait fortement surtout sur la bizarrerie des personnages, sur leur condition de bas étage et surtout sur le côté malsain de leur intelligence.

La critique avait tort et raison à la fois : tort en ne se rendant pas compte des motifs qui font que la jeunesse est séduite par l'excentricité des types, qu'au début de la vie littéraire on ne se rend pas compte de la force et de la grandeur qui existent dans la peinture des existences tranquilles ; mais cela ne s'obtient pas du premier coup. Il faut souvent quinze ans d'études à un romancier pour se rendre compte de cette vérité.

La critique avait peut-être raison en reprochant

certaines scènes un peu crues et un penchant trop marqué pour l'étude des maladies de l'intelligence qui ont leur place dans des livres de médecine plutôt que de littérature (1).

Qu'on ne croie pas que je cherche à faire des concessions où à chatouiller l'épiderme des critiques ; ce que je pensais en 1852, année de la publication de la première édition des Excentriques, je le pense encore aujourd'hui, mais avec certaines modifications, fruits de l'étude et de la production.

Quelques portraits sont faits d'après nature et étudiés avec un grand soin, d'autres traités légèrement, à la manière des journalistes. Tout cela jure un tant soit peu ; mais s'il existe dans le livre une étude sérieuse, une seule, il y a de quoi sauver le livre.

Cette seconde édition ne dénote-t-elle pas déjà que le public s'est intéressé à quelques portions des Excentriques ?

---

(1) Cependant, en corrigeant ces épreuves, le hasard me fait tomber sur une brochure très-rare de Charles Nodier, la *Bibliographie des Fous*, qui me justifie jusqu'à un certain point d'avoir entrepris le présent livre : « Il y aurait moyen, dit Charles Nodier, de faire rentrer dans la *Bibliographie des Fous* toutes les extravagances publiées avec une bonne foi naïve et sérieuse par les innombrables visionnaires en matière religieuse, scientifique ou politique, dont nos siècles de lumières ont foisonné depuis Cardan jusqu'à Swedenborg. »

A

HONORÉ DAUMIER

N'avez-vous pas rencontré plus d'une fois sur le pavé de Paris des êtres qui s'emparent de votre regard, que vous ne pouvez oublier quand vous les avez vus?

Quelquefois ces personnages n'ont rien de surprenant ni d'étrange dans leur costume; tout est dans leur physionomie, que les utopies, les rêves, les idées ont rendue bizarre. A ce métier, le masque devient étrange, le corps suit la marche de l'esprit. Swedenborg l'a dit en une phrase ineffaçable :

« *L'homme extérieur est moulé sur l'homme intérieur.* » Profondes paroles qu'il vous est donné plus qu'à un autre de comprendre. Et un étranger, M. Pechméja, a délayé à votre intention l'idée du mystique Suédois :

« Il nous est enseigné par ce Juvénal de la lithogra-
» phie comment l'égoïsme plisse une lèvre; de quelle
» façon l'avarice serre les tempes et les grime; com-
» ment l'astuce vulgaire, la gourmandise native, les
» béatitudes de la matière, l'âpreté du gain, la soif de
» l'injuste, l'inintelligence du beau, la terreur du gran-

» diose et toutes les grossières appétences peuvent, au
» grand dépit de Dieu, faire clignoter la paupière,
» boursoufler le nez, crevasser les joues, aiguiser le
» profil, aplatir le front, torturer les sourcils, creuser
» les narines, déchausser les dents, avachir la mâ-
» choire, écarquiller les yeux, empâter le menton. »

Si les vices et les passions déforment la figure de l'homme comme la pluie déforme un chapeau de soie, les habits ne voudront pas être en désharmonie avec l'homme. Des savants, des philosophes et des romanciers ont prouvé par des découvertes récentes que tout ce qui entoure l'homme se modèle sur lui : les femmes et les enfants, les animaux, les choses animées et les choses inanimées.

Le chat d'un serrurier et le chat d'un apothicaire ne se ressemblent pas; regardez-les un instant de votre œil fin et malicieux, et vous verrez que ces deux animaux offrent la différence profonde qui distingue un atelier de forge d'une boutique de pharmacie.

Les habits de ces inconnus offrent des rapports avec les rides de ceux qui sont dedans. Mais dans les différentes pièces de leur costume, le désaccord et la désharmonie sont encore plus frappants que les trous et les coutures. Ils pourraient prendre pour eux l'épithète de *crotté*, si longtemps accolée au mot poëte, et ils en ont gardé la faim, car ils ne sont guère plus riches.

Pour vous et pour quelques-uns qui trouvent que chaque jour est une mine de curiosités, la rencontre d'un être semblable est une représentation à votre bénéfice qui dure toute la journée. Sans avoir jamais étudié les travaux de Le Brun, de Porta, de Lavater sur la physiognomonie, vous en savez plus que ces auteurs; vous vous dites que l'inconnu n'est ni un tailleur, ni un droguiste, ni un avoué, ni un poëte, ni un marchand, ni un danseur, ni un employé, ni un charcutier, ni un peintre, ni un maçon, ni un avocat, ni un cordonnier, ni un filou, ni un notaire.

Qu'est-ce?

Ce *qu'est-ce* devient alors une question bien plus ardue à résoudre qu'un problème; mais la question est intéressante, elle s'est logée dans le cerveau et rien ne l'en ferait sortir.

L'inconnu a été aperçu à Paris par deux cents personnes. Les deux cents curieux se sont tous posé le même problème et ne l'ont pas résolu. Mais il y a un lien entre ces deux cents curieux qui les réunit à un moment donné, et qui les fait se rencontrer et causer entre eux, de même que tous les bourgeois de Paris amateurs de pigeons se connaissent. Deux membres de cette bande, plus versée que la police secrète dans tous les mystères de Paris, se rencontrent dans un salon, dans un cabaret ou dans un atelier.

— J'ai vu à tel endroit, dit l'un, un individu singulier...

— N'était-il pas, dit l'autre, habillé de telle façon?

— Oui, avec un nez comme ça...

— Et pas de chapeau.

— Je l'ai rencontré hier, il regardait par-dessus le pont.

— Moi, je l'ai vu il y a trois mois, il regardait aussi par-dessus le pont.

— C'est bien le même.

— Vous le connaissez?

— Pas du tout, et vous?

— Pas davantage, mais j'en parlerai à un tel...

— Moi aussi, je connais quelqu'un qui doit le connaître.

Un forçat dangereux s'est échappé du bagne : on envoie son signalement à toutes les autorités, à la gendarmerie; souvent un portrait lithographié est joint au signalement. Quelque fin que soit un mouchard, il ne se mettra jamais un signalement en tête comme les deux cents curieux parisiens.

Un jour je parlais d'un type bizarre que j'avais rencontré dans un restaurant du boulevard, et qui troubla mon dîner par sa cruelle voix de perroquet. — Est-ce celui-là? dit un peintre en reproduisant en quatre coups de crayon la silhouette exacte de mon homme.

Ces hommes, étudiés par la bande invisible des deux cents curieux, sont des *Excentriques*.

Le public est quelquefois en rapport avec eux par leur profession; mais ceux-là ne sont pas les plus intéressants, car ils font comme le marchand de crayons qui a une robe rouge, se coiffe d'un casque en acier à plumes écarlates, descend la visière, monte sur sa voiture, et étonne ainsi les paysans du marché des Innocents.

« Si je m'habillais comme tout le monde, dit le marchand de crayons, je ne vendrais pas mes crayons. » Il ne craint plus de livrer son secret, il a fait venir la foule. Quelques-uns de mes excentriques offrent ce double caractère, curieux à observer, et pour lequel il faudra créer un mot.

Les uns disent : — Oh! qu'il est rusé!

Les autres : — Qu'il est naïf!

Et on ne s'entend pas, parce que cet excentrique n'est ni rusé ni naïf, il est *rusé-naïf;* il a la foi, il a cherché à entraîner des esprits à sa suite, il n'a pas réussi, quoiqu'il ait lutté longtemps. Alors l'instinct le pousse à la ruse : tous les moyens lui sont bons pouvu que son idée triomphe. Il méprise la société plus que la société ne le méprise, et il cherche à la tromper en se disant que c'est pour faire son bonheur. Ces êtres bizarres dont les plans sont si nébuleux, si peu pratiques, d'une application difficile, pour ne pas dire impossible, comprennent merveilleusement le mécanisme de la vie civilisée; ils saisissent les vices ou les défauts d'un individu avec beaucoup de finesse.

J'ai vu de ces convertisseurs commencer par flatter un individu, puis, ne réussissant pas, tourner à la brutalité : il l'insultait et lui dévoilait ses mauvais instincts. Cet excentrique clairvoyant n'était rien moins que naïf, puisque, comme un disciple de Gall et sans tâter les bosses, il déshabillait un homme du regard et savait trouver la fenêtre de son âme; il n'était rien moins que rusé, puisque, malgré toutes ses combinaisons, ses discours, ses démarches, ses publications, son immense activité, il n'arrivait tout au plus qu'à un morceau de pain chèrement acheté.

Et cependant l'homme se faisait vieux et cassé; il comprenait que de longtemps ses rêves ne se réaliseraient pas. S'il avait voulu cesser sa vie errante et vagabonde, sa famille l'attendait les bras ouverts pour le recevoir comme l'enfant prodigue. Qui le retenait, lui, sa femme et ses enfants, dans la misère, au sein du Paris misérable?

LA CROYANCE.

Était-il rusé? était-il naïf?

Quand Jean-Jacques Rousseau s'habillait en Arménien dans les rues de Paris et qu'il était regardé autant que nous avons regardé *Carnevale*, n'était-ce pas là le procédé vulgaire du marchand de crayons, l'envie de faire parler de soi, et l'orgueil en plus?

Mais les véritables excentriques s'ignorent; ils ne se savent pas excentriques, et surtout ne le disent pas; ils se croient dans le positivisme, dans la raison, dans la coutume, et s'étonnent d'être regardés.

Il a fallu plus de courage qu'on ne croit pour faire poser ces modèles, *bohèmes* véritables, à l'esprit difficile et chagrin, souvent mystérieux comme des sphinx, et toujours indéchiffrables comme l'obélisque.

Quelques-uns sont compromettants et indiscrets; vous leur parlez une fois, vous les connaissez pour toujours. N'importe en quelle société ils vous trouvent, ils s'attachent à vous et ne vous quittent plus; mais ceux-là sont heureusement l'exception. On rencontre dans la vie parisienne d'effrontés cyniques qui avouent crûment leurs passions et leurs vices. Ils ont le bon côté de servir de *sujets*.

Ils se déshabillent sans se faire prier, vous avez l'homme nu. Ils enlèvent complaisamment l'épiderme, vous avez l'écorché. Ils font bon marché de leur chair, de leur sang, de leurs veines, vous avez le squelette.

Quand on a bien vu ces drôles qui semblent des pièces artificielles d'anatomie artistement construites, ils remettent leurs veines, leur sang, leur chair, leur épiderme, leurs habits. Ils sont charmants. On les quitte, la tête pleine de *notes* précieuses, on les rencontre dans la rue, et on ne les salue pas.

Ils sont remplis de discrétions et de sens; si vous avez oublié un détail, vous retournez chez le *sujet* qui recommence sa leçon d'anatomie avec la même complaisance ; peut-être cette complaisance vient-elle de ce que le cynique sait que l'étude n'est pas perdue et qu'elle profitera à la science.

Tout le *neveu de Rameau* est là-dedans. Diderot n'eût pas fait son plus beau livre, si Rameau jeune ne s'était complu dans un déshabillement perpétuel devant le grand philosophe. Combien de *neveux de Rameau* marchent aujourd'hui sur les trottoirs? Et que manque-t-il à ces génies ignorés? Un homme de génie qui sache sténographier.

Je retrouve dans mes notes, si vous êtes curieux de connaître mes procédés, le *premier état* d'un portrait d'excentrique qui n'a pu être terminé par la malveillance de celui qui posait, par ses soupçons et par sa disparition.

C'était un homme qui tous les jours se promenait sur le Pont-Neuf, gros et gras, avec une belle figure pleine, des yeux illuminés, un peu de ventre, de longs cheveux ramenés derrière les oreilles, et dont les boucles avaient fini par graisser outrageusement le col de la redingote.

Cette belle tête bien construite, et dont les yeux fiers et noirs refoulaient les regards indiscrets des passants du Pont-Neuf, était couverte d'un chapeau que rien, excepté votre crayon, ne saurait rendre. Un auteur dramatique dirait aux comiques les plus baroques de la Montansier : « Vous ferez faire un chapeau de soie vieux, abîmé et désolé, plus abîmé, plus vieux et plus désolé que tous ceux que vous avez portés jusqu'ici dans vos farces, » les comiques échoueraient.

Je me laboure la tête, je grimace, je me donne beaucoup de mal pour rendre le chapeau ; je rature, je sens que je n'arriverai jamais ; en ce moment je m'aperçois de l'impossibilité de la *description* dont nos maîtres ont cependant donné depuis vingt ans des modèles de génie.

Vous avez dû sourire souvent de la peine que se donne le romancier à vouloir dessiner une physionomie avec la prose, vous qui, en quelques libres crayons, donnez la vie pour toujours à des êtres que les historiens futurs consulteront avec joie, pour se rendre compte de l'extérieur bourgeois de notre siècle.

Pour rendre ce chapeau impossible, je ne peux que me servir d'un équivalent :

« Il n'y a qu'une couple d'années, une vieille femme habitait encore une des chambres du château ruiné de Fregeinstein. Un soir, elle vit tout à fait inopinément dans cette chambre un homme qui portait une robe grise, un grand chapeau crasseux et une longue barbe. Il pendit son chapeau à un clou, s'assit à table, sans s'inquiéter de personne, tira de son sac une petite pipe, du tabac, et fuma. Cet homme gris demeurait toujours ainsi derrière la table. La vieille femme ne put pas attendre qu'il lui plût de s'en aller ; elle se mit au lit. Le matin, le spectre avait disparu. — Le fils de Schulz a raconté ce qui suit : « Le matin du jour de Noël, pendant qu'on célébrait l'office divin, à l'église, ma grand'mère était assise dans notre chambre et priait. Au moment où elle détournait les yeux de son livre, et où justement elle regardait vers le jardin du château, elle vit tout à coup un homme en robe grise et en chapeau crasseux. Il était debout et piochait de temps en temps. Nous-mêmes nous l'avons vu, ainsi que tous les voisins. Après le coucher du soleil il disparut. »

Ceci est une légende allemande, courte, précise, sérieuse, ne discutant pas les faits, traitée en procès-verbal, et qui vaut un dessin, n'est-il pas vrai?

On pouvait appeler l'inconnu l'homme au chapeau crasseux.

Mais sous ce mauvais chapeau se tenait une grosse figure de moine à double menton, originale et pleine de santé. Rarement les excentriques ont de ces figures monacales et d'une bonne graisse, étant habitués à se nourrir à la cuisine de l'occasion. A diverses reprises je rencontrai mon homme se promenant sur le Pont-Neuf, les mains derrière le dos, l'œil droit devant lui ; avec son ventre et sa redingote, il ressemblait un peu à une petite statue que le moulage a répandue partout, l'auteur de *Faust* en houppelande.

C'était un Goëthe mélangé de Chôdruc-Duclos.

Il y en a qui sauteraient tout de suite au-devant de

l'homme, qui l'interrogeraient, qui lui demanderaient des détails sur sa vie. C'est le moyen de ne rien savoir. Tel est le procédé des *journalistes :* aussitôt vu, aussitôt conçu, aussitôt imprimé. Moi, je comprends pourquoi les chats ne tuent pas brutalement les souris qu'ils attrapent ; ils s'en font une fête, ils se donnent une fantaisie.

Ainsi je laissais promener mon homme, certain qu'il ne m'échapperait pas, me contentant de l'épier et de surprendre sa vie dans ses mouvements, dans ses habits et dans sa mauvaise cravate blanche roulée en ficelle autour de son cou ; je l'étudiais par derrière en attendant de pouvoir l'étudier par devant. S'il s'était retourné, il aurait vu deux ombres.

Il est important pour de semblables observations de savoir si l'homme conserve toujours son même costume, s'il tient les mêmes gestes, s'il fréquente les mêmes endroits. Dès que la manie est accusée, vous êtes certain de ne pas perdre de vue votre sujet.

A cette époque nous prenions nos repas dans un petit divan, au fond d'un café dont les joueurs de dominos ne s'approchaient qu'en tremblant, car de là mille imprécations s'étaient envolées, les théories les plus audacieuses, littéraires, quelquefois politiques malheureusement, y étaient traitées militairement ; tout y était discuté, hommes et choses, avec une cruauté et un enthousiasme de vingt-cinq ans.

Le hasard qui avait réuni des peintres, des poëtes, des philosophes, des savants, des inutiles, des douteurs et des imbéciles, nous sépara. Ce qu'on appelle *l'esprit* était mal vu et laissé à des endroits plus orgueilleux; au contraire régnait la brutalité qui ne laissait pas la plus petite place au mensonge.

Dans cet endroit était passé déjà plus d'un homme étrange qui ne pouvait résister à un pareil jury.

Il était presque impossible qu'un excentrique ne trouvât pas au moins un *pair* dans notre bande, fût-il musicien, chimiste, poëte, romancier, mathématicien ou philosophe. Et ce n'étaient pas des experts officiels qu'il rencontrait : des monsieur Prudhomme, des médecins de cour d'assises, des académiciens, des pédagogues, de ces gens qui aiment la convention, la bonne tenue, les compliments, les belles manières et une conversation flûtée.

Tous nous avions cherché, et nous attendions tous les jours un nouveau frère.

Un jour je rencontrai dans le café, assis devant une table de marbre, l'homme au chapeau crasseux. Il prenait du café, regardait fixement la dame de comptoir qui était belle, joignait les mains, et murmurait assez haut des paroles incompréhensibles. Les vieux habitués étaient scandalisés du bruit qui les empêchait de lire leurs journaux en paix; le maître de l'établissement dépêcha un garçon pour prier l'homme de prendre son café tranquillement. Il regarda le garçon avec colère, et promena sur les paisibles habitués des regards qui les firent se pelotonner derrière leurs gazettes. Quand nous eûmes assez regardé cette comédie, l'un de nous, le plus aventureux, alla inviter poliment l'homme au chapeau crasseux de monter au premier étage où il trouverait à boire et des amis; là il était assuré de parler à sa fantaisie sans être troublé par d'insolents garçons. Il regarda longuement l'inviteur, ne parut pas comprendre d'abord, et finit par grimper en murmurant l'étroit escalier en colimaçon qui conduisait à notre divan.

C'est l'interrogatoire, et autant que possible, la pantomime des acteurs que j'ai pu noter pendant la séance, car l'homme au chapeau crasseux était trop occupé pour me voir écrire; d'ailleurs il me parut homme à ne pas s'en inquiéter.

Il resta longuement à fixer quelque chose que nous ne voyions point; nous le regardions, et il ne nous regardait pas. Au bout d'un quart d'heure :

— A quoi pensez-vous? dit W......

Il ne répondit pas.

W..... continua.

— Vous ne pensez à rien?

Il devait se passer des orages dans l'esprit de l'homme au chapeau crasseux, car il faisait entendre des onomatopées singulières que rien ne saurait rendre.

— Vous ne pensez à rien du tout? reprit W.....

— Je cherche le bonheur, dit enfin le cynique... le plaisir de voir tous les hommes qui sont vrais... Moi, je vous aime tous, pauvres petits *garçonnettes*... Mes chers enfants, je vous aime tous.

Il en resta là et ne voulut répondre à un nouvel interrogatoire que pour crier : « A boire ! » Il désira spécialement du vin. Il but. W..... le soupçonnait atteint de philosophie et le poussait dans cette voie; mais qu'il était difficile d'obtenir même des mots sans suite ! Cependant, après avoir balancé la tête, avoir chanté, avoir crié : «Vive la liberté!... à bas les entraves!... jamais... vive la *liberta!* » il s'écria :

— Je suis la vérité!

— Moi aussi, dit W.....

— Es-tu vrai? demanda le cynique.

— Oui.

— Tant mieux, dit l'homme au chapeau crasseux, à ta santé!

W..... l'entraînait toujours dans les sentiers de la philosophie, et l'autre haussait les épaules sans répondre, ou bien il disait :

— Vois-tu, mon petit *garçonnette*, tu n'es pas plus haut que ça.» Il levait la main d'un demi-pied de la table de marbre, et se plaisait à montrer son mépris pour la philosophie de notre ami. Enfin, pressé de questions :

— Regarde-moi bien! s'écria-t-il.

W..... le fixa.

— Plus près, dit le cynique en se mettant les coudes sur la table.

Le philosophe, chargé de l'instruction, imita ce mouvement; les quatre coudes se touchèrent, et les yeux plongeaient les uns dans les autres. Pendant dix minutes ils se regardèrent ainsi sans bouger, sans faire un mouvement. Quelquefois l'homme grondait en dedans, mais il ne baissait pas les sourcils; je crus qu'il voulait magnétiser W..... Nous attendions quelque confidence de ces confidences oculaires, mais il n'en fut rien.

Le cynique en revenait toujours à son thème favori de la *vérité*.

Tous deux s'étant reposés, car cette tension de l'œil était très-fatigante ; ils recommencèrent l'expérience, qui dura près d'une demi-heure sans amener de résultat, et qui se termina par ce mot de l'homme au chapeau crasseux :

— Nous avons besoin de satisfaction, tous nous avons besoin de satisfaction.

Et il mettait toujours en doute la science de W....., qui s'offrait comme disciple en philosophie.

— Ah ! dit-il, pauvre *raspaillousse*, toi étudier la philosophie ! tu veux donc beaucoup maigrir.

Il fut impossible d'en tirer d'autres renseignements, sinon qu'il était du Rouergue et qu'il s'appelait *Ginestès, philosophe des écoles*. Là-dessus il sortit plein de fierté.

Je ne l'ai plus jamais rencontré depuis cette séance du 5 mars 1840.

C'est dans cette circonstance qu'un dessin eût été utile ; je désespère d'avoir rendu la figure de cet être singulier, qui ne valait pas une biographie, mais un portrait.

Bien d'autres excentriques sont venus dans cet endroit ; mais nous les avions mâtés, nous en étions maîtres, nous en avions fait des machines de guerre. J'entends quelquefois dire des excentriques qu'ils sont ennuyeux ou tenaces ; le tout est de savoir les prendre. Au début, nous leur laissions expliquer leurs systèmes, leurs théories, avec toute l'indulgence possible ; nous étions de complaisants auditeurs ; mais une fois le système connu, discuté et jugé, il n'était plus permis à l'excentrique d'y revenir. Leur vie, d'ailleurs, est si accidentée, si remplie d'imprévu, qu'elle vaut à entendre le meilleur roman comique.

Un, entre autres, avait fait souscrire un grand poëte à une petite rente dont les premiers termes furent payés avec quelque exactitude; puis ce furent des à-comptes, des retards, enfin rien. Il se passa ainsi un an. Notre homme venait d'inventer une nouvelle souscription et il retourna chez le poëte qui le reçut à merveille. — Comment donc ! je vais signer, et ma femme, et mon fils aussi. Mais, dit le poëte, qui était un célèbre bohême, nous n'avons pas un sou à la maison. Je négocie dans ce moment un emprunt sur une de mes pièces qui se joue dans huit jours et qui me rapportera au moins vingt mille francs. Repassez donc tel jour, et je vous paierai les trois souscriptions.

Au jour indiqué, on pense si l'excentrique fut exact; mais l'emprunt n'était pas négocié, les répétitions de la pièce traînaient, et avaient empêché l'affaire de se conclure. Nouveau rendez-vous pris et donné. A l'heure dite, l'auteur dramatique, qui descendait l'escalier, rencontre son homme qui montait : — Mon cher, dit-il, votre affaire est prête; montez, ma femme vous attend; moi, je suis pressé : je cours à ma répétition. L'autre monte, plein de confiance, sonne, resonne; la porte ne s'ouvre pas. Il comprend qu'il a été joué. Mais le domestique du poëte remontait chercher quelque chose que son maître avait oublié. — Je ne lâche pas le domestique, pensa l'excentrique qui ne dit rien de ce qui venait de se passer. Le domestique retourne au théâtre; l'autre entre avec lui. On allait commencer la répétition. L'auteur dramatique causait dans la coulisse avec une actrice : il aperçoit tout d'un coup son homme à la rente qui l'a vu également. Le poëte espère se sauver dans l'obscurité : mais il avait affaire à un être aussi clairvoyant qu'un recors, qui l'aperçoit grimpé en haut d'un portant de coulisses. Le poëte était tout honteux d'avoir joué un pareil tour à un brave homme : il n'osait plus descendre. — Venez demain à onze heures précises, lui dit-il.

— Non! dit l'autre, vous m'avez trompé! je veux mon argent.

Les garçons de théâtre allaient mettre à la porte celui qu'ils regardaient comme un impudent créancier : — Mon cher directeur, dit l'auteur dramatique, ayez donc la complaisance de donner un louis à *mon ami*. Tu ne manqueras pas de venir demain.

— Est-ce bien sûr? dit l'excentrique.

— Très-certain.

— Si vous n'étiez pas sûr, il vaudrait mieux me remettre à une huitaine.

— Vous avez raison, mon ami, dit le poëte, dans une huitaine. Adieu.

Ils se donnent des poignées de main, heureux tous deux d'être débarrassés l'un de l'autre. A huit jours de là, l'homme à la rente sonnait à la porte de *son ami*.

— Monsieur est à table avec du monde, dit le domestique; si vous voulez entrer dans cette chambre, je vais le prévenir.

L'excentrique attend quelques minutes, et entend un

bruit singulier qu'il imitait d'une façon très-comique en le racontant. C'étaient des portes qui se fermaient, des bruits de pas pressés. Inquiet, il ouvre la porte, court au salon, personne ; à la salle à manger, personne ; les serviettes étaient dépliées, la viande encore chaude dans les assiettes, les chaises en désordre. Plus de doute, c'est une fuite. Il court à l'escalier, se penche en dehors de la rampe et aperçoit déjà sur le palier d'en bas l'auteur dramatique qui se sauvait, et sa femme, et son fils, et le domestique.

Telle est la vie de ces pauvres excentriques, qui ne gardent pas rancune de pareils tours, et qui sont meilleurs qu'on ne le croit.

La femme ne joue pas un grand rôle dans leur existence ; c'est ce qui enlève un grand charme à leur biographie ; cherchant des problèmes sans fin, ils ont l'instinct de ne pas se marier. La famille ne vit pas de recherches et ne croit pas à l'absolu. Aussi trouverait-on des drames remplis de larmes dans la vie exceptionnelle des excentriques qui ont pris femme ; c'est la lutte du pot-au-feu et de l'avenir. Et quand il faut s'occuper d'aujourd'hui, le chercheur pense que demain est éloigné d'autant, et que chaque concession au pot-au-feu retarde de longtemps ses plans de réalisation.

Quelques types de poëtes auraient dû figurer dans ma galerie. Les poëtes ne vivent pas selon les lois de la société : ils marchent dans la vie les pieds en l'air, la tête en bas ; gros de manies et de caprices, ils sont l'effroi des gens rangés qui ont construit leur existence suivant les lois de l'arithmétique ; mais les poëtes reçoivent déjà assez de coups de pied des ânes qui les entourent, sans les exposer publiquement en compagnie des presque fous, aux risées d'une foule ignorante.

Neuilly, juin 1851.

PREMIÈRE PARTIE

LES EXENTRIQUES

DA GAMA MACHADO [1]

On ne lit pas assez les travaux de Charles Bonnet sur l'histoire naturelle, surtout son *Traité d'insectologie* qui renferme un chef-d'œuvre : *Observations sur les Pucerons*. Que de dévouement à la science ! quelle cruauté immense pour ces petits êtres qui manquaient de biographes ! Il faut voir le savant Suisse, armé de sa loupe, étudiant les sexes des pucerons, décrivant avec sa chaste plume les agaceries du puceron, les coquetteries de la puceronne. Un jour Bonnet s'aperçoit qu'une classe bi-

---

(1) Cette figure, qui a paru primitivement dans une Revue, ouvrait la galerie des *Physionomies curieuses de l'étranger* ; l'intention de l'auteur était d'accuser quelques types étrangers ; mais différentes circonstances, la nécessité d'une classification ont fermé à jamais les portes de cette galerie qui n'aura été ouverte qu'à un battant. Da Gama Machado porte la peine du manque de persévérance de l'auteur qui espère se justifier ainsi d'avoir fourré un *savant* parmi les Excentriques.

zarre de ces insectes accomplit tout à la fois les travaux de paternité et de maternité ; aussitôt il s'empare de ce puceron étrange et l'isole ; il le met pour ainsi dire dans une prison cellulaire de verre, afin de l'éloigner de ses frères et sœurs. Le savant inquiet ne bouge plus de sa chambre ; il ne quitte pas une minute sa loupe et la cloche de verre qui renferme le puceron hermaphrodite. La nuit Bonnet se lève d'heure en heure, craignant qu'un insecte de la même famille ne se soit introduit frauduleusement dans la prison de verre destinée à constater un enfantement important pour la science.

Enfin, la chose est certaine : le puceron engendre lui-même sans coopération étrangère. Bonnet désormais veut suivre la destinée de ce petit insecte nouveau-né. Il l'arrache des bras de *son* père-et-mère, et l'isole sous une nouvelle cloche. Il suit ainsi *trente* générations de pucerons ; et, dressant minute par minute un journal détaillé de leurs actions, de leurs joies et de leurs peines, il tient un registre de la vie et de la mort des pucerons avec le soin qu'on exige d'un employé de la mairie aux états civils.

Et il ne faut pas croire que ces travaux, parce qu'ils traitent d'insectes minuscules, soient à l'histoire naturelle ce que la miniature est à la peinture à l'huile. Sans ces observations, peut-être Bonnet n'arrivait-il pas à sa *palingénésie*. L'historien des pucerons est aussi grand que le reconstructeur des animaux antédiluviens. Dans la science, Bonnet occupe sa place à côté de Cuvier.

Da Gama Machado est un savant de l'école de Bonnet. Comme le Suisse, le Portugais vit entouré d'oiseaux et d'animaux qu'il observe perpétuellement ; on verra comment ont été couronnées ces contemplations.

Je donne d'abord ses titres qui sentent le Portugal d'une lieue : « Le commandeur Joseph-Joachim Da Gama Machado, conseiller de légation à Paris, gentilhomme de la maison royale de S. M. Très-Fidèle, commandeur de l'ordre du Christ, membre de l'Académie des sciences de Lisbonne et d'un grand nombre de Sociétés savantes. » Son blason porte cinq haches d'argent sur fond d'azur.

M. de Machado appartient à une famille originaire du Portugal. A huit ans, il fut envoyé à Paris pour faire ses études au collége d'Harcourt, sous la direction de l'abbé Coesnon, à qui plus tard fut confiée l'éducation des enfants de Toussaint Louverture.

M. de Machado fit de longs voyages, et n'étudia l'histoire naturelle qu'à cinquante ans.

Et, ce qu'il y a de singulier, c'est de voir un Grand de Portugal, avec des lunettes d'or, fureter sur les quais, et ressemblant, à s'y méprendre, à un simple bourgeois curieux. Plus singulier encore est de trouver au milieu de Paris, en plein quai Voltaire, un homme entouré d'oiseaux et de curiosités de toutes les parties du monde.

Tous les jours, M. de Machado déjeune avec ses animaux. Chaque individu a son langage particulier pour demander le repas.

— Si je veux conserver l'amitié de chacun d'eux, me disait le savant, il ne faut jamais les tromper. Le travail du cabinet exige moins de fatigues que la surveillance que réclament mes petits compagnons ; il faut des soins continuels pour éloigner d'eux les maladies et pour maintenir la paix dans la petite famille, où l'harmonie, de même que chez nous, ne règne pas toujours.

Ainsi, j'ai vu chez M. de Machado cinq roitelets isolés les uns des autres; ce qui est nécessaire, car il n'existe même pas d'harmonie entre le mâle et la femelle. Un jour, ces roitelets n'ayant pas été séparés, le savant entendit un cri de douleur, suivi d'un chant de joie. Le mâle venait de tuer sa compagne ; il ne manquait pas d'annoncer par une chanson bruyante la victoire cruelle qu'il venait de remporter.

Ceci vient, explique M. de Machado, de ce que les ressorts du cerveau des troglodytes sont *montés* pour les batailles.

Depuis six ans un rossignol demande à sortir de la volière, le soir, par un petit cri mêlé d'anxiété. « Il exprime ensuite son contentement par ses manières et par un chant gracieux, où l'on reconnaît les accents de sa gratitude. » Quand M. Gama Machado voyageait, il emmenait avec lui sa perruche favorite ; en diligence, en chemin de fer, en bateau à vapeur, en chaise de poste, la perruche ne manqua jamais de demander son déjeuner, par un cri, toujours à la même heure, avec une précision d'horloge de Genève.

Cette perruche est une espèce de veilleur, de garde-malade intelligent. Si un oiseau s'évanouit subitement, la perruche jette un cri d'alarme pour réclamer du secours.

Un petit sénégali rouge pousse encore plus loin le dévouement : quand un de ses compagnons est malade, il le couvre de foin ; il se tient à la porte, et en défend à coups de bec l'accès aux étrangers. Il a pour ami un bengali mâle. Jamais ils ne se quittent ; quoique ayant chacun leur femelle, ils dorment toujours ensemble.

Ces amitiés se voient fréquemment chez les oiseaux. Tout le monde l'a observé chez les hirondelles. Les deux maïas de M. de Machado sont constamment en guerre avec les autres pour leur nid. Ils ont le visage si noir, qu'ils ressemblent à des négrillons. Il est important de constater les soins hygiéniques dont les a entourés le savant.

Chaque oiseau à sa baignoire,

Il y a un endroit disposé en salle de bains. A voir toutes les petites baignoires alignées, on se croirait aux bains Vigier. Le matin, les oiseaux arrivent l'un après l'autre, et se plongent, sans se tromper, chacun dans sa baignoire. Ils sont pleins de complaisance l'un pour l'autre, s'épluchant, se becquetant comme fait une mère chatte pour son chat. Ils prennent encore un bain le soir, avant de se coucher.

On pense bien que M. de Machado, qui s'occupe ainsi du corps de ses oiseaux, n'a rien négligé pour leur nourriture. C'est là, au contraire, qu'il a porté tous ses soins. J'ai voulu copier la formule savante de cette nourriture :

« La pâtée se compose de bœuf bouilli, haché très-fin, d'un demi-jaune d'œuf frais, d'un quart de millet mondé et crevé, d'un huitième de chènevis, le tout broyé dans un mortier, sans être mouillé autrement que par l'eau du millet, qui est suffisante pour humecter la totalité de la pâtée. Les vers à farine sont également très-propres à la nourriture des roitelets et des rossignols : il en faut au moins un dans la journée; il convient peut-être mieux que ce soit le matin. Quand mes oiseaux sont malades, j'ai aussi l'habitude d'introduire un ou deux vers dans la pâtée; elle en devient plus agréable, et ils s'en trouvent mieux. Mais jamais de persil, ainsi qu'on a coutume de le faire; car je regarde cette plante comme malfaisante, *à cause de sa ressemblance avec la ciguë*, et Rousseau confesse qu'il n'a jamais mangé d'omelette qu'avec crainte, tant l'appréhension que le cuisinier avait pu se méprendre était grande chez lui. Cette pâtée est plus saine et agréable à l'œil que le cœur du bœuf haché, que l'on donne ordinairement aux becs-fins. »

Feu le marquis de Cussy aurait compris, par l'artistique combinaison des différentes matières qui entrent dans cette pâtée, quel intérêt M. de Machado portait à ses animaux.

Et il ne faut pas s'imaginer que le savant ne garde ses animaux et ne les élève qu'en vue d'en tirer des observations. Il les aime et les respecte en bonne santé autant qu'en maladie. Ainsi, il était un sansonnet hardi, plein de familiarité, qui, sans se gêner, prenait un ton fort haut avec son maître. M. de Machado était forcé en rentrant de causer avec lui, autrement le sansonnet n'aurait pas laissé le savant tranquille. Il parlait aussi clairement que le perroquet, chantait et sifflait quasi comme un rossignol. A toute heure de la nuit, quand son maître l'appelait, il répondait par un air de vaudeville. C'était l'oiseau le plus guilleret qui pût se voir : grand causeur et grand chanteur. Il vécut plusieurs années sans manger de viande; il était seulement friand des mouches et des insectes. Mais quand l'âge vint l'affaiblir, le sansonnet fut mis à la pâtée ci-dessus.

Je vais laisser expliquer à M. de Machado comment il adoucit les derniers moments de son sansonnet goutteux, âgé de 15 ans, qui ne pouvait plus percher.

Les animaux sont sujets aux mêmes maladies que nous. Les rhumes, les affections de la peau, les maux de tête, les obstructions, la phthisie, la délivrance avec ses douleurs déchirantes, l'enfance avec ses maladies, la première mue, correspondant à notre première dentition et dangereuse comme elle, un dépérissement graduel, les convulsions qui accompagnent nos derniers moments, une lente agonie, enfin, ce retour trompeur et fugitif à la santé qui précède souvent la mort, tout ce cortége de maux s'observe chez les petits oiseaux, avec les mêmes circonstances que chez nous. Les remèdes qu'emploie le savant pour les soulager sont aussi les mêmes que les nôtres.

— « Les moyens par lesquels je prolonge depuis deux ans, l'existence de mon vieux sansonnet, m'expliquait Da Gama Machado, sont simples; et les personnes affligées de la goutte pourraient peut-être en tirer quelques soulagements. L'hiver de 1829 à 1830 ayant été extrêmement rigoureux, je lui faisais prendre chaque soir un bain de jambes, préparé avec des fleurs de guimauve, de sureau et de romarin, bouillies pendant quelques minutes, et on l'endormait dans le bain en le magnétisant; car, sans cela, il eût été impossible de le tenir en repos. »

M. de Machado employa tous les moyens médicaux connus pour guérir ceux qu'il appelle *ses petits amis*. Quelquefois il s'est servi avec succès de l'homœopathie. Il recommande comme moyen certain la belladone dans l'épilepsie (quelques oiseaux ont des attaques) ; et les globules de safran ont souvent soulagé les oiseaux, à l'époque fatale de la mue. Un sénégali à front fleur-scabieuse ne conserva sa santé qu'à l'aide de nombreux bains de lait ; de plus, on lui faisait prendre quelques gouttes d'éther. Cependant, quelques oiseaux ont une médecine et une chirurgie naturelles, qui peuvent lutter avec celles de l'Académie de médecine. Peu de temps après l'arrivée du sénégali dans la maison Machado, il lui survint au bec une excroissance qui le gênait et le faisait souffrir pendant ses repas. Le sénégali s'était pris d'une belle amitié pour un petit moineau friquet qui allait lui rendre souvent visite. Ils finirent par ne plus se quitter. M. de Machado, qui était toujours aux aguets, fut on ne peut plus surpris de voir le petit friquet qui limait avec son bec l'excroissance du sénégali : celui-ci se prêtait deux fois par jour à cette opération avec une entière confiance. Le friquet chirurgien continua pendant une huitaine, et le sénégali fut guéri.

C'est après avoir vécu longtemps en famille avec ses animaux, c'est après les avoir observés nuit et jour que Da Gama Machado arriva à formuler son système de la *Théorie des Ressemblances*, basée sur les moyens de déterminer les dispositions physiques et morales des animaux, d'après les analogies de formes, de robes et de couleurs.

Contrairement aux idées des zoologistes qui regardent les couleurs des êtres comme des nuances fugitives, peu propres à fournir des caractères précis, M. de Machado marchait avec les minéralogistes et les botanistes qui ne dédaignent point de mentionner les couleurs dans leur signalement.

Ainsi est expliquée l'absence du *persil* dans la fameuse pâtée décrite plus haut : « Le persil *doit* être malfaisant, pense le savant, *il ressemble* à la ciguë. »

— J'avais souvent admiré les petits sauts légers et obliques de mes perruches, me disait M. de Machado, sans pouvoir m'en rendre compte. D'où venait donc qu'en opposition avec les habitudes des perroquets, celles de grimper et de voler, mes perruches, lorsque je les fais sortir de leur cage pour monter sur les bâtons de leur petite échelle, ne grimpent pas toujours et emploient souvent un saut latéral et oblique? L'exemple du friquet me mit bientôt sur la voie, et je vis très-clairement des habitudes communes entre deux animaux très-*différents*, mais *semblables par la couleur*.

M. de Machado soutient que la pie-grièche n'est grièche qu'à cause de la ressemblance d'une partie de sa robe avec la petite mésange-charbonnière.

— La *couleur*, dit-il, est le vrai pilote de la nature, pour donner la connaissance de la *valeur* de ses productions, dans les trois règnes, *animal*, *végétal* et *minéral*. Il est vrai que Bernardin de Saint-Pierre n'était pas éloigné de ces idées. Dans les *Études de la Nature*, il dit que les couleurs des animaux indiquent, peut-être plus qu'on ne pense, leurs caractères, et que la couleur deviendra peut-être le germe de toute une science. Les fameuses *analogies* de Fourier partent du même principe.

Mais il vaut mieux citer des faits curieux observés par M. de Machado : — J'ai élevé des torcols, dit l'auteur de la *Théorie des Ressemblances*. Ils sont très-familiers, comme les troglodytes ; ils dorment souvent accrochés, comme les colimaçons, et grimpent continuellement, bien que Buffon dise qu'ils ne sont pas grimpeurs. Je n'ai pas réussi à les conserver vivants au delà de quelques mois. Le bec se couvre d'une matière visqueuse qui les empêche d'avaler, et ils meurent. J'en possède un dans ce moment que je nourris principalement de soupe au lait. Je l'avais mis dehors dans une de mes volières, mais les nuits froides du mois d'octobre l'incommodaient. Je l'ai repris dans l'intérieur, et il est actuellement bien portant. Le torcol, dont la robe ressemble par sa couleur à celle des petits serpents, en a le sifflement ; il tord son cou dans tous les sens, et se cache dans les trous comme les reptiles ; habillé avec les couleurs du roitelet, de la bécasse et de la phalène-agriphine, il en a aussi les mœurs.

M. de Machado a chez lui un caïmiri très-doux qui prend du lait sucré tous les matins : il dédaigne la viande. Ce caïmiri est inconstant ; il ne souffre pas qu'on le tienne trop longtemps dans les mains. Contrairement aux habitudes des singes à queue à demi prenante, il préfère dormir perché, comme les oiseaux. Il s'endort difficilement de même que les ducs et autres oiseaux de proie nocturnes ; et il a le goût le plus vif pour les insectes, ainsi que les reptiles. On remarque les mêmes habitudes chez la chouette et la raine, espèces qui se tiennent sur les arbres. Par là, M. de Machado explique l'analogie de la forme des yeux de son singe avec la chouette. Et ce qu'il y a de plus extraordinaire, le caïmiri a sous les doigts une viscosité comme la raine. D'où l'axiome : « Quelque sorte d'animal que ce soit, qui porte la ressemblance d'un autre animal, il lui est aussi semblable ou en approche en mœurs et naturel. »

Le savant portugais avait un petit-duc qui mourut d'une maladie de cœur, mal très-commun parmi les oiseaux. Le petit-duc, qui ressemble à un chat, en avait les mœurs et les goûts. Il faisait entendre un *ron ron*; il mangeait des souris. Ses yeux avaient quelques rapports avec ceux de la grenouille; de temps en temps on pouvait entendre un véritable coassement. M. de Machado trouvait à son petit-duc « un avantage sur l'homme, en ce qu'il tourne sa tête tout autour de la colonne vertébrale, tandis que nous ne tournons la tête que d'un tiers. »

M. de Machado a horreur du scalpel; jamais il ne s'en est servi pour ses observations. Il laisse aux zoologistes de l'Académie la connaissance de la structure intérieure des oiseaux, persuadé que plus importante est la structure extérieure.

M. de Machado s'écrie : « J'ai une passion déterminée pour les animaux; la tête dégagée de préjugés, je ne me crois supérieur ni à l'homme ni à la plante; j'ai la connaissance des doctrines de Porta et de Gall; je m'absuens des classifications; pour moi tout a une valeur quelconque dans la nature, et je sais que les différents dessins colorés sur la robe des animaux n'y ont pas été placés pour satisfaire la curiosité et la vanité de l'homme. »

Et il observe non-seulement la *couleur*, mais la *forme*. Personne avant lui n'avait traité des différentes textures des plumes, de leurs teintes mates, brillantes, changeantes, soyeuses et métalliques. Il va traiter de la *couleur des becs*.

La loxie-faciée est un oiseau paresseux et voluptueux. Elle a le caractère querelleur. « Il fallait constamment veiller à la femelle pour la soustraire à la brutalité du mâle, qui la maltraitait parce qu'elle ne voulait pas céder à son amour effréné. » La loxie-faciée a le bec du moineau : elle ne pouvait être que très-méchante.

Cependant quelquefois la *couleur* l'emporte sur la *forme*. Le pinson-royal a la même taille et le même bec que le cardinal de Virginie. Le cardinal a un chant très-beau : le pinson-royal ne chante pas. Un autre que M. de Machado serait embarrassé ; mais il s'en tire par l'observation suivante : « Les robes des deux oiseaux sont différentes. Le cardinal a une robe rouge ; *sans la couleur rouge le cardinal ne chanterait pas.* »

J'avoue que je m'égare dans ce raisonnement : je comprends que la forme soit inférieure à la couleur et qu'un bec d'oiseau soit moins important que le plumage coloré ; mais M. de Machado, qui affirme que c'est la couleur rouge qui fait chanter le cardinal, aurait dû expliquer l'influence du *rouge*, qui sans doute à ses yeux représente la joie.

Je préfère et j'ai plus de confiance dans l'histoire du ouistiti qui s'élança la tête la première dans un grand bocal de poissons rouges. Ce malheureux singe allait être noyé, victime de sa ressemblance avec les chats, si M. de Machado ne l'eût repêché à temps.

L'illustre Portugais rapporte qu'en 1830 il faisait apporter à son réveil six roitelets qui voltigeaient autour du lit ; ils prenaient grand plaisir à grimper le long des rideaux, à se cacher dans les plis ; quelquefois ils cherchaient tous les trous de la chambre comme une souris. Après examen, M. de Machado reconnut dans leurs yeux le regard perçant de la souris. Leur robe était de la même couleur que celle de ces rongeurs. Leurs ailes étaient placées comme les ailes du papillon ; en voltigeant, les roitelets produisaient un *susurrus* très-faible, de même que le bruit des ailes du papillon. Enfin une ressemblance frappante fut démontrée entre les roitelets et le papillon *erycina thersander*, dont la robe offrait également les mêmes couleurs.

Le lièvre a la tête de la même forme que celle de l'écureuil et le même grognement ; ses pattes ressemblent à celles du renard par la couleur ; il grimpe comme celui-ci à une assez grande hauteur. Le lièvre est extrêmement propre ; il a un coin d'habitude. Cette propreté tient à son poil soyeux comme celui du chat, qu'on ne garde dans les petits appartements qu'à cause de sa propreté.

« Les mêmes causes produisent toujours les mêmes effets, » dit Da Gama Machado. Ainsi il a deviné les rapports du tabac et du laurier-rose. Ces deux plantes présentent la même couleur rose, le même calice à cinq divisions, la même corolle en entonnoir; les feuilles ont la même forme. Toutes les deux sont lancéolées. Aussi M. de Machado entend-il ces confidences qui sortent du calice des deux plantes. La *nicotiane* (tabac) dit : « Une prise de tabac produit quelquefois une heureuse pensée, mais redoutez l'abus. Une goutte d'huile, distillée de ma fleur, donne la mort. » Voici ce que fait entendre le *nerium* (laurier-rose) : « Ma fleur fait l'ornement des jardins, mais vous ignorez mes qualités pernicieuses; les animaux périssent sous mon influence délétère, et la poudre sternutatoire, préparée avec ma feuille, cause de graves accidents. »

C'est d'après les mêmes principes que M. de Machado a compris les propriétés d'une fleur de nos jardins, la fritillaire, d'après un damier qui a de l'analogie avec la robe des reptiles. La fritillaire, plante bulbeuse, renferme des principes âcres. Son poison agit avec plus d'activité au printemps qu'en automne. Elle semble dire : « Évitez mon odeur. »

Le serpent angaha de Madagascar a juste la même robe : « Redoutez mon venin. »

M. de Machado, l'un des fervents disciples de Gall, nie le *libre arbitre* chez l'homme et chez l'animal. Il a trouvé des exemples assez curieux pour être cités.

Le dioch du Sénégal est occupé toute la journée à travailler et fait des ouvrages d'un tissu remarquable. Il est né architecte. M. de Machado prétend qu'il faut qu'il obéisse à l'impulsion irrésistible de l'organe où siége la mécanique, d'après Gall. Deux de ces animaux construisent d'une manière différente; l'un bâtit en labyrinthe, l'autre a un penchant pour la forme sphérique. Il arrive souvent que la bâtisse ne paraît pas satisfaisante au dioch; aussitôt il démolit ce qu'il a commencé, abat ses fondations et recommence pour arriver à une précision mathématique qui ferait l'admiration d'un maître maçon. M. de Machado a fait sur la doctrine de Gall une expérience curieuse. Ses deux diochs, qui habitaient ensemble, avaient construit un immense labyrinthe. L'homme détruisit l'édifice de l'animal, se disant que, si l'animal avait réellement l'instinct de la mécanique, il reprendrait bientôt ses travaux. Les diochs parurent affligés un jour ou deux, mais le troisième ils se remettaient à la construction d'un nouveau labyrinthe.

La seconde observation est encore plus concluante et facile à vérifier. Il s'agit de la tortue, qui cherche toujours à grimper aux murs, quoiqu'elle retombe perpétuellement, avec l'obstination insensée que mettaient les Danaïdes à remplir le tonneau vide.

« La tortue a la tête du lézard, et, comme lui, cherche toujours à grimper; cependant la forme massive de cet animal n'est point celle d'un grimpeur, mais sa ressemblance avec un autre individu lui ôte son libre arbitre; *il faut donc qu'il monte malgré lui*, et qu'il tombe à chaque instant; la tortue s'apprivoise facilement comme le lézard; la mienne cherche toujours la société. Les pattes ayant de l'analogie avec celles de l'éléphant, et étant ridées comme elles, il en résulte une marche semblable. Cet animal, quoique classé parmi les chéloniens, n'est dans le fait qu'un lézard portant sur son dos son habitation. »

Il ne nous reste plus qu'à citer quelques maximes de M. de Machado, qui avoue hautement son *fatalisme* :

« Les guerres de religion vengent bien les animaux du mépris que nous leur témoignons.

» Les animaux naissent savants sans passer par l'éducation, tandis que les hommes n'acquièrent leurs connaissances qu'au moyen de mauvais traitements.

» Les protubérances représentent les fruits de l'arbre humain, de même que les oranges représentent les fruits de l'oranger.

» Il y a contradiction à donner la pensée exclusivement à l'homme, en la refusant à l'animal, qui présente la même conformation que lui.

» L'homme est-il véritablement un être intelligent ? S'il faut en croire M. de Paw, le doute sur l'intelligence humaine est bien permis.

» La parole manque au singe, cet animal a conservé sa *pleine* liberté.

» Bien loin de s'enorgueillir de sa station verticale, l'homme devrait peut-être la maudire.

» Les oiseaux chantent rarement faux ; chez l'homme le chant n'est pas naturel.

» La couleur est le mobile des mœurs chez les animaux.

» Le corps humain est une machine composée de mauvais ressorts en partie rouillés.

» La nature semble avoir privé l'homme du sens commun et l'avoir donné aux animaux. »

On voit que l'homme est assez maltraité par Da Gama Machado ; cependant ses opinions, qui sont bizarres dès l'abord, ont été soutenues plus d'une fois par de grands savants. C'est Linnée qui a dit :

« En conséquence de mes principes d'histoire naturelle, je n'ai jamais pu distinguer l'homme du singe ; la parole n'est pas pour moi un signe distinctif. »

Seulement les plus audacieux s'arrêtaient au singe. M. de Machado a été plus loin.

« *Tout ce qui vit sort d'un œuf*, dit-il ; et, s'appuyant sur ces similitudes d'origine, il a fait peindre un tableau qui est une sorte d'échelle des êtres naturels. Dans ce tableau, l'*homme* ouvre la marche, suivi du *sansonnet;* vient la *raie torpille*, après elle la *vipère*, ensuite la *fourmi*, puis la *jonquille*.

Les premiers seront les derniers.

L'*homme* est tour à tour insulté, méprisé, vilipendé par les oiseaux, les insectes et les fleurs, qui lui montrent clairement son infériorité.

C'est un morceau d'une haute fantaisie, telle qu'on en rencontre peu dans les livres de science habituels. Je le cite dans toute son exactitude :

L'Homme.

Je viens au monde nu ; je conserve, pendant mon existence, ma nudité ; j'emprunte aux animaux et aux végétaux mes vêtements ; je débute par des larmes, je termine par des larmes. L'anatomie comparée me classe le premier parmi les mammifères : mon imagination détruit le travail du scalpel ; je me suis créé *être raisonnable*. Suis-je bien raisonnable dans l'ivresse de l'amour? suis-je bien raisonnable quand je détruis mon semblable ?

Sansonnet.

Mon cerveau et mon cervelet, partagés en deux hémisphères, sont semblables aux vôtres. Par le sens de la vue, le sens de l'ouïe, le sens du goût, le sens de l'odorat, je l'emporte sur vous. Le sens du toucher, je vous l'abandonne. Mon estomac, muni de muscles vigoureux, est plus parfait que le vôtre. Je n'envie point votre vessie qui fait le tourment de votre vieillesse. Vantez la perfection de vos nombreux organes; travaillez jour et nuit pour gagner votre nourriture; terminez votre existence dans les angoisses; pour la prolonger de quelques heures, recourez à vos ventouses, vos vésicatoires, vos cautères, vos sinapismes, vos sangsues, votre saignée, votre moxa, votre calomel, votre ipécacuanha : mes ailes valent bien vos ballons et vos machines à vapeur.

Raie Torpille.

Vénus est sortie du sein des eaux, Neptune est le dieu de la mer. Le continent que l'homme habite est sorti du fond des eaux; d'un habitant des eaux, la grenouille, Lavater s'élève jusqu'à l'Apollon. L'argonaute papyracé servit à l'homme de modèle pour construire sa barque. Avec nos batteries électriques nous lançons la foudre, et la mort à nos ennemis. Fécondité, beauté, existence très-prolongée, tels sont nos trois remarquables attributs; cependant nous sommes classés au troisième rang dans l'échelle des êtres!!!

Vipère.

Destinée à ramper sur la terre, je suis armé par la nature de deux vésicules remplies d'un poison funeste qui me rend redoutable à mes ennemis, jamais à mes semblables. La nature vous a privés de mâchoires avancées, de canines saillantes et d'ongles crochus; mais un moine, doué d'une intelligence supérieure, a inventé la poudre à canon; ainsi vous exécutez avec plus de rapidité les lois de la nature basées sur la destruction réciproque des êtres. Si ma morsure est souvent mortelle, par compensation ma chair guérit bien des maladies.

Fourmi.

Vous m'avez classée bien bas dans votre échelle, cependant je vis en société comme vous; mon cerveau est bien petit, il est vrai, mais la qualité en est bonne. Craniologistes, peut-être un jour découvrirez-vous quelques protubérances sur mon front, je ne suis ni la *machine* de Descartes, ni la *bête* des théologiens. Si, dans notre république bien ordonnée, nos travaux sont constamment les mêmes, c'est à cause de nos ressemblances individuelles. La même cause produit les mêmes effets chez les castors, les hirondelles, etc., etc. Le docteur Gall a pareillement classé vos penchants par ses identités de protubérances. Peut-être un jour ferez-vous des lois pour protéger les animaux, unique moyen de rendre notre espèce plus humaine : votre inquisition avec ses bûchers ne souillera plus l'histoire des nations civilisées.

Jonquille.

Nos germes sont pareils. Linnée a dévoilé nos amours, Ovide a célébré les vôtres. Éclairées sur les propriétés spécifiques de notre semence, nous n'établissons aucun *libre arbitre*; ainsi je ne fais nul reproche à la rose de ce que sa graine produit une rose; à son tour elle ne me reproche point d'être jonquille : moins instruits sur l'origine de votre organisation, vous avez créé un *libre arbitre*, et par cette erreur, la paix a disparu pour toujours de votre intérieur!!! Par une culture physique nous obtenons la santé et la beauté : votre culture morale vous offre-t-elle les mêmes avantages? notre matière et la vôtre sont semblables, *cristallisées*. Prenez votre microscope, examinez.

12 janvier 1850.

LAMIRAL

AUTEUR DRAMATIQUE ET SONNEUR DE CLOCHES.

Celui-là est le véritable excentrique, et je l'aime parce qu'il n'est pas Français. Il a toutes les qualités anglaises ; il est célèbre au boulevard du Temple, mais il mériterait de demeurer à Londres, proche du pont de Waterloo.

Les Français n'ont guère le droit d'être appelés *excentric's*. Quand leur vie se dérange un peu, ils tombent dans l'HALLUCINATION. On en fait des fous et on les enferme.

Lamiral, en 1820, trouva une veine glorieuse ; il était l'auteur ordinaire du théâtre Séraphin. Cet homme illustre fit jouer par les acteurs ordinaires des Ombres Chinoises, galerie du Palais-Royal : 1° la *Boule d'Or ;* 2° le *Lion de Salerne ;* 3° les *Petits Maraudeurs ;* 4° les *Écoliers en Vacances ;* 5° la *Petite Glaneuse ;* 6° l'*Ane au Salon ;* 7° les *Petites Pensionnaires*, etc.

Il obtint d'honorables succès; savez-vous où les Ombres Chinoises le menèrent? — A écrire plus tard l'*Auberge du Grand-Croissant,* drame en deux parties. Ah! que l'homme est faible!

Il arrive à Lamiral une de ces bonnes fortunes si rares dans la vie; il a à sa disposition un joli théâtre, des spectateurs de sept ans pleins d'enthousiasme et d'énivrement; il a sous la main, dans une boîte, des acteurs remplis de bonne volonté, qui ne sont jamais malades, qui ne sont jamais enrhumés, d'honnêtes gens des deux sexes qui ne se plaignent jamais du costumier, qui jouent consciencieusement sans *faire l'œil* aux avant-scènes. Des acteurs en papier!

Et il s'en va trouver des hommes, de vrais hommes, en chair et en os, mal bâtis, qui se mouchent en scène, qui crachent devant le public, qui disent faux, qui jouent au cachet et qui tremblent d'avance de ne pas voir leur cachet payé. Et les actrices: ça consiste dans une jambe, dans un nez relevé ou droit, dans des sourires à l'orchestre; chaque mot de l'auteur se traduit de leur part en : psttt! psttt! aux avant-scènes.

Voilà où tomba ce malheureux Lamiral pour avoir eu la faiblesse d'écrire l'*Auberge du Grand-Croissant,* drame joué dans une salle non autorisée du faubourg Saint-Antoine.

Mais je m'arrête dans toutes ses diatribes contre les comédiens, ayant à prendre la vie de Lamiral à son commencement; dans ce temps-ci de pruderie et de tartuferie, il a eu le courage d'écrire sa monographie : « Mémoires, Voyages, Aventures et scènes, proverbes tragi-comiques de J.-P. LAMIRAL, écrits par lui-même. Paris, Marchand, boulevard Saint-Martin, 1845. »

La monographie est chose si rare que MM. Sainte-Beuve, Théophile Gautier et Alfred de Musset ne l'ont pas osée et se sont cachés derrière *Volupté*, *Fortunio* et les *Confessions d'un enfant du siècle*. Aussi, se perd-on dans ces hybrides moitié romans, moitié confessions où les auteurs ont accusé autant de désirs que de réalités.

Un peu tracassé par l'exemple de ces romanciers, Lamiral n'a pas osé le *Je*. Il imprime sur sa couverture que les mémoires sont écrits par lui-même et il se sert de la troisième personne, ce qui est la preuve d'une timidité et d'un trouble dans les idées que rien n'excuse.

« Jean-Pierre Lamiral naquit à Paris, le 21 novembre 1799, à une heure du matin environ, dans une maison appelée *Maison Brûlée*, grande rue du faubourg Saint-Antoine, en face de celle de Saint-Nicolas. Il est fils de Dominique Lamiral, ouvrier boulanger, et plus tard militaire, tué sur le champ de bataille. Sa mère se nommait Thérèse Dufour, ouvrière en robes. »

Voilà un début plein d'assurance et bien écrit : à quatorze ans, Lamiral avait du goût pour le dessin, la musique et la poésie, et il dessinait des monuments d'après nature; mais «il les retraçait imparfaitement.» En 1815, il fit représenter au théâtre de la Victoire, aujourd'hui Petit-Lazary, *Aramire*, drame en trois actes. Le monographe est très-chagrin d'avoir perdu le manuscrit dans un voyage.

En 1820, il était directeur du théâtre de la Cité (aujourd'hui bal du Prado) que l'autorité fit fermer quelques mois après ; c'est dans cette même année que Lamiral, dégoûté des pompes du théâtre, se jeta dans les bras de l'Église.

Avec la protection de M. Robinot, maître de cérémonies de la paroisse Sainte-Étienne-du-Mont, il devint maître sonneur. Je laisse ici parler l'auteur lui-même :

« Lamiral, dans sa jeunesse, avait montré beaucoup de goût pour la sonnerie des églises. C'était un divertissement pour lui ; il préférait ce délassement à tout autre genre d'amusement.

» Il fit des études *sur* cette partie, qui jusqu'alors *est restée ignorée chez les peuples*. Les prêtres eux-mêmes, qui devraient y apporter le plus grand intérêt, ne s'en occupent aucunement. Les *règlements n'y sont point observés*. »

Ces quelques lignes m'ont donné une grande amitié pour Lamiral ; il est sérieux et convaincu ; artiste en cloches, il rappelle avec une différence de style les aspirations de *Quasimodo*. Les grandes voix d'airain le remplissent d'émotion ; cette faculté n'a été donnée qu'à de rares hommes.

Après des études, des méditations et des nuits sans sommeil, Lamiral publia l'*Art de la sonnerie*, dont je parlerai plus tard.

Mais une chose m'étonne, c'est qu'en même temps Lamiral revient aux choses badines ; il passe sans peine du clocher à la goguette. Le chant du bourdon et la chanson de Désaugiers se mêlent également dans son âme.

Lamiral, par son caractère léger, donne raison aux chansonniers qui traitent les sonneurs de sac-à-vin ; la poésie l'entraînait souvent à la société épicurienne française, dont il était d'ailleurs le président. Un jour, glorieuse soirée! Désaugiers, Brazier, Radet, de Piis, Gentil vinrent en *visiteurs* à cette société. C'étaient de charmants personnages que tous ces vaudevillistes illustres. Lamiral chanta aussitôt :

>On peut ben m' croire,
>Je suis d' bonne foi;
>Je suis content, moi,
>Lorsque j' peux boire
>Quand tout le monde est là,
>Ah! c'est ben ça,

Qu'on ne se fâche pas trop de cette *improvisation en collaboration* avec Neveux, le secrétaire de la goguette. M. de Piis, qui faisait les petits vers badins avec un charme qu'on ne retrouve plus, M. de Piis sourit; Désaugiers applaudit. Il n'a manqué à cette solennité que le célèbre Pain et le vertueux Bouilly.

Puisque j'ai parlé de Neveux, qui improvisait des chansons en collaboration avec Lamiral, il faut en dire deux mots : il appartenait à cette classe de *goguettiers*, dont la race est perdue aujourd'hui ; c'était un perruquier du faubourg Saint-Antoine et de plus membre actif de plusieurs sociétés chantantes, les *Enfants de Momus,* les *Carlovingiens,* les *Petits Soupers lyriques*, etc.

De nos jours, M. Orfila seul est resté un type de ces *Français malins* de la Restauration ; le doyen de la faculté de médecine appartient à la société lyrique des *Enfants d'Apollon.*

Neveux, qui buvait comme un trou, finit par être *dé-*

voré par le vin, suivant un mot populaire. Il mourut en chantant ; le jour de son enterrement, Lamiral sonna lui-même les cloches. Ce fut une belle sonnerie : il sonna comme pour lui. Et non content d'avoir fatigué ses bras en l'honneur du défunt, il prononça sur sa tombe un discours si remarquable qu'on peut l'appeler un discours de première classe :

« L'humanité, la reconnaissance, tout nous crie que le cercueil de Neveux doit être arrosé de nos larmes. Oui, brave ami, à te pleurer ici-bas chacun soulage son cœur. » (Remarquez l'inversion toute racinienne !)

« L'éternité s'avance et déjà le ciel entr'ouvert, d'un œil propice, s'apprête à te fêter et à t'admettre auprès de Dieu si puissant ! Oui, frère, ton souvenir est tracé par nos immortels crayons. »

Nos immortels crayons révèle un certain orgueil chez Lamiral.

« Tu marches à grands pas vers le temple du Très-Haut ; et pour en fixer la splendeur, il ornera ton tombeau de palmes et d'olives. »

Si Lamiral n'était pas poëte, je lui contesterais l'*olivier* dans les cimetières parisiens ; mais il faut savoir pardonner au dithyrambe douloureux.

Voici quelques-uns des titres de sa monographie : *le deuil et la galanterie ; le convoi et l'amour ; un goguettier mangé aux vers et une jolie vicomtesse ;* tout cela est du domaine des romanciers qui se livraient jadis aux titres bizarres : la *Prima Donna* et le *Garçon Boucher*. Après la mort de son ami Neveux, Lamiral fit la conquête de la vicomtesse de G..., épisode de sa vie sans importance, à côté du suivant. Lamiral se marie ; il épouse le 29 juin 1824, « jour de Saint-Pierre et Saint-Paul, après trois semaines de fréquentations, » madame Dubreuil, jeune veuve et marchande lingère de la place Saint-Étienne-du-Mont.

A tout sonneur, tout honneur. Ils furent mariés par monseigneur l'évêque de Grenoble, ancien curé de Saint-Étienne-du-Mont, et par M. Robinot, maître de cérémonies. « Ce mariage fut célébré avec pompe, dit Lamiral ; les cloches sonnèrent ; la musique fit entendre ses sons doux et harmonieux. »

J'ai d'abord cru que la veuve avait été séduite par l'art avec lequel Lamiral mettait ses cloches en branle ; mais la marchande lingère n'eut jamais l'oreille ouverte aux carillons, puisque après le mariage elle fit quitter cet art à son mari. Le monographe me plaît surtout par sa franchise ; il me rappelle quelquefois Restif-de-la-Bretonne dévoilant les mauvaises actions de ses filles, de sa femme, de son gendre, en même temps qu'il disait les vertus de ses ancêtres. Et je n'imiterai pas la faiblesse de Grimod de la Reynière qui s'indigne de trouver en romans les moindres faits de la famille Restif. Quand on entreprend de raconter sa vie, il la faut nette et crue. Que l'écrivain ne craigne pas plus de montrer ses vices que ses vertus ! La sincérité fera toujours un bon livre et sauve de l'immoralité.

Pour tout dire, Lamiral avoue son cocuage ; un ancien amant italien reparaît ; le ménage va à la diable et notre héros « subit de mauvais traitements de sa femme, » c'est-à-dire qu'il est battu en même temps. Plus tard

Lamiral aurait pu se venger d'une manière éclatante ; il tient en main le burin de l'historien, il est à la fois juge et partie ; mais c'est un homme calme, sage autant que Socrate, et il écrit sans trouble comme sans colère les lignes suivantes :

« Lamiral apprit en 1832 la mort de son épouse, décédée dans les bras de son amant. »

Ces simples mots devraient être donnés en exemple à tous les maris qui ont la faiblesse d'exposer leurs tribulations de ménage dans la *Gazette des Tribunaux* et qui livrent leurs lettres, leurs anciennes amours, leurs confidences aux habitués de cafés.

En 1830 Lamiral se bat en lion ; les certificats sont imprimés, Lamiral le sonneur, Lamiral l'auteur dramatique, Lamiral le chansonnier est un brave ; il est nommé sous-officier des volontaires nationaux, corps dont il ne reste plus mémoire ; et comme il était blessé, on l'envoie à Bayonne pour se guérir ; mais les héros révolutionnaires sont bien vite oubliés. Il revient à Paris sans un sou vaillant, et la rage des spectacles le reprend à tel point qu'il se fait condamner à 25 francs d'amende pour avoir ouvert un théâtre sans autorisation.

On le poursuivait ; il errait de théâtre de société en théâtre de banlieue, et ses affaires ne s'arrangeaient pas. Voyant cela, il se dit : je serai auteur et acteur, je ferai des pièces et je les jouerai. C'est dans ces bonnes intentions qu'il aborda le théâtre Dorsay autrement dit théâtre de madame Saqui.

On connait ces tristes inventions dites *chansonnettes comiques* qui sont aux vaudevilles ce que M. Clairville est à Shakespeare. Des acteurs *exprès* ont contribué à vulgariser ces platitudes; mais ce qu'on ne sait pas, c'est que Lamiral, le premier, fut l'inventeur de la chose.

Il composa le *Savetier en goguette*, monologue représenté chez madame Saqui.

« Cette scène jouée par l'auteur, dit Lamiral, fut interrompue par une cabale composée par les acteurs de Dorsay, des Funambules, du Petit-Lazary. »

J'ai déjà dit le respect que j'avais pour Lamiral; mais je crois que son amour-propre blessé l'a trompé sur ses véritables siffleurs. Les études particulières que j'ai faites de tous ces bouges dramatiques m'obligent à déclarer que les comédiens des Funambules ne vont pas siffler leurs inférieurs du Petit-Lazary, et que les comédiens du Lazary ne viennent pas troubler leurs supérieurs des Funambules.

Ce qui prouve l'erreur de Lamiral, c'est qu'au théâtre Saint-Marcel, loin de toutes jalousies théâtrales des acteurs du boulevard, on jeta à notre homme «du foin, de la paille, du laurier, un joli bouquet de trognons de choux.» Peut-être Lamiral se trompait-il sur sa vocation; peut-être perdait-il son assurance en scène. Il est arrivé plus d'une fois qu'un débutant a été brûlé par les planches au lieu de les brûler.

J'ai lu avec une scrupuleuse attention les ouvrages dramatiques de Lamiral et je les trouve inférieurs. Ils sont au nombre de deux, car je ne compte pas les ENSORCELÉS, *imité* de Favart; du reste il fallait un grand génie pour se tirer de pièces à *un* personnage. Sans doute dans le *Savetier en goguette*, il y a *mademoiselle Mitonnée*,

Balochard fondeur, *Lavigne* marchand de vin. Dans la *Loge du Portier* je remarque bien la cuisinière *Thérèse*, un *municipal*, une *voix*; mais tout ce monde-là ne sort pas de la coulisse ; il faut que l'auteur ventriloquie, ce qui est d'un mauvais effet.

À force de génie, nos pères du théâtre de la Foire renversaient les ordonnances de police qui supprimaient tour à tour des personnages, pour arriver à la suppression de la parole ; mais là il y avait révolte contre des comédiens aristocrates, le peuple s'associait aux souffrances des pauvres théâtres forains ; tous luttaient d'intelligence, les comédiens pour se faire comprendre, le peuple pour comprendre.

Je n'ai vu dans ma vie qu'un spectacle bien digne d'intérêt et qui dérouta la censure par ses inventions. C'était le Caveau-Montesquieu qui avait le droit de jouer des pièces à *deux* personnages. Tous les soirs l'étrange et malhonnête population qui se donnait rendez-vous dans ce lieu, applaudissait les *exercices* du Sauvage et *Michel et Christine* de M. Scribe.

Au dénoûment, le personnage de la mère Christine était de toute utilité ; car diverses fois, dans le courant de ce spirituel ouvrage, il avait été question du refus de la mère à l'union de sa fille avec le soldat. Donc le mariage était impossible, la censure s'opposant vivement à l'entrée en scène d'un troisième personnage.

Or le Caveau-Montesquieu avait inventé ceci : Christine allait vers la coulisse qui représentait une cabane et s'écriait : « Ma mère, je vous en prie, consentez à notre union. »

Une main sortait alors de la coulisse et faisait un geste de dénégation. Michel saisissait *cette main*, la baignait de ses larmes et lui chantait un de ces couplets militaires dont l'auteur des *Mémoires d'un colonel de hussards* a le monopole. La *main* était émue ; elle bénissait ses enfants, et le vaudeville se terminait à la plus grande satisfaction des femmes sans nom, pauvres créatures à qui le caveau du Sauvage était resté comme *montre* et que la police obligeait à ne jamais s'arrêter à une table, mais à tourner perpétuellement autour de la salle, comme des figures de cire aux montres des coiffeurs.

Lamiral, après ses mésaventures au théâtre, continue le cycle de ses amours. Il souffre avec mademoiselle Joséphine Dublin ; il est la victime de plaisants qui lui font faire la cour à un homme habillé en femme ; ne lui improvise-t-il pas des vers ! Il y a encore madame veuve D...., la belle bouchère du faubourg, et les amours avec une bossue, intrigues qui se terminèrent mal.

En fin de compte, Lamiral revint à ses cloches de Saint-Etienne ; il les retrouva en bonne santé à l'exception d'une petite qu'on appelait *la Mariette* qui s'était cassé le crâne en voulant danser trop haut. Il lui a consacré quelques lignes de regret dans l'*Art de la sonnerie :*

« Pauvre Mariette! voilà où conduit la légèreté. Tu avais la voix claire et limpide et tu jalousais la grosse voix du Bourdon ; mais, ma fille, tu ne mourras pas entièrement. Tu as été cloche, cloche tu seras encore. Le fondeur va allumer son grand feu et tu sortiras du moule avec une belle robe luisante. Si je peux être ton parrain, je commencerai par embrasser ta marraine et je te donnerai à l'oreille de prudents conseils. »

Lamiral, quand il écrit sur le théâtre, est quelquefois commun et vulgaire ; au contraire, quand il traite des cloches, il devient poëte. Je ne mettrais pas en comparaison son livre avec les *Cloches* de Schiller, cependant il a des morceaux mystiques et naïfs qui accusent sa profonde sincérité de clocheur.

Il n'aime pas les carillons de province, et il a raison ; j'expliquerai en peu de ligne tout son chapitre sur ce sujet. Il dit que les cloches sont une musique toute particulière, un plain-chant dans les airs; et il fait tous ses efforts pour tâcher d'abolir cette mauvaise école de sonneurs qui jouent des *airs* avec des marteaux sur les petites cloches. Je suis entièrement de son avis ; combien ai-je souffert en province d'entendre de petits airs joués avec une lenteur désespérante au clocher de la vieille cathédrale de Laon! Les maudits sonneurs, quoique agissant en sens contraire des faiseurs de quadrilles, mettaient la même mauvaise foi dans l'exécution. M. Musard *arrange* en deux temps *toutes* les mesures d'opéras; ainsi le veulent les jambes des danseurs. Au contraire les sonneurs prennent un motif *allegro* et en font un *maestoso* allongé pour la plus grande commodité des carillons.

Lamiral traite aussi des sonneurs, qu'il juge gens méprisables, sans vocation, sans instinct. « Il serait bon, dit-il, que chaque paroisse établisse une maîtrise dirigée par un homme intelligent, lequel chercherait des jeunes gens, les nommerait apprentis après un an de travail et les recevrait définitivement sonneurs après mûr examen. Surtout il faudrait s'attacher à grouper quatre par quatre les hommes de même force, afin que leurs mouvements soient bien égaux et méthodiques.

» J'ai vu, dit-il, à l'église Saint-Louis au Marais deux sonneurs qui *travaillaient* à la même cloche. Ça faisait pitié ; le premier était un grand garçon roux et maigre, toujours les bras *ballants*, aussi triste qu'un enterrement. Le second, petit homme de trente ans, court et trapu, gros favoris et cheveux noirs avec ses bras d'acier, aurait remué à lui tout seul la sonnerie d'une paroisse. Aussi, à eux deux, ils sonnaient *Marie-Christine*, une fière cloche, cependant, ils n'en tiraient rien de bon. L'un faisait le contraire de l'autre, l'autre le contraire de l'un. *Marie-Christine* voyait bien qu'elle était travaillée par des *ignorants* et elle ne s'y prêtait pas. C'est tout comme les chevaux; autant ils ont de plaisir à être montés par un savant, autant ils se révoltent contre un commis de magasin qui les a loués pour deux heures. »

Il y a encore dans ce livre de curieuses études sur les timbres, sur l'influence des saisons, mais j'y renvoie les lecteurs, ou plutôt je les renvoie à Lamiral lui-même, qui exerce toujours sa profession à l'heure qu'il est. Il reparut cependant sous le Gouvernement provisoire, sur tous les murs de la capitale ; il était atteint de la maladie d'alors, celle de représenter le peuple à l'Assemblée nationale.

Son affiche est classée par les catalogueurs dans les affiches grotesques qui sont nombreuses : elle ne vaut peut-être pas celle de M. Camus qui s'écriait, afin que son nom restât gravé dans la tête des électeurs : « *Souvenez-vous de la mère Camus,* » mais elle rentre dans le même système de farces et de calembours :

Nommons **LAMIRAL** (*de la Seine*).

LUCAS

On ne s'imagine pas le nombre de cervelles à l'envers qui passent tous les jours sous la porte cochère de la Bibliothèque nationale. Il faut de certains yeux pour les reconnaître. Ces gens sont habillés comme tout le monde, vous saluent au besoin, et portent tranquillement des livres sous le bras.

Ils arrivent à dix heures du matin, les premiers, demandent des livres, travaillent cinq heures d'arrache-pied, et s'en vont dans leurs galetas, dans leurs mansardes, dans leurs familles. Ce n'est guère qu'au bout de quelques heures que commence la danse des idées. Alors il arrive une sorte d'indigestion, juste en tout semblable à celle des gros mangeurs. Les malheureux se sont jetés comme des goulus sur des phrases énormes qu'ils ont avalées précipitamment sans les mâcher ; il leur revient de temps en temps des mots désagréables dont il est impossible de saisir la forme et le sens. Le cerveau s'habitue à ces sortes d'indigestions ; il devient entêté contre une nourriture saine et régulière ; il se brûle.

On vit très-longtemps affecté de maladies pareilles. Voyez-vous celui-là, qui est grand et maigre, habillé de noir, qui gesticule sur les trottoirs, dont les coudes menacent à tout instant les passants et les carreaux des boutiques ? Il vient de prendre sa nourriture à la Bibliothèque. Prenez garde ! il ne ferait pas bon de l'inquiéter ; il n'aime pas beaucoup à causer, car il est tout à la fois demandeur et répondeur. Il tient de grandes conversations avec lui-même ; et il n'a pas toujours raison : car, quoique composé d'affirmation, il se répond des négations très-amères. Je sais bien que, finalement, le négateur est battu, et qu'il remplit un peu le rôle du diable dans les prêches catholiques ; mais l'affirmateur a affaire à un rude adversaire, et il faut qu'il ait des raisons bien solidement campées pour ne pas être renversées par les arguments du négateur. Mais il serait inutile de causer avec lui, son langage étant plus difficile à comprendre que l'Obélisque.

L'homme qui dit tout à la fois oui et non s'appelle Lucas. Il a trouvé la quadrature du cercle, et il ne demande qu'à le prouver.

Ceci a l'air tout simple au premier abord ; malheureusement l'Europe savante nie la quadrature du cercle et *n'admet pas de preuves*.

Terrible position que celle de cet homme qui a une foi immense dans sa découverte, et qui ne peut prouver qu'il a raison. On connaît, jusqu'à présent, beaucoup de savants qui ont prétendu avoir trouvé la quadrature du cercle; les quais sont remplis de leurs brochures; mais au moins ces savants avaient-ils la faculté de faire juger leurs travaux par leurs pairs.

Monge sollicita de la Convention un décret qui mît à prix la solution de cet étrange problème. La Convention, qui ne reculait devant rien, nomma une commission de cinq mathématiciens chargés de dépouiller les mémoires qu'on lui adresserait. Il arriva tant de travaux embrouillés que la commission désespéra d'arriver aux preuves demandées. Monge lui-même, qui avait demandé à la Convention le décret, recula, ainsi que Lagrange, devant l'immensité de la découverte. Laplace et Legendre furent du même avis.

Depuis cinquante ans, une douzaine de géomètres, inventeurs de la quadrature du cercle, ont vu leurs travaux repoussés par l'Institut. Au Conservatoire des arts et métiers, M. Dupin harangue ainsi ses élèves : « Je vous défends expressément de vous occuper de la solution de la quadrature du cercle, parce que c'est chose inutile et nuisible, les savants ayant la preuve que cette solution est impossible. Je vous préviens en outre que, si, par la suite, il se rencontrait parmi vous quelqu'un qui ne tînt pas compte de cette défense, je le congédierais immédiatement, sans qu'il pût même prétendre à être admis dans les autres cours publics. »

En 1844, à propos de la question des brevets, M. Arago, dans une réponse au ministre du commerce, s'en tirait par une plaisanterie légère : « Je sais, disait M. Arago, comme M. le ministre l'a dit, qu'il y a beaucoup d'inventions inutiles. Ainsi le *mouvement perpé-*

tuel et la *quadrature du cercle* arrivent toujours au printemps. » Par ces mots, M. Arago rappelait l'opinion des paysans qui, traitant à leur manière la question de folie, ont remarqué un moment de surexcitation du cerveau « quand les colzas sont en fleurs. »

Mais les opinions des académiciens, des professeurs, n'arrêteront jamais les pas de ces pauvres chercheurs d'absolu qui trouvent le moyen de vivre sans bottes et sans pain. D'ailleurs, s'ils ont contre eux les savants du XIXe siècle, ils ont pour eux Charles-Quint, qui avait promis cent mille écus à celui qui résoudrait ce fameux problème. Les États de Hollande avaient mis la même question au concours, avec une forte récompense. Et bien d'autres académies. M. Lucas continua son chemin ; il savait ce qu'il faisait, il savait où il allait. Versé dans les sciences exactes, il n'ignorait pas quels ennemis allaient se dresser contre lui.

Mais d'abord peut-être est-il important de le faire connaître au physique et au moral, tâche d'autant plus facile que M. Lucas s'est peint lui-même :

« Il est, dit-il, favorisé par la nature sous le rapport des facultés intellectuelles ; elle l'a également pourvu de grands avantages physiques. Il jouit d'une constitution robuste, quoique sa physionomie semble indiquer le contraire. Il possède une vue pénétrante, il a le goût exquis, l'odorat le plus impressionnable, l'ouïe fine et le toucher délicat. Sa force physique est considérable, si l'on a égard à sa structure, qui paraît grêle ; et cela est si vrai qu'il peut dans le même jour faire vingt-cinq lieues à pied et recommencer le lendemain ; il s'est d'ailleurs livré avec avantage à tous les jeux gymnastiques, au grand désappointement de ses adversaires.

» La nature l'a également pourvu d'une grande dextérité, puisqu'il lui est possible de se livrer avec succès à telle partie des travaux d'art qu'il plaira d'assigner; car il est bon que vous le sachiez, la nature aime et protége les arts. A neuf ans, il était forgeron; il est devenu charpentier, charron, menuisier, mécanicien, constructeur de navires (car il a fait des modèles), sculpteur, tourneur sur bois; il est maçon, tailleur de pierres, appareilleur, chaudronnier, vitrier, décorateur, peintre, dessinateur, architecte, lithographe, tailleur d'habits, cordonnier même, car il est parvenu à faire le soulier sans coutures; cependant, il n'a rien appris; il lui suffit de voir opérer; il comprend de suite les difficultés à vaincre; il se met à l'œuvre et réussit. »

M. Lucas ne doute de rien; il pourrait, s'il le voulait, s'occuper avec succès de littérature, d'histoire ou de politique. Il prétend ne pas connaître les règles de la poésie, cependant « il fera des vers aussi beaux et aussi corrects que ceux sortis de la plume des poëtes les plus célèbres. » C'est un des rares points sur lesquels je ne m'accorde pas avec M. Lucas. Quant à sa haine contre le latin, le grec et les langues étrangères, ou son impuissance à les comprendre, je m'étonne de les rencontrer chez un esprit aussi exact. L'auteur de la quadrature du cercle parle de ses qualités morales : « Il possède les qualités du cœur; il est sensible sans vouloir le paraître; il est humain par nature et sans ostentation, trouve son bonheur à obliger; il est simple dans ses mœurs, dans ses vêtements et sa manière de vivre ; il aime sa famille, et particulièrement sa mère, à laquelle il n'a manqué que deux fois et dans un but qui n'était pas blâmable. Vif, pétulant et fort de sa supériorité, il hait les contradicteurs maladroits ; et, lorsqu'ils tentent de lui tenir tête, il s'emporte jusqu'à la colère et va quelquefois jusqu'à frapper. Ami sincère de la vérité, il combat à outrance les menteurs et les hypocrites, et plus particulièrement encore les corrupteurs et les intrigants. Enfin, semblable à la nature dont il est en quelque sorte la représentation vivante, il terrasse sans pitié ses ennemis et leur pardonne sans rancune lorsqu'ils reconnaissent leurs torts. »

M. Lucas, on le voit, est rempli de bonnes qualités, et je trouve sa biographie d'autant plus vraie, qu'il signale sa colère contre les contradicteurs et *sa manie de les frapper*, fait que j'ai observé fréquemment et qu'on retrouvera chez plusieurs personnes de ma galerie. L'apôtre Jean Journet appartient à cette école.

Jusqu'à présent je n'ai pas traité à fond la question de la quadrature du cercle, et il ne m'est guère possible ici d'en donner la définition.

C'est un problème par lequel on cherche la manière de faire un carré dont la surface soit égale parfaitement et géométriquement à celle du cercle. M. Lucas en a donné une définition plus romantique. Il appelle la quadrature du cercle « *les amours de la ligne droite et de la circonférence.* » Pour arriver à des preuves plus sérieuses, il me serait facile de donner des chiffres, de remplir des pages de signes algébriques, d'employer le

4

vocabulaire scientifique et de parler trisection, polynome, périmètre, coefficient, cosinus, abscisses, etc., etc.

Mais cette étude demanderait les colonnes *du Journal des savants*. J'ai voulu seulement montrer un type d'inventeur, qui se trouve seul contre la société scientifique qui passe son temps en calculs et en rêves, qui dépense sa fortune à publier de grands livres qu'on ne lira pas et qui lutte corps à corps avec l'Institut.

La nuit joue un grand rôle dans l'existence de ces pauvres savants; la nuit amène le sommeil, le sommeil le rêve et le rêve l'espoir. Dire les rêves qui sont leurs meilleurs amis, c'est impossible. Ils sont souvent baroques, illogiques et se rattachent à des faits domestiques que l'acteur seul de ces comédies terribles peut comprendre.

Cependant ces sortes de rêveurs ne sont pas embarrassés des drames qui se sont joués dans la boîte de leur cerveau. Ils y trouvent un grand plaisir, une réelle jouissance. En se couchant, ils sont très-heureux de penser que l'heure des mystères et des révélations est arrivée. De même que dans la vie diurne M. Lucas se questionnait et se répondait à la fois; de même, dans la vie nocturne, il devenait le Pharaon et le Joseph de ses songes.

M. Lucas eut trois rêves singuliers qu'il est bon de lui laisser expliquer : « En me promenant sur les boulevards de Paris, dit-il, mes yeux se portèrent par hasard sur l'affiche de la Porte Saint-Martin où figurait en tête une pièce ayant pour titre : «1844 et 1944, ou *Aujourd'hui et dans cent ans.* » Comme l'année 1844 est celle assignée par la nature pour la publication de la quadrature du cercle, je compris que mes adversaires auraient bien pu découvrir que cent ans après paraîtrait l'ouvrage nouveau du génie dont je viens de parler. Ce qui donnait de la consistance à cette opinion, c'est que le nombre 1944 se compose de quatre carrés; le second chiffre 9 étant le carré de 3, je compris cependant qu'il existait dans la distribution de ces carrés des rapprochements irrationnels. Le carré 9, comme sa racine, n'ayant aucune sympathie avec la racine 2, qui établit les rapports du temps, je dus en conclure qu'il ne s'agissait que d'un piége adroitement jeté afin de m'inspirer des craintes. Pour m'éclairer à cet égard, je priai la nature de me venir en aide; elle m'envoya un songe imparfait; j'entends dire que les faits dont il se composait n'avaient aucune suite; mais il se termina cependant d'une manière assez caractérisée pour me faire comprendre que l'ouvrage annoncé pour 1944 ne paraîtra pas. Il s'agissait d'une discussion engagée entre ma mère et un individu, que j'avais cru être mon frère, qu'elle finit par obliger de monter à sa chambre. Je le suivis et, le poussant par derrière, je prononçai ces paroles : *Nous sommes deux.* Alors je m'éveillai, et sachant que l'individu qui me précédait était un faux frère, je compris enfin que l'auteur annoncé pour 1944 ne paraîtrait pas. Fixer l'époque de l'apparition du véritable auteur me serait impossible, j'observerai seulement que l'année 4444 doit présenter de grandes chances. »

Ce premier songe se distingue des deux suivants en ce qu'il est prophétique et critique. Prophétique, il annonce pour l'année 4444 la solution, aux yeux de tous, de la quadrature du cercle ; critique, il parle d'un *faux frère*, allusion à un membre de l'Institut qui, lui aussi, aurait découvert le fameux problème et ne voudrait pas le montrer. Le second rêve est plus matériel :

« Après avoir fait nuit blanche, tourmenté que j'étais par les punaises, dit M. Lucas, je finis par m'endormir entre quatre et cinq heures du matin, et, dans le court rêve que je fis, je vis apparaître le charbonnier qui me fournit à Paris les articles relatifs à son état ; il me dit en venant à moi : « Je viens pour régler notre compte. » Je lui répliquai immédiatement que ce compte était terminé dès le 10 du même mois, et que depuis je n'avais rien pris chez lui. « C'est égal, examinons de nouveau le compte, il n'est pas complet. » Je lui soutins le contraire ; il persista, et alors je m'éveillai.

» Je supposai d'abord que ce rêve avait de la sympathie avec les punaises qui me tourmentaient. La présence de la personne du charbonnier, malpropre par profession, devait naturellement me porter à penser que le compte à régler avec les punaises consiste dans la propreté, et qu'il fallait tout nettoyer pour m'en débarrasser. Il n'est pas inutile d'observer que depuis trois jours j'avais prié la nature de me mettre à couvert de ce fléau. Je me levai précipitamment pour nettoyer, afin de repousser par la propreté les insectes malfaisants. Cette occupation terminée, je repris mes travaux, afin de clore la discussion relative aux pyramides. Une étincelle de lumière m'arriva alors, et je compris enfin que le songe s'appliquait à ces pyramides. »

On voit dans le troisième rêve ce qu'étaient ces pyramides, amenées par la succession immédiate des punaises et du charbonnier :

« Après avoir essayé inutilement de cuber les deux pyramides, je finis par y renoncer ; néanmoins je laissai dans la composition une lacune, de manière à revenir, s'il était possible, sur cet objet, parce que j'avais dans l'esprit, d'une manière confuse, il est vrai, que mes adversaires avaient ces solutions remarquables ; et en laissant Paris, le 8 mai 1844, pour aller visiter ma mère, qui, depuis trois jours, était tombée malade, je me proposai de m'occuper de cette recherche dans mon pays natal. On va voir par ce qui va suivre que ma persévérance fut couronnée de succès, puisque la nature voulut bien me venir en aide ; ainsi, il arriva que la nuit du 27 au 28 mai je m'éveillai vers les trois heures du matin et me rendormis quelque temps après. Je rêvai pour la première fois à mon ouvrage ; voici du reste le songe que je fis : Je me trouvai tout à coup transporté à *Dunkerque*, port de mer extrême frontière de la *France, ma patrie*, chez M. Cavois, négociant, avec lequel ma mère fit dans le temps des opérations commerciales assez considérables ; j'avais sous le bras une petite boîte dont j'ignorais le contenu. M. Cavois en fit l'ouverture ; elle renfermait des crayons et divers objets convenables pour le dessin ; il en retira un crayon rouge de mauvaise qualité qu'il essaya en me disant : Vous devez avec cela faire de mauvais ouvrage. Je lui répondis que je ne dessinais pas, mais que j'étais géomètre et que je m'occupais d'un grand ouvrage qui ferait époque. Il remit, je crois, le crayon dans la boîte en me disant : *Nous allons voir cela. Tenez,* me dit-il, voici un jeune homme qui doit avoir votre âge. En effet, je vis ce jeune homme s'avancer vers moi et lui demandai son âge. Il me répondit : J'ai quarante-six ans. C'est comme moi, lui répliquai-je, car je suis né en 1797 (j'aurais eu alors 47 ans). Je mentais doublement dans cette circonstance, ainsi que cela m'arrivait toujours lorsqu'on me demandait mon âge; voulant me faire passer pour avoir une année de moins que je n'avais réellement. En effet, je suis né le 15 septembre 1796, j'aurai donc quarante-huit ans cette année; le jeune homme déclarait en avoir quarante-six; il était donc né en 1798; en prenant la moyenne des deux années 1796 et 1798 on obtient 1797, nouvelle année qui m'a procuré dans le songe quarante-sept ans. Ainsi, je mentais en disant que j'avais quarante-six ans, je mentais en outre en disant que j'étais né en 1797. On va voir cependant qu'en mentant sous le rapport de l'âge je disais vrai relativement à la cubature de mes pyramides. A l'instant, je vis apparaître les deux jeunes filles de M. Cavois, non encore nubiles, et qui jouaient ensemble; la plus grande resta à sa place, tandis que sa sœur s'éloignait. Cette jeune fille prit la parole : Voilà ma sœur qui s'en va (elle me la désignait du doigt; elle se dirigeait du côté de son père, mais au delà). Voici ma mère, me dit-elle (cette dame se trouvait à l'extrémité opposée de la droite conduite par la position qu'occupait le jeune homme et celle que j'occupais moi-même, droite qui était perpendiculaire à celle déterminée par les eunes filles), et maintenant je suis seule, ajouta-t-elle,

Je vis en effet madame Cavois placée dans son appartement; la fenêtre était fermée; j'allai la saluer, elle avait l'air grave et réservé; elle était seule, coiffée en cheveux, qui étaient noirs et parfaitement lissés. Alors je me réveillai, car la nature m'avait transmis par ce rêve tout ce qui m'était nécessaire pour cuber les deux pyramides.

» En me reportant au songe, je me rappelai que les deux jeunes filles de M. Cavois étaient à l'origine placées ensemble et à une certaine distance de ma personne et qu'il arriva que la plus grande resta à sa place, tandis qu'au contraire la plus petite s'éloignait. D'ailleurs, la plus grande des jeunes filles, en me déclarant qu'elle était seule, devenait par cela même cubique, c'est-à-dire une valeur carrée double; et comme elle me fit voir sa mère, qui représente une valeur carrée, je dus comprendre qu'il fallait carrer le chiffre 4, puisque le jeune homme, madame Cavois la mère et moi, selon le songe, étions placés sur la verticale élevée sur la droite déterminée par les jeunes filles. »

De la franchise de ces martyrs de la science, viennent toutes leurs infortunes. Ils racontent leurs rêves dans des livres de science. Ils font entrer la vie privée à côté d'une équation du premier degré. Comme tous les gens qui ne pensent qu'à une idée, ils font de la nature le complice de leur cerveau.

Une affiche de la Porte-Saint-Martin n'est plus pour M. Lucas un hasard; il se dit que, si les frères Cogniard ont intitulé, sans s'en douter, leur féerie « 1944 », une force mystérieuse les poussait à apporter cette preuve à l'homme obscur qui travaillait alors à la quadrature du cercle. Cette honnête famille Cavois, ces estimables commerçants de province, le père, M. Cavois, les demoiselles Cavois seraient aujourd'hui dans le plus grand étonnement s'ils apprenaient : 1° que M. Lucas est entré dans le salon et *s'est placé* avec madame Cavois *sur la verticale* ; 2° que la même madame Cavois *est une valeur carrée* ; 3° que mademoiselle Cavois aînée n'est autre qu'une personne *cubique*.

L'Institut juge un peu comme la famille Cavois. La section des sciences exactes n'approuve pas ces savants étranges qui mêlent le chiffre aux détails trop domestiques.

Les mathématiciens ont ceci de commun avec les banquiers, que le chiffre est pour eux la seule langue du monde. Et les belles armées qu'ils disposent, les uns sur des tableaux noirs, les autres en colonnes sur des grands livres ! Il n'y a pas de général plus glorieux quand il passe en revue ces troupes alignées. Pour eux les chiffres sont pleins d'une poésie claire et sonore. Les chefs-d'œuvre de la sculpture leur sont tout à fait indifférents vis-à-vis du chiffre. Car il a une physionomie et un aspect tout à fait singuliers.

Le 1, roide et droit comme la queue d'un soldat prussien.

Le 2, qui semble un cygne sur l'eau d'un bassin.

Le 3, chiffre bien portant, mais sévère.

Le 4, une charpente de toit.

Le 5, qui est la girouette de cette charpente.

Le 6, doux et porteur d'un gros ventre.

Le 7, qui est la hache de ce régiment.

Le 8, serpent qui s'enroule sans commencement ni fin.

Le 9, hydrocéphale sur un petit pied.

Le 0, niais et important.

Et les joueurs de loto, qui ont inventé des définitions si plaisantes, n'ont pu vivre avec les chiffres sans les baptiser. Il en est de même des mathématiciens. Je ne veux pas dire qu'ils approuvent ou qu'ils soient complices de la physiognomonie que j'ai essayé d'appliquer aux chiffres, mais ils me comprendront.

Toute chose morte trouve son Pygmalion. Et, après des fréquentations assidues, le chiffre vit comme la statue.

Les rêves de M. Lucas, le charbonnier, la cubique mademoiselle Cavois, se retrouvent dans tous les mémoires qu'on envoie à l'Institut. Seulement ils prennent d'autres formes et d'autres noms. Alors le corps savant, jugeant qu'il a affaire à un mathématicien déraillé, n'analyse pas ses études.

Mais M. Lucas ne se tint pas pour battu : après avoir publié son grand ouvrage, il se dit que l'Institut, quoique composé de savants inférieurs, à son avis, n'était pas assez ignorant cependant pour ne pas avoir compris la portée de sa découverte. Et il s'imagina qu'on s'était servi de ses travaux, que la lumière avait lui aux yeux des académiciens, que la possibilité de la quadrature du cercle avait été reconnue, et qu'enfin l'Institut avait fait imprimer en secret un ouvrage, *tiré à un seul* exemplaire.

« L'auteur de l'ouvrage en question, qui a le même titre que le mien, dit M. Lucas, a pour nom de guerre *Tobi*. Il s'était placé, pour l'écrire, aux pou..., et sal... rue... Aut... (Devinez, lecteurs): L'imprimeur est connu ; il exerce toujours. Le dépôt a été fait ! J'en ai dit assez pour qu'il soit possible de vérifier. »

Ce passage est fort mystérieux ; à part l'anagramme de *Tobi*, qui désigne évidemment M. Biot. J'aurais voulu que M. Lucas confirmât ce qu'il avait écrit dans une de ses notes : « Je désignerai plus tard, si l'on m'y force, l'auteur nominal de cet ouvrage, qui appartient à tous. Je dirai dans quel lieu on s'est enfermé pour l'écrire, le temps qu'il a coûté, quel imprimeur a prêté ses presses, combien d'exemplaires on a tirés, ce qu'ils sont devenus, quelles précautions on a prises pour s'affranchir des lois qui, en matière d'imprimerie, rendent obligatoire le dépôt de tout ouvrage nouveau, et comment il arrive enfin qu'un livre destiné, s'il en fût, à la publicité, reste encore absolument inconnu. Que l'on se contente de savoir pour le moment que le livre fatidique est sous quadruple clef, et que des initiés, aucun ne peut le lire sans l'assentiment de ses collègues. »

Mystérieuse affaire que celle-là. Et on croit que tous les drames se passent dans la *Gazette des Tribunaux !* Les cartons de l'Institut sont pleins de ces drames inconnus, dont les auteurs obscurs et humbles disparaissent pleins de confiance, car ils ont foi dans la Nature.

« Les principes que j'établis ne m'appartiennent pas, dit M. Lucas, ils sont ceux de la Nature, dont je ne suis que l'interprète : comme elle ils sont immuables, c'est-à-dire qu'ils ne peuvent changer. »

20 novembre 1847.

JEAN JOURNET

De notre temps, où la civilisation a donné à chacun un chapeau, un habit noir et des bottes, j'ai été heureux de rencontrer un homme qui n'eut pas le cœur couvert de cet habit noir, les pensées enfouies sous un chapeau et les actions emprisonnées dans ces bottes.

Il n'est pas question ici de parler pour ou contre le fouriérisme ; il s'agit de raconter avec le plus de fidélité possible, l'odyssée d'un apôtre qui a parcouru un quart de l'Europe, semant la parole de Fourier, récoltant parfois, d'autre fois martyr, et, malgré tout, *croyant*.

Jean Journet, quoique apôtre, n'a aucun point de ressemblance avec les nombreux inventeurs de religions que nous avons vus depuis quinze ans mourir délaissés, n'ayant pas même un chien à la suite de leur corbillard : il n'a rien inventé, il a connu Fourier, il a étudié le fouriérisme, et il propage le maître et le système.

Journet naquit à Carcassonne, en 1799. On le mit au collége, où il devint un des plus mauvais élèves, par la raison toute simple que l'Université d'alors, non plus que l'Université d'aujourd'hui, n'avait songé à rendre le *travail attrayant.* Les professeurs, qui ne se doutaient pas même du nom de Fourier, crurent vaincre la paresse de Jean en lui donnant des douches de *pensums.* Il envoya au diable les pensums et le collége. Après ne pas avoir terminé ses études, il vint à Paris. 1819 avait sonné. Dans ce temps-là, conspiration rimait avec restauration ; Jean se fit carbonaro : un terrible jeu où la tête servait de fiche ! La vente qui avait admis Jean dans son sein s'appelait la vente de Washington. Un matin la vente est découverte ; il n'y avait de salut que dans la fuite. Jean Journet eut le bonheur de se sauver en Espagne. Au moins là se battait-on en plein soleil. Notre carbonaro retrouva à l'armée, dans la légion française, pendant la guerre de l'indépendance, Armand Carrel, sous-lieutenant, et Joubert, sergent-major, ses confrères en carbonarisme. Échappé à la prison civile, Journet ne put en faire autant de la prison militaire. Il fut fait prisonnier dans l'affaire de Hiez et Hiado et conduit comme transfuge en France, à Perpignan, au Castillet.

Le Castillet n'a jamais été une prison bien réjouissante ; mais on prenait à tâche d'augmenter encore les souffrances de la détention aux transfuges. Provisoirement, le prisonnier fut déposé dans le cul-de-basse-fosse le plus infâme ; c'était un trou sans lumière, sans paille même, fétide et malsain au suprême degré. A travers les murs suintaient les égouts de la maison. Jean Journet ne se découragea pas trop; il avait trouvé, en entrant, un camarade, un condamné à mort. La nourriture, on la devine. Ceux qui l'apportaient ne disaient mot, et il eût été impossible de se rendre compte des nuits et des jours, sans une diligence qui, en faisant trembler le sol à l'heure de minuit, apportait une faible distraction quotidienne.

Journet entendit neuf fois le sourd roulement de la diligence, après quoi on vint le chercher; il dit adieu à son compagnon *à mort*, croyant qu'on allait le juger. Mais il se trompait; le provisoire du cul-de-basse-fosse n'était rien en comparaison du nouveau provisoire que la justice lui ménageait. Il fit dix-huit mois de prévention dans un nouveau cachot, qui heureusement était un palais à côté de l'autre. Enfin, il parut devant le tribunal et fut acquitté, peut-être parce qu'il avait eu soin de se parer de sa profession de pharmacien, les pharmaciens ne pouvant être regardés sérieusement comme des conspirateurs.

Jean Journet, échappé par miracle à la guillotine, aux balles des Espagnols et aux balles des Français, jugea à propos de rentrer dans la vie tranquille. Il s'établit pharmacien à Limoux, petite ville aux environs de Carcassonne. Il se maria et vécut de la vie heureuse et facile du Midi. Cependant, comme il avait une tête ardente et s'impressionnant vivement aux nouvelles idées, il étudia le saint-simonisme. Mais un jour dans une conversation, le nom de Fourier est prononcé; il est question de ses doctrines. Journet se procure un livre de l'*inconnu*; il le lit, le relit avec passion; il l'étudie, le commente sans relâche.

Puis, il abandonne tout, pharmacie, femme, enfants, pour venir trouver le maître. Il arrive à Paris et apprend l'existence d'une école fouriériste. Le soir même, Jean s'introduisait dans l'assemblée, curieux d'y entendre discuter les doctrines socialistes par des gens intelligents. La séance s'ouvre, et voilà le néophyte qui tombe dans le huitième dessous de la déception. Dans ce cénacle fouriériste, on lisait des travaux sur la poésie dramatique au xiiie siècle. Jean pensa avec raison qu'il eût dû se présenter au *Caveau*, ou à la société des *Bergers de Syracuse*, plus certain d'y entendre parler de la réalisation du phalanstère.

Heureusement, quelques jours après, Fourier le reçoit; et le futur apôtre remarque avec peine et surprise que le *sauveur du monde* est triste, chagrin, malade, au lit, dans une chambre nue, manquant du nécessaire. Deux moitiés de tisons mal allumés cherchaient inutilement à s'enflammer dans un pâle baiser. Sur la table, vingt-quatre sous se déroulaient tristement et disaient la détresse du maître du logis.

Journet s'en retourna à Limoux, désolé d'avoir vu le chef de l'école dans un tel isolement. Il continua à étudier avec plus d'ardeur que jamais les œuvres de Fourier; et, de 1831 à 1836, il applique ses théories à l'agriculture et à l'industrie. Seulement il s'étonnait de ne pas voir dans les gazettes le nom de Fourier; tous les matins il se réveillait persuadé qu'il était couché au phalanstère. Enfin, tourmenté, un jour Jean s'écrie:

« La réalisation n'arrive pas, je vais la chercher. » C'est de là que commença son apostolat.

Journet comptait qu'en arrivant à Paris, tout le monde lui parlerait du maître; mais on ne le connaît pas. Alors il va droit à l'école phalanstérienne qui s'était constituée depuis la mort de Fourier; il dit son enthousiasme, il annonce ses projets. L'école, qui ne voulait pas brusquer l'opinion et qui avait adopté un système timide, traite l'apôtre d'illuminé et de plus qu'illuminé.

Jean ne se décourage pas pour si peu. Il est apôtre, c'est-à-dire il a la foi, la persévérance et la ténacité, son front, peu développé, en est la meilleure preuve; alors il songe à la brochure, un moyen usé aujourd'hui, mais qui a renversé des royaumes. Journet croit qu'en vendant à très-bas prix des brochures dans lesquelles il expliquera en quelques pages les doctrines du maître, le peuple deviendra fouriériste aussitôt; mais dès l'abord il trouva si peu d'acheteurs qu'il résolut de les distribuer gratuitement.

Le 8 mars 1841, on jouait *Robert-le-Diable* à l'Opéra; pendant un entr'acte, l'apôtre distribua ses brochures. Un sergent de ville l'arrêta et le conduisit chez le commissaire de police. Interrogé sur ce fait, Jean Journet répondit : « Le besoin irrésistible d'annoncer au monde en général et aux riches en particulier l'apparition de la loi de justice et de vérité, et l'espoir que, sur tant d'individus, l'élite de la société, il y en aurait quelques-uns qui daigneraient se détourner un instant, pour juger avec connaissance de cause, si cet événement, tout miraculeux qu'il paraît être, se trouvait réellement justifié par les travaux de l'immortel Fourier. »

Un peu surpris de cette phrase touffue, le commissaire demanda à voir un exemplaire de la brochure, la lut et ne fut pas édifié. Après de nouveaux interrogatoires, il déclara à l'apôtre qu'il allait en référer au préfet de police. On l'emmena donc à la préfecture où il passa la nuit dans un cachot. A midi, il fut invité à monter en voiture cellulaire. Dans cette voiture se trouvait une folle qui riait, criait, chantait. La voiture s'arrêta au parvis Notre-Dame. La folle et l'apôtre en descendirent. Deux personnes interrogèrent Jean Journet, qui, malgré ses malheurs, répondit gaiement. Sur un signe des interrogateurs, la voiture les reprit, lui et la folle. La folle s'arrêta à la Salpêtrière, l'apôtre à Bicêtre : *il avait répondu plaisamment à deux médecins.* Je laisse raconter à l'apôtre ses malheurs qu'il a consignés dans *Cris et Soupirs*.

« Les formalités des bureaux accomplies, le nom de Jean Journet se trouva inscrit au nombre des aliénés le 9 mars 1841, 3º division, 3º salle, 10º lit, et cela 33 ans après l'apparition de la *Théorie des quatre mouvements*. L'on me conduisit dans un dortoir occupé par une centaine de fous ; l'on me fit quitter absolument tous mes vêtements, qui furent remplacés par des hardes très-vieilles, mais très-propres.

» Je fus dans la cour, et à tous les employés ou infirmiers que je pus trouver, je leur demandai avec instance une conférence avec le directeur ; mais les uns souriaient, les autres levaient les épaules. Je courus me perdre, jusqu'au coucher, dans la foule des fous, des idiots, des épileptiques. J'avais observé que le n° 9, mon voisin de droite, était malade, puisqu'il se trouvait du petit nombre de ceux qui ne s'étaient pas levés. A son immobilité, à son oppression, je pus même juger qu'il était un des plus malades ; cette circonstance augmenta la tristesse qui présidait à mon coucher. Sur les dix heures, on lui administra une pilule qu'il ne put avaler, mais qu'il mâcha et délaya dans sa bouche. Dès lors, à l'odeur cadavéreuse qui m'avait si horriblement oppressé jusque-là, se joignit une odeur de musc et d'assa-fœtida, et des maux de tête s'ajoutèrent à mes maux de cœur. J'étais depuis environ deux heures dans cette disposition, lorsque d'affreuses convulsions, précédées d'un cri long, creux, déchirant, un cri qui n'appartenait pas à l'ordre des choses de notre nature, me contraignirent à tourner mon regard vers mon malade, et je vis une face ronde, plate, violacée, hideuse. L'infirmier accourut ; bientôt après le râle se fit entendre, et le veilleur, après l'avoir arrangé, s'en alla en disant : *Il sonne le premier*, seul propos impie, au reste, que j'aie entendu dans cette demeure.

» Le jour parut, la cloche sonna le lever. Depuis quarante-huit heures, à peine avais-je fermé les yeux ; il fallut s'habiller. On lava et balaya les dortoirs. Les lits furent dressés ; tous, rangés à la file, nous attendons la visite : pour moi, ce moment était solennel, je m'y préparai. Le docteur parut avec son état-major ; au n° 9 l'infirmier dit : Nuit agitée, crise terrible, mais *plus calme* depuis deux ou trois heures. — Le n° 10 est un nouveau, dit le médecin; pourquoi ne l'a-t-on pas mis à l'admission? — Son état inoffensif, reprit le garçon, a fait supposer au chef du bureau qu'il serait placé ici plus convenablement. — Qu'on répare cet oubli au plus tôt. Et, se tournant vers moi : Racontez-nous les circonstances principales de votre vie. — Ce que je fis avec naïveté ; et, protestant, avec verve et logique, contre l'incurie des agents subalternes : Je remets ma cause entre les mains d'un homme dont l'expérience et la position scientifique doivent me mettre à l'abri de toute méprise. »

Le docteur ayant demandé à Jean Journet de lui réciter quelques fragments de ses œuvres, celui-ci déclama une épître dédiée aux élèves de l'École Polytechnique. Le docteur comprit qu'il s'agissait de fouriérisme ; mais il était de ces gens qui ne connaissent Fourier que par les petits journaux et qui croient avec la meilleure foi du monde qu'on ne trouve dans l'auteur de la *Théorie universelle* que la *bataille des petits pâtés*, les *mers de limonade*, les *anti-lions* et les hommes à queue avec un œil au bout ; pour lui Fourier n'était qu'un fou, à plus forte raison les apôtres de ce fou ; aussi, quand il entendit la fin de la strophe : « Mon caractère apostolique ne sera plus un objet de ridicule, de misère, » s'écria-t-il en s'adressant à ses élèves : — Avez-vous compris ? Monomanie de la grandeur.

Or, voici le traitement appliqué à ces monomanes : bains de trois heures, aspersions d'eau froide sur la tête, demi-portion, la barbe rasée. En entendant ce terrible catalogue, Jean Journet tressaillit et implora le docteur, qui répondit sans l'écouter : « Que l'on conduise cet homme à l'admission. » Je laisse l'apôtre raconter ses nouveaux malheurs.

« L'admission est une cour plantée d'arbres, précédée d'une forte muraille et terminée par une grille solide, élevée. A droite et à gauche sont des loges destinées chacune à une seule personne. Quatre pavillons, dont deux sont occupés par les malades, symétrient cette habitation. Chacun des deux pavillons contient six lits, trois au rez-de-chaussée, trois au premier, et unique, communiquant par un étage, escalier rapide et étroit.

« En entrant dans la cour, je la trouvai peuplée de presque tous ses habitants, livrés à ces habitudes qui pénètrent d'une si profonde mélancolie les personnes qui ne font que visiter, même un instant, ces infortunés, devant former dès lors mon unique société. Le lit n° 1 me fut assigné. Le n° 2 était dans la cour; le n° 3 gisait lié dans son lit, s'étant la veille grièvement blessé à la tête et aux genoux, dans un accès de frénésie. Je sortis, je m'aventurai avec précaution dans un coin, et, immobile, je m'exposai aux douces influences du soleil; il faisait un temps magnifique. Peu d'instants après, plusieurs visiteurs, précédés et suivis des infirmiers, accompagnés des agents de surveillance, vinrent visiter l'établissement. J'avais tracé quelques mots à la hâte, espérant donner de mes nouvelles à mes amis. Je m'avançai mystérieusement vers l'un des visiteurs, pour le charger de ma commission; mais, malgré mes signes, il s'éloigna épouvanté. Il était inutile et imprudent d'insister; je fus attendre avec résignation le moment que je redoutais le plus, le coucher. Il arriva. Les infirmiers me rassurèrent un peu en me disant que, la nuit, il était rare qu'il y eût autre chose que du bruit; en effet, les gémissements, les rugissements, les convulsions me tinrent en émoi pendant de longues heures.

« Il y avait peu de temps que je m'étais assoupi, lorsque la cloche et les tiraillements du garde de nuit m'arrachèrent à mon engourdissement; le médecin devait paraître, il m'avait promis de lire entièrement mes œuvres; j'avais préparé mille argumentations qui, développées avec chaleur et dignité, devaient nécessairement, selon moi, triompher de ses préventions. »

Le médecin paraît, il avait lu les œuvres de Jean Journet; mais ce fut un nouveau malheur pour l'apôtre. Tous deux discutent avec acharnement; le médecin soutient que son malade est un anti-poëte; le malade répond que le docteur n'entend rien à la vraie poésie. Il paraît que, dans la discussion, l'apôtre blessa l'amour-propre du médecin qui, pour se venger, ordonna l'enlèvement du papier, de l'encre et des plumes, de la pipe et du tabac, et pour compensation force lavements. Les gardiens firent subir à l'infortuné Jean un affreux remède à ses poésies et à ses doctrines phalanstériennes. — Le lavement était l'assa-fœtida !!! — « Il me sembla, écrit l'apôtre la tête en feu, que mon corps et mon âme étaient semblables à une paire de meules qui, poussées par une force incommensurable et en sens opposé, se dévoraient mutuellement, faute de substance intermédiaire sur laquelle elles pussent exercer leur énergie. »

Le lendemain le docteur trouva son malade tellement faible, qu'il crut devoir supprimer tous traitements. Jean Journet commençait à devenir réellement fou; heureusement la nouvelle de son arrestation était parvenue à quelques personnes, et il fut, malgré l'avis du docteur implacable, envoyé à la salle des convalescents. Enfin M. Montgolfier parvint, non sans peine, à le faire sortir de Bicêtre.

Il y a tant d'événements si bizarres dans la vie de Journet, que je passe des faits très-importants; je ne réponds pas non plus de bien classer à leur date des aventures bonnes à noter; ainsi je m'aperçois que j'ai omis de faire mention du phalanstère de Citeaux, réalisation qui eut le tort d'être prématurée. Quand les phalanstériens discutent avec un ignorant ou un homme de mauvaise foi, le *civilisé* lance immédiatement, comme coup de massue, le mot Citeaux. Voici la vérité sur cette malheureuse entreprise.

Un Anglais, John Young, qui voyageait en Belgique, apprit qu'une école fouriériste existait à Paris sous la direction de M. Jean Czinski et de madame Gatti de Gammond. L'Anglais accourut trouver madame Gatti et proposa sa fortune pour bâtir un phalanstère. La proposition fut acceptée avec enthousiasme, et les terrains furent achetés près de Dijon. Jean Journet, déjà connu, fit partie de l'entreprise. Mais les fouriéristes s'aperçurent trop tard que John Young avait des idées *ollapodridées*; il mêlait ensemble Fourier, Saint-Simon, Babœuf, Owen, Rétif de la Bretonne, Campanella et tous les idéologues de l'univers; avec ce ragoût indigeste, on n'obtint qu'une réalisation rachitique. L'Anglais y dépensa sa fortune; madame Gatti de Gammond se retira de l'école à la suite de cet échec, et Jean Journet se remit à l'apostolat.

Jean Journet réfléchit qu'avant d'instruire les peuples, il fallait instruire les rois, et surtout les rois de l'intelligence; aussi, à partir de ce jour, s'introduisit-il chez les poëtes, chez les princes, chez les romanciers, chez les ministres et chez les artistes pour les prêcher. Jean fut reçu partout, excepté chez madame Sand, comme l'affirme cette épître :

JEAN A GEORGE SAND. — « Vingt fois je me suis présenté inutilement chez vous pour toucher votre cœur, éclairer votre esprit. Tout ce qu'on pouvait dire, je l'ai dit; tout ce qu'on pouvait faire, je l'ai fait. Si, dans cette horrible époque, il me restait encore un sourire à utiliser, je l'emploierais volontiers à l'encontre des procédés dont je suis l'objet. Le poëte méconnaît l'apôtre, le philosophe méprise le poëte, l'écrivain me consigne à la porte, le député philanthrope ne s'occupe pas de questions sociales... Amen! »

Mais l'apôtre était trop entier dans ses opinions; il manquait d'*insinuance;* au lieu d'accepter les grandes intelligences d'aujourd'hui, il les niait et ne leur accordait l'*avenir* qu'en tant qu'elles se convertiraient au fouriérisme. Ainsi ce mot à l'auteur de *Notre-Dame-de-Paris* :

JEAN A M. VICTOR HUGO. — « Vous cherchez la gloire et le bonheur, suivez-nous. Quinze jours d'études fortes et consciencieuses et vous *verrez.*

» Mais, de grâce, n'oublie pas l'apôtre, lorsque saintement sibyllique, tu fulmineras le cantique des cantiques. Je vous aime (1). »

(1) Depuis, Jean Journet a fait retentir de sa parole les salons du

Ainsi cette épître à l'auteur des *Paroles d'un Croyant :*

JEAN A LAMENNAIS. — « Il s'agit de comprendre, monsieur ; il s'agit de prêter votre concours à l'œuvre de salut en y appliquant votre éloquence, votre énergie, votre célébrité. Il s'agit de vous élever au comble de la gloire. Il me tarde de vous admirer comme bientôt vous mériterez de l'être. »

Nous ne savons trop quelle réception M. de Lamartine a dû faire à l'apôtre, pour s'attirer cette épître foudroyante :

JEAN A M. DE LAMARTINE. — « Poëte, tu as des yeux pour ne point entendre. Le cri des enfants, les gémissements des vieillards te trouvent sourd. Les pleurs de la femme, le désespoir de l'homme te trouvent aveugle. Poëte, à bas l'hypocrisie, assez de semblant de religiosité ! La farce est jouée ; étoile nébuleuse, il faut s'éclipser ! le soleil des intelligences inonde l'horizon. Le jugement dernier va précéder la résurrection sociale. Tout s'émeut, tout s'agite, tout s'apprête ; avenir, avenir !

» Dieu vous éclaire ! »

L'Académie n'est pas mieux traitée, et l'apôtre s'écrie dans le premier vers d'un cantique :

« Vous dormez, lâches sentinelles ! »

La lettre adressée à un célèbre condamné politique est conçue dans des sentiments plus convenables et plus dignes (1).

n° 6 de la place Royale. On a été un peu effrayé de la *sauvagerie* du disciple de Fourier.

(1) JEAN A BARBES. — « Que n'ai-je, ami, pu connaître vos desseins !

Jean Journet, ne trouvant pas les rois de l'intelligence mieux disposés en faveur du fouriérisme que le peuple, pensa à la province. C'est alors qu'il devient véritable apôtre, marchant tout le jour à pied, un sac sur le dos et vêtu avec une simplicité antique. Ses aventures provinciales voudraient un volume aussi rempli que le *Gilblas*. En effet, on s'imagine l'effroi et la surprise des provinciaux, si tranquilles d'ordinaire, qui voient entrer dans leurs cafés paisibles un homme qui se met à prêcher. Ces braves provinciaux, qu'un commis-voyageur étonne par son verbiage, que vont-ils penser d'un commis-voyageur fouriériste? — Qu'est-ce que c'est que Fourier? Entrez donc en relation avec des gens qui n'ont jamais ouï parler de l'auteur de la *Théorie des quatre mouvements?*

Cependant, à Toulouse, Jean Journet rencontre des étudiants curieux qui lui demandent une séance dans un café. Ceux-là, qui passent quatre heures à jouer aux dominos, sont très-mécontents de se voir troubler par la parole de l'apôtre; la séance devient aussi orageuse qu'aux beaux temps de la Convention; mais Jean se tient ferme et il est mené au Capitole. Quelle amère dérision! Ce Capitole est synonyme de Roche Tarpéia!

Un effort surnaturel m'aurait peu coûté pour arracher votre âme aux sublimes hallucinations dont elle était oppressée. Vous vouliez trancher par l'épée un nœud que nos efforts infinis s'appliquent à délier par le concours inespéré des rois et des peuples. Je voudrais être assez riche pour vous envoyer les œuvres de Fourier. Là, vous apprendriez que la richesse, l'ordre et la liberté ne peuvent naître pour tous que du concours harmonieux de tous. »

Ce Capitole est une prison! On y va en triomphe, escorté de quatre hommes et d'un caporal.

A cette époque il y avait des fouriéristes partout. Le préfet, vivement sollicité, ordonne la mise en liberté de l'apôtre, à la condition qu'il ne prêchera plus. De Toulouse Jean va à Montpellier. A qui pensez-vous qu'il s'adressera en arrivant? — à l'évêque sans hésiter. Il entre; le secrétaire, un jeune vicaire, voyant un homme assez poudreux de vêtements, lui dit tout d'abord : Monseigneur est malade. — N'importe *je veux* le voir. » Ce vouloir impose au vicaire. « Qui faut-il annoncer? » dit-il. — L'Apôtre! » répond fièrement Jean.

Grande fut la surprise du vicaire, qui s'en alla cependant prévenir l'évêque de l'arrivée d'un apôtre. Il y avait réunion à l'évêché : les dignitaires de l'Église, du grand séminaire, étaient assemblés. Jean Journet entre en déclamant :

> Réveillez-vous ! lévites sacriléges,
> Ivres d'encens, dans la pourpre endormis ;
> Le Saint-Esprit a dévoilé vos piéges,
> Il va saper des sépulcres blanchis.

Tous les prêtres se regardent, ne sachant que penser de cet homme en souliers boueux qui débute par un exorde aussi violent. L'apôtre continue, mais en prose cette fois : « Prêtres marchands, vêtus d'un manteau de pourpre, qu'est devenu le culte entre vos mains? Qu'est devenu le dogme sous le scapel de vos interprétations? Un squelette sans vie, une momie recouverte de bandelettes de soie. »

L'évêque de Montpellier était un homme d'esprit; il

écouta l'apôtre jusqu'à la fin et lui demanda quel était le remède à tant de crimes? « Fourier, » s'écrie Jean Journet. Les ecclésiastiques ne connaissaient pas Fourier; l'apôtre leur expliqua sa doctrine d'une manière plus pacifique qu'à son entrée. Alors l'Église voulut bien s'entendre avec l'apôtre. La soirée dura longue et si bien que tous les prêtres, l'évêque en tête, achetèrent à Jean des exemplaires du maître.

Peu après, l'apôtre, ayant exploré tout le midi de la France, partit pour la Belgique, où il continua son système apostolique, allant frapper aux portes des grands et des petits, implorant la reine des Belges.

Pierre qui roule n'amasse pas mousse; l'apôtre donna raison au proverbe, il revint à Paris fort à juste d'argent. Pour surcroît, la famille lui tombe sur les bras. Aussi pourquoi l'apôtre a-t-il femme et enfants? Cela n'est pas dans les règles. Cela va contre toutes les lois de l'apostolat. J'aurais voulu le taire; mais mon caractère d'historiographe me force à dire tous les détails. Non-seulement l'apostolat ne rapportait rien à Jean; il lui coûtait encore des frais d'impression, des torrents de brochures gratuites, des voyages, enfin toute la mise en scène voulue. Journet fut obligé de renoncer momentanément au prêche; il lui fallut gagner sa vie avec ses mains. L'apôtre se fit fleuriste, et sa femme, et ses filles aussi. Ainsi ils réalisaient par avance le *groupe des fleuristes* dont il est question dans Fourier. A force de courage et de veilles, la famille finit par réaliser quelques bénéfices. En route donc.

Journet continua à harceler de visites les grands de

la terre. Il débute pour ses rentrées, par M. Casimir Delavigne. Trois fois il y va, et trois fois un domestique en livrée lui répond que l'auteur de la *Parisienne* est malade. A la troisième fois, Jean s'écrie : « On n'est pas malade aussi longtemps, il faut vivre ou mourir. » Comme il prenait un ton assez élevé, M. Casimir Delavigne paraît et s'inquiète de tout ce bruit : « Je suis l'Apôtre. » M. Casimir Delavigne s'incline. « L'apôtre Jean Journet. — Monsieur, veuillez entrer. — Avez-vous lu la brochure que je vous ai fait remettre? — Non, Monsieur. — Qu'en avez-vous fait, où est-elle? » demande Jean avec son accent impératif.

M. Casimir Delavigne avait dans le caractère un peu de cette timidité qui s'est glissée dans ses œuvres honnêtes; toutes ces questions brèves le troublèrent. « Je m'en vais chercher, » dit-il, et il trouva *Cris et soupirs* dans le panier affecté aux papiers de rebut. « Ah! s'écrie l'apôtre, voilà donc le cas que vous faites de mes brochures! » Et là-dessus la tirade obligée sur les *civilisés* qui laissent périr tous les jours trente mille individus, victimes des *institutions subversives*.

Peu de temps après, Jean Journet se présente au ministère et obtient une audience du secrétaire du ministre. M..... se gourmanda bien d'avoir signé cette lettre d'audience; mais il fallait en terminer. « Serez-vous long, monsieur? demanda-t-il. — Très-long, répondit l'apôtre sans se déconcerter. — C'est que beaucoup de personnes attendent leur admission. — Chacune de ces personnes ne représente qu'une affaire; moi, je représente trente mille victimes.

Jean Journet s'était assis; le secrétaire du ministre était près d'un bureau, feuilletant une liasse de papiers. « — Monsieur, je vous écoute, dit-il. — Et moi, dit l'apôtre, je vous attends. » M..... déposa ses papiers et s'assit en face de Jean, qui alors se leva et tint une heure durant le secrétaire du ministre courbé sous ses paroles.

Je sais bien d'autres aventures dans lesquelles l'apôtre eut toujours l'avantage, — un avantage momentané, il est vrai, qui montre de quelle audace et de quelle ténacité il est doué. On peut citer entre autres l'événement du concert Pleyel, que Jean interrompit tout à coup pour se faire entendre. — Il n'était pas annoncé sur les affiches! — Les gens de service voulurent le faire sortir. C'est là qu'il fait bon à voir le geste et la parole de Jean. Il terrifie les valets avec un mot. Après la valetaille vint la garde. D'ordinaire les municipaux ne s'émeuvent de rien. Cette fois encore, l'apôtre sut renvoyer la garde à vide. « Je me mets, s'écria-t-il, *sous la protection des dames?* » Un moyen de poëte de l'empire, mais rajeuni par la vigueur et l'enthousiasme du disciple de Fourier.

Jean Journet a fréquenté tous les artistes et les littérateurs de ce temps-ci. Il était un jour à dîner chez un homme riche; notre héros s'était tenu assez tranquille pendant le repas; voilà qu'au dessert il se met à traiter du haut en bas tous les civilisés. — Comment! apôtre, dit l'hôte, vous nous arrangez de la sorte, nous, vos amis; je ne vous ferai plus boire de vin de champagne... —C'est qu'il faut le dire, à la louange de Jean, il se soucie médiocrement d'un dîner, et il ne trouve les convives aimables qu'autant qu'ils parlent avec vénération de Fourier.

Ses relations avec M. Dumas ne datent pas de si longtemps. L'apôtre était parti un matin pour Saint-Germain avec l'intention d'y faire de la propagande. A cet effet, il entre dans le premier café venu et *phalanstérine* tout un régiment de carabiniers. Il entend prononcer le nom d'Alexandre Dumas, c'est une illumination. Alexandre Dumas a publié un roman à la *Démocratie pacifique*, pense l'apôtre, il doit être des nôtres.

Introduit, non sans peine, auprès du romancier, Jean Journet le prêche, lui raconte ses malheurs, ses espérances. M. Dumas, qui a le cœur généreux, lui dit : O apôtre ! vous êtes mon ami.

Ce fut à la suite de ce repas que M. Alexandre Dumas constitua une rente de *douze cents francs* à Jean Journet, jusqu'à ce que la société lui vînt en aide, c'est-à-dire une rente perpétuelle.

Cependant l'apôtre est bien loin d'avoir perdu son temps à fréquenter les poëtes, les peintres et les romanciers. Après avoir été renié par la *Démocratie pacifique*, qui pense comme M. de Talleyrand, que le « trop de zèle » est nuisible, Journet n'a plus pensé qu'à la fondation définive d'un phalanstère. Cette idée, il l'a poursuivie dans tous ses petits livres : *Cris et soupirs, Résurrection sociale universelle, la Bonne-Nouvelle, Jérémie, Cri suprême, Cri d'indignation, Cri de délivrance :* il est arrivé à réaliser une souscription pour fonder un phalanstère d'enfants, à laquelle ont répondu immédiatement des romanciers, des artistes et des poëtes.

Jean Journet s'est peint d'une phrase dans une lettre à M. de Châteaubriand : « L'apôtre est celui qui condamne, qui absout, qui juge ; c'est le dernier de la terre, c'est celui qui est fort, c'est celui qui est apôtre, c'est moi, c'est Jean Journet. »

II

A la première séance du Congrès de la paix, le 24 août 1849, à peine M. Victor Hugo avait-il terminé son discours d'ouverture qu'un homme se leva et dit :

— Je demande la parole pour une communication importante.

C'était Jean Journet, qui, aussitôt la parole accordée, prit une pose : — Il ne suffit pas, dit-il, de faire de beaux discours, il faut chercher les voies et moyens d'arriver au but de nos désirs... Il faut se demander si la Providence n'a pas donné aux hommes de ce temps le moyen d'établir la paix universelle... Je sais que ma position est terrible, et j'ai besoin de vos encouragements... Encouragez-moi ! Encouragez-moi !

Pour la majorité des assistants, Jean Journet était inconnu ; cependant les Anglais, les Hollandais, les Américains ne purent refuser les *encouragements* demandés par l'apôtre avec l'audace des vaudevillistes dans le couplet au public. Seuls, MM. Victor Hugo et Émile de Girardin tremblèrent de voir leur congrès compromis dès la première séance. Le poëte et le journaliste connaissaient depuis longtemps l'apôtre et ne tenaient pas à renouveler connaissance.

Jean Journet, ayant été vivement encouragé, dit à l'assemblée qu'il allait expliquer les moyens d'établir la paix universelle : — Qu'était le Christ? s'écria-t-il, le fils d'un charpentier. Eh bien, dans quelle position est-ce que je me trouve? Nous n'en savons rien, mais nous le saurons peut-être plus tard.

Ici l'apôtre se frappa la poitrine, leva les yeux au ciel, et continua : — Je suis sur la croix, et si j'avais le bonheur d'exciter vos sympathies....., » mais le Congrès de la paix comprit qu'il fallait décourager l'orateur; des murmures se firent entendre; un membre invita le président, dans l'intérêt de la dignité de l'assemblée, à rappeler l'orateur à la question. — Dites-nous votre idée? cria une voix. Jean Journet, sans se troubler, répondit : — Mon idée! mais j'en ai cent mille, des idées. Enfin, après des rires, des interruptions : — J'aurais trahi ma mission apostolique, dit l'orateur, s'échauffant et gesticulant de plus en plus, si j'avais négligé de vous annoncer l'événement suprême. Réfléchissez à ce que je vous ai dit, et vous verrez bientôt l'univers reconnaissant se lever pour crier : « Paix universelle! association universelle! harmonie universelle!!! »

Ayant dit, Jean Journet descendit de la tribune, fendit la foule et disparut. Peut-être allait-il prêcher autre part! Mais il ne revint plus aux deux dernières séances du Congrès de la paix. Ce discours fut sa rentrée officielle dans le monde parisien, car il sortait depuis peu d'une maison de détention, où l'avait fait aller un esclandre au Théâtre de la République.

Jean Journet profita d'une représentation extraordinaire pour s'adresser à un plus nombreux public ; pendant une scène de Molière, du haut de la seconde galerie, il jeta sur le balcon, sur les premières galeries, sur l'orchestre, sur le parterre, des quantités innombrables de petites brochures, qui semblaient sortir de sa poche comme par enchantement. Le parterre se mit à crier ; mais les brochures n'en tombaient que plus abondantes. Il fallait voir au milieu du tumulte les comédiens s'enfuir, le souffleur sortir de son trou, les mille têtes de la foule se lever en l'air, les spectateurs monter sur les banquettes ; et au milieu de cet orage, aux secondes galeries, un homme debout, impassible, jetant cette pluie de brochures comme pour ensevelir les spectateurs. Il en tirait de ses poches de derrière, de ses poches de côté, il en tirait de son pantalon, il en tirait de ses goussets, il en tirait de son chapeau, il en tirait de ses bottes.

Les municipaux et les sergents de ville vinrent un peu tard mettre ordre à ce déluge de papiers, qu'on aurait pu prendre pour une vaste librairie secouée du ciel. L'apôtre fut arrêté, et il savait ce qu'il faisait, après sa première visite à Bicêtre pour un semblable fait à l'Opéra. Mais c'est son moyen de publicité. Quand il a imprimé un nouveau Cri, car il en a déjà publié sept ou huit, entre autres *Cris et soupirs, Cri suprême, Cri d'indignation, Cri de délivrance,* etc., Jean Journet cherche un moyen brutal de publication. Les apôtres sont rusés, et emploient des moyens inconnus à la librairie actuelle. Le nôtre se passe de timbre, d'affiches, de prospectus, d'annonces ; il envoyait aux amis de l'art dramatique huit ou dix mille exemplaires de sa brochure pour en faire parler.

Effectivement tous les journaux rendirent compte du scandale, mais le *fait Paris* ne s'amusa pas à analyser le nouveau *Cri* de Jean Journet. Encore il aurait été pardonnable si, au lieu de troubler une comédie de Molière, il avait jeté ses brochures pendant le récit d'un confident de tragédie. Personne ne se serait plaint ; mais l'apôtre a trop de respect pour la tragédie, tant de respect, qu'en 1847, il alla frapper à la porte de l'Odéon, espérant un ordre de début du directeur Boccage. Sa demande fut rejetée ; et je vis arriver chez moi Jean Journet désespéré, abattu par ce refus. A cette époque, il se sentait grand acteur tragique ; son projet était de débuter à Paris, d'obtenir de grands succès dont il était certain, et d'aller porter en province la parole de Racine et de Fourier. Il voulait, à l'aide de *Britannicus*, faire passer la *Théorie des quatre mouvements*. Cette combinaison de l'école phalanstérienne peut sembler bizarre ; mais j'avais fini par y croire, car rien n'est impossible à Jean Journet.

Il finit par donner une représentation au théâtre Chantereine ; je ne sais où il alla chercher les amateurs pour jouer avec lui, je ne sais qui paya les frais de cette solennité dramatique ; mais ce fut pour Jean Journet un Waterloo. Lui qui n'est point ému par les grands de la terre, lui qui affrontait un cénacle de prêtres et d'évêques, lui qui lève le front et fait baisser les yeux aux intelligences, il se troubla devant six malheureux quinquets et autant de spectateurs. Son organe méridional se révéla dans toute sa richesse ; ses confrères dramatiques ne purent continuer la tragédie, tant l'apôtre était comique dans son emploi de *Britannicus*. La représentation n'alla pas plus loin que le premier acte ; seulement alors Jean Journet comprit que l'art dramatique n'était pas inné en lui.

Ce fut un moment d'erreur. Il en eut quelques-uns dans sa vie, entre autres sa création des sous-apôtres ; c'est-à-dire qu'il fit chez lui quelques cours à des jeunes gens, espérant en faire des *doublures* intelligentes. La foi ne se commande pas ; et il faut une foi robuste pour quitter Paris, le sac sur le dos, un ballot de livres fouriéristes dans le sac, arpenter la France à pied, ne pas savoir où manger, où coucher ; en somme, coucher le plus souvent en plein air et le ventre creux. Les sous-apôtres abandonnèrent la partie, hormis un qui profita de l'aventure, suivit Jean Journet en province, parla en public. Et quand le jeune homme fut rompu à l'exercice de la parole, il abandonna le fouriérisme pour fonder une utopie rivale.

Jean Journet se consola par un seul mot : *Profane!* s'écria-t-il. Dans ce temps-là l'avenir lui souriait. M. Dumas lui avait donné cet autographe :

« *A Monsieur Jules Dulong, agent général des auteurs dramatiques.*

» Je veux faire une bonne action, il faut que vous m'aidiez.

» Je vous adresse Jean Journet, l'apôtre de Fourier. — Je crois à certaines parties de sa doctrine, mais je crois surtout à la probité, au dévouement et à la foi de celui que je vous adresse.

» Je désire lui constituer sur mes droits, et je crois la chose possible, une petite rente de cent francs par mois, — jusqu'à ce que la Société puisse faire quelque chose pour lui.

» Il touchera directement chez vous, et vous me compterez les reçus comme argent.

» Ceci restera entièrement entre nous deux.

» A vous de cœur,

» ALEXANDRE DUMAS. »

Jean Journet s'en revint ivre de joie de Saint-Germain; désormais sa femme et ses enfants avaient de quoi vivre : une rente de 1,200 francs! Lui saurait toujours se tirer d'affaire. Malheureusement le romancier, sans s'inquiéter du reste, payait tout le monde sur ses droits. Il ne songeait pas que les plus beaux droits ont une fin, pas plus qu'il ne songeait que le château de *Monte-Cristo* serait vendu un jour aux enchères et adjugé pour le quart de ce qu'il avait coûté. Ce fut une de ces déceptions auxquelles l'apôtre était accoutumé.

De temps en temps il organisait de petites rentes auxquelles souscrivait plus d'un homme distingué; mais jamais l'apôtre ne pouvait toucher que le premier quartier de sa rente. Et que de mal, que de courses, que de visites pour attendrir le cœur des civilisés !

Un jour l'apôtre, qui allait frapper à toutes les portes, se présenta chez M. le colonel Bory de Saint-Vincent. Les domestiques refusèrent de l'introduire :

— Allez dire à votre maître, s'écrie Jean Journet, que je viens sauver le monde.

— Monsieur est très-malade...

— Eh bien, *perfide !*... dit l'apôtre.

Le domestique revint dire que le naturaliste était assisté d'un notaire à qui il dictait son testament. Sans s'inquiéter de cette réponse, l'apôtre s'élance dans les appartements et se glisse dans la chambre où le malade était couché.

— Monsieur, vous pouvez sauver le monde encore...

Le notaire regardait l'apôtre avec stupéfaction.

— Demain, il ne serait plus temps...

Là-dessus Jean Journet expose les doctrines de Fourier; M. Bory de Saint-Vincent veut discuter; l'apôtre riposte. Finalement il obtint du malade une souscription; mais huit jours après le savant était mort.

Jean Journet en voulait beaucoup à M. de Lamartine; il s'introduisit dans une soirée du poëte, et troubla la fête. Puis, pour se venger, pendant deux mois il remit chez le concierge de l'auteur de *Jocelyn*, un de ses Cris; ainsi il envoya plus de soixante exemplaires du *Cri de compassion*, espérant amener M. de Lamartine à des sentiments plus phalanstériens.

Ce que Jean Journet voulait, ce qu'il a toujours voulu, ce qu'il veut encore, c'est la réalisation. Il demande un essai définitif et complet des doctrines de Fourier. Il veut un phalanstère. Aussi y a-t-il toujours eu entre lui et l'école fouriériste schisme complet.

La *Démocratie pacifique* pensait avec raison qu'on ne change pas les habitudes d'une partie de la société en vingt-quatre heures ; qu'il est important de former des disciples et des adhérents ; qu'il est nécessaire de préparer par de longues études, par des cours publics, par le journalisme, les esprits, même les plus dévoués.

A cela Jean Journet répondait que les fidèles seraient bien vite fatigués de donner de l'argent à un journal, à une revue, à des livres, et qu'il fallait jeter immédiatement les premières pierres du phalanstère. Mais l'apôtre était seul de son avis, il n'avait pas les rentes du journal dirigé par M. Considérant, il voyageait en province, semant la discorde dans l'école, mais ne trouvant pas les deux ou trois millions destinés à un pareil édifice.

Ces dix ans de luttes et de fatigues aigrirent l'esprit de l'apôtre, qui se répandit en brochures terribles contre l'école dont il s'était séparé. Rien n'est plus terrible que Jean Journet lançant des imprécations. Les querelles des universitaires, des jésuites, des poëtes, des critiques, des savants, des médecins, si fécondes en colères passionnées et en attaques brutales, ne renferment rien de comparable aux gros mots de l'apôtre. Il a inventé une série d'épithètes injurieuses qui n'est pas la moindre curiosité de sa vie si curieuse. Je veux en citer quelques-unes, adressées pour la plupart à M. Considérant : c'est une litanie qui ferait sauter des palais et des montagnes.

Instigateur de nos maux ;
Fléau de l'espèce humaine ;
Roi du machiavélisme ;
Épouvantable égoïste ;
Prodige d'impénitence ;
Egoïste encroûté ;
Augure cacochyme ;
Civilisé éhonté ;
Vampire cosmopolite ;
Patron de l'impiété ;
Omniarque de rebut ;
Avorton de la science ;
Gouffre de l'humanité ;
Pontife du sabbat ;
Fascinateur endurci ;
Souteneur de Proserpine ;
Déprédateur social ;
Perfide endormeur ;
Magnétiseur subversif ;
Serpent fascinateur ;
Impossibiliste pacifique ;
Mercantiliseur matériel ;
Pygmée de perversité ;
Sybarite gorgé ;
Fétiche mendiant ;
Omniarque omnivore !!!

Je n'ai voulu donner qu'un échantillon des colères de Jean Journet ; son œuvre fourmille de ces expressions étranges et de ces mariages de mots civilisés avec des épithètes fouriéristes. Mais il est une épithète qui restera comme un modèle, comme un chef-d'œuvre, c'est :

Omniarque omnivore.

Cependant l'école phalanstérienne et son chef résistèrent à ces dures apostrophes, même à l'*omniarque omnivore*. Jean Journet continua ses prêches sous la République. Mais il était dépassé ; clubiste original sous Louis-Philippe parce qu'il était seul, les véritables clubistes du gouvernement provisoire le laissaient bien loin derrière eux.

Il essaya un soir de parler au club Blanqui, où il fut entendu avec moins de tolérance qu'au Congrès de la paix. Il envoya force brochures aux membres du gouvernement provisoire, aux citoyens représentants du peuple, comme il en avait envoyé aux ministres et aux députés sous la monarchie ; il ne fut pas écouté.

Jean Journet, dans un écrit du 20 février 1848, prophétisait presque les événements arrivés en mai à la *Démocratie pacifique :* « Nous supplions tout homme
» de cœur, vu le cas d'urgence et à défaut d'exécuteur
» des hautes œuvres, nous le supplions instamment de
» lacérer et brûler au milieu même de la place publi-
» que la moderne tour de Babel, le tonneau des Danaï-
» des, la machine infernale, le brandon des discordes,
» l'insidieuse *Démocratie pacifique* (1). »

(1) Les bureaux du journal fouriériste furent violemment bouleversés sous la République par les gardes nationaux.

Mais ceci n'est qu'une colère d'écrivain qui ne pensait guère alors à la République, aux affaires de juin, aux affaires de mai et aux poursuites dirigées contre le représentant du peuple chef de l'école. Cependant comme tous les croyants, les illuminés, les apôtres, dans cette même lettre qui précède de quatre jours la révolution de Février, Jean Journet s'écriait prophétiquement :

La France, la reine des nations; la France, le cœur
» et la tête de l'humanité; la France, atteinte depuis si
» longtemps d'un marasme vertigineux, va succom-
» ber sous les énervantes étreintes de ses déprédateurs
» littéraires et politiques, religieux et sociaux.

» *Le vertige grandit d'heure en heure, l'abîme attend*
» *toute sa proie ; le cataclysme est imminent. — Il est*
» *imminent et nul d'entre nous ne l'ignore* (1) !!! »

(1) Depuis deux ans, Jean Journet a complétement disparu de Paris; le 2 décembre, qui a coupé court à toutes les utopies, l'aura rendu à sa famille en province. D'ailleurs, l'apôtre se faisait vieux et cassé. De sa personne, cependant, tout ne sera pas perdu ; un grand peintre, M. Courbet, l'a peint en pied, en costume d'apôtre, roulant dans les champs et attendant son salut d'une ville prochaine, dont on aperçoit les murailles dans le lointain. (*Note de* 1855.)

BERBIGUIER.

I

Longtemps les médecins seuls ont écrit sur les maladies mentales; mais leurs travaux, tout consciencieux qu'ils fussent, ne pouvaient et ne devaient pas sauter le fossé qui sépare le monde des savants du monde des curieux, les livres médicaux secs, froids, impassibles, nets et tranchants comme un scalpel n'étant point écrits au point de vue du public qui n'aime pas à être désenchanté. Il arriva plus tard que des savants estimables écrivirent des traités à « l'usage des gens du monde. » Cela ne suffisait pas; des littérateurs, dont quelques-uns sont d'intrépides fureteurs de curiosités, arrivèrent ensuite. Ils s'emparèrent de matières prétendues arides qui semblaient du domaine des économistes, des statisticiens. Ainsi s'ouvrit une nouvelle voie qui n'est encore que peu explorée et qui doit produire de grands résultats. J'apporte sur ce terrain nouveau une biographie, des *faits ;* car nulle part, dans les livres touchant l'hallucination, ne se rencontrent un type aussi curieux, des événements aussi bizarres, une existence aussi tourmentée que celle de Berbiguier.

Vous voyez un homme d'une vie rangée, exacte, *civilisée ;* cet homme, si tranquille le jour, est sujet à de certaines heures solitaires à des sensations extravagantes ; la nuit est sa seule confidente. Il n'a garde d'en parler, car il est heureux ou malheureux. Heureux, il craindrait de se dessaisir de la moitié de son bonheur en le communiquant ; malheureux, il sait qu'il passerait pour fou en faisant des confidences étranges. « Je » me gardai bien de faire part à mes amis de ce qui » m'arrivait, persuadé qu'ils n'y auraient pas ajouté » foi, » écrit l'homme dont nous allons raconter la singulière biographie.

Tel est le début de l'hallucination qui commence par l'*internat*, c'est-à-dire que l'halluciné garde précieusement en lui ses sensations ; mais un jour arrive où elles l'enveloppent tout entier, où elles s'emparent de toutes ses facultés, où elles le dévorent. D'interne, l'hallucination devient externe ; c'est là que commence le rôle du médecin. La guérison du sujet est « très-difficile, » a écrit M. Esquirol ; car le médecin croit avoir un halluciné d'hier, d'un mois, d'un an, il peut se trouver en présence d'un homme qui souffre depuis vingt ou trente ans. La maladie s'est déclarée tout d'un coup, violente et impétueuse ; mais depuis combien couvait-elle ?... C'est ce qu'il est facile de constater, quand il s'agit d'une maladie de corps qui fait des lésions intérieures dont le diagnostic est plus ou moins simple ; mais où est-il celui qui peut ausculter le cerveau ?

Ce qu'on va lire n'a rien de fictif, rien d'arrangé ; j'ai lu et relu plusieurs fois les Mémoires d'un homme qui a consigné avec un soin de teneur de livres tout ce qu'il entendait pendant son hallucination, qui a mis dans ce travail la minutie et l'observation détaillées, communes aux insensés, tout en se défendant pourtant d'avoir le cerveau dérangé. « Si j'étais fou, dit-il dans sa préface, je n'aurais pas ramassé avec tant de soin tous les traits et anecdotes que j'ai cités dans mes écrits pour confondre mes ennemis. »

Les malheurs de Berbiguier datent de 1796. A cette époque, il quittait son pays, Carpentras, pour aller demeurer à Avignon. Un jour il rencontra une femme appelée la Mansotte, qui s'offrit de lui tirer les cartes. Un tamis à farine fut placé sur une table, et les deux branches d'une paire de ciseaux piquées dans le tamis, plus un papier blanc plié dans le tamis. Berbiguier et la Mansotte passèrent un doigt dans chacun des anneaux des ciseaux, de sorte que le tamis était suspendu en l'air. Après les diverses questions banales des tireuses de cartes, la femme apporta trois pots, dans l'un desquels elle renferma les cartes à figurer. Berbiguier, les yeux bandés, tira au hasard quelques cartes qu'on ajouta à celles déjà renfermées dans le pot, qu'on couvrit d'une assiette. Le second pot fut rempli de sel, de poivre et d'huile, le troisième de laurier. La tireuse de cartes, après avoir enveloppé soigneusement ces pots et les avoir rangés dans l'alcôve, déclara que la conjuration était terminée, et qu'il n'y avait plus qu'à en attendre les effets.

Nous avons détaillé avec soin cette opération, parce qu'il est certain qu'elle fut le germe de l'hallucination. En rentrant chez lui, Berbiguier trouve trois croisées ouvertes ; il entend un bruit insolite ; il allume une bougie et ne voit rien. Il se couche tout inquiet ; mais le bruit recommence ; on frappe partout, sous le lit, sur le lit. Le lendemain, Berbiguier allait trouver la tireuse de cartes, qui lui dit avec beaucoup de bon sens, de se coucher dans une autre position, et que le calme renaîtrait. « Elle savait bien, le *monstre*, écrit-il, qu'il n'en serait rien ; mais il fallait qu'elle affectât, sous des dehors trompeurs, de me donner des conseils. »

Les souffrances invisibles continuèrent la nuit, malgré les opérations de la *sorcière ;* pendant huit jours de consultations, Berbiguier lui donna de l'argent, du sirop, des rafraîchissements, des comestibles, « tant il est vrai que pendant ce temps, dit-il, ses entrailles devaient être dévorées par le feu de l'enfer qui l'a vomie sur la terre. »

Berbiguier commença à croire que c'était la tireuse de cartes qui se métamorphosait certaines nuits en chats miaulant sur son lit, d'autres nuits en chiens aboyant sous son lit. Il alla à l'église, et le calme ne revint pas ; s'il se promenait aux bords du Rhône, il se sentait tiré par l'habit, il était persuadé que les esprits voulaient le noyer dans le fleuve. Fatigué, le malheureux pensa à revoir sa ville natale ; mais une force surnaturelle semblait s'y opposer. Un jour il entendit une voix invisible qui lui criait : « *Il faut se coucher ce soir.* » — Il n'est pas encore temps que je me couche, répondit-il très-haut à l'esprit, bientôt je me coucherai pour longtemps. Cependant la terrible voix répétait sans cesse à ses oreilles ; « Il faut se coucher ce soir. » Dans une soirée à laquelle Berbiguier assistait, au milieu de la conversation, il sent une oppression de poitrine et toujours la voix : « Il faut se coucher ce soir. » Cette insistance étonna l'halluciné, qui se coucha en s'écriant : « Seigneur, j'obéis à vos ordres. » Il y avait trois ans que Berbiguier n'était entré dans son lit. Au bout de quelques instants, il aperçoit une clarté blanche, très-lumineuse. « Un nombre infini d'étoiles, écrit-il, au milieu desquelles était une *bobêche plate*, d'où sortait une lumière éclatante, produisirent en moi un enthousiasme difficile à décrire. » Puis un trône apparut, tout resplendissant de diamants, de rubis et de pierres précieuses, sur ce trône était assis Jésus-Christ. Pendant trois heures, l'halluciné est dans l'extase, il remercie le Seigneur d'avoir épongé tous ses maux par sa présence. Et il s'endort heureux et tranquille.

Le lendemain, Berbiguier se promenait dans la campagne tout préoccupé de cette apparition, lorsque l'extase s'empare de nouveau de lui et il voit le paradis, l'enfer, le jugement dernier. Le voilà un peu consolé ; malheureusement sa maladie le reprend de plus belle, les apparitions nocturnes recommencent avec plus d'insistance que jamais. Berbiguier va trouver M. Nicolas, médecin de l'hôtel des Invalides d'Avignon ; celui-ci, après l'avoir interrogé longuement sur sa maladie, son principe et ses causes, le fait asseoir au milieu du salon, pied contre pied. Il décrit des cercles autour de l'halluciné avec une petite baguette d'acier, en disant : « Ah ! je vous tiens maintenant, vous n'y rentrerez plus. » Puis, en s'adressant à Berbiguier : « Monsieur, dit-il, je viens d'extraire la sorcière de votre corps, vous ne serez plus inquiété par elle et sous peu vous recouvrerez la santé. » Mais le médecin pensa que le remède qu'il venait d'employer était trop *simple* pour l'halluciné ; et il fit venir son malade au Jardin des Plantes de la ville. Divers médecins s'y trouvaient. Berbiguier fut placé sous un arbre exposé au nord ; M. Nicolas recommença à envelopper de cercles magiques l'halluciné ; puis il lui fit boire un verre d'eau, pendant qu'un autre médecin étendait les jambes du malade sur un banc, en lui recommandant d'appuyer fortement sa tête contre l'arbre. M. Nicolas trempa pendant dix minutes la baguette d'acier dans un verre d'eau et le fit boire à Berbiguier ; cette boisson lui donna une commotion. — Voyez-vous, dit le médecin, un petit point blanc à l'extrémité de la baguette ? — Berbiguier répondit affirmativement, « quoique cela ne fût pas. » — Eh bien ! reprit M. Nicolas, faites-vous forger une petite baguette d'acier exactement semblable à celle-ci. Berbiguier obéit, et, quelques jours après, docile aux ordres de son médecin, il se promenait frappant de sa baguette tous les endroits par où il passait, en disant : « *Coquine de sorcière, vous souffrez maintenant.* » De plus, il avait mis sur sa table un petit écrit ainsi conçu : « *Au nom de Jésus-Christ, vivant que demandes-tu ?* »

Il se trouva pendant quelque temps assez bien de ces prétendus exorcismes, n'était qu'un jour un bourdonnement se fit entendre dans sa chambre. Craignant d'être retombé au pouvoir des esprits, il retourna, suivant l'avis de M. Nicolas, au Jardin-des-Plantes où il continua solitairement ses opérations. On avait entendu parler dans la ville de ces exorcismes, et une foule nombreuse se pressait autour de Berbiguier, qui continuait avec le plus grand sang-froid à faire usage de sa baguette d'acier. Par malheur, un docteur avignonnais, M. Guérin, qui rencontra l'halluciné, fut surpris de ses exercices et l'engagea à les abandonner en lui disant qu'ils étaient plus nuisibles qu'utiles. Berbiguier commença à se défier de M. Nicolas, et le rangea immédiatement dans la classe de ses persécuteurs, par une raison toute simple : il avait surpris entre son médecin et un de ses élèves, ce fragment de conversation : — J'ai envie, disait M. Nicolas, de le faire danser avec l'ourse ou avec la grande ourse. — L'élève parut étonné de ces paroles et en demanda l'explication. — Ah! reprit le médecin, *il faut bien l'amuser*.

Berbiguier quitte aussitôt Avignon, furieux de s'être mis aux mains des médecins, et se rend à Carpentras où il reste un an pour affaires de famille. Les apparitions recommencent : ainsi, le malheureux avait dans sa chambre à coucher un violon et une guitare. Toutes les nuits une main inconnue ou plutôt une griffe venait tracasser et mettre en branle les cordes du violon et de la guitare. Berbiguier, de *peur de passer pour fou*, n'osait se plaindre à ses amis, mais il écrivit avec grand détail toutes ses souffrances à un troisième médecin d'Avignon, M. Bouge. Celui-ci, craignant d'ordonner un traitement inutile, lui disait de prendre du courage, de la patience, et lui répondait par cette maxime banale : « Il faut tout attendre du temps, » ce qui ne consolait guère l'halluciné. Un événement vint changer la face de sa maladie. Berbiguier apprit qu'un de ses oncles de Paris était très-malade et désirait le voir. Cet oncle se mourait autant d'un procès gagné que d'une maladie ; il laissa, par testament, son neveu légataire universel.

Malgré tous les tracas d'une succession importante, qui amena divers procès entre les héritiers, Berbiguier ne fut pas délivré des esprits; bien décidé à employer tous les moyens contre eux, il alla trouver une célébrité d'alors, M. Moreau, qui lui répondit qu'il avait le pouvoir de le soustraire à ses persécuteurs, mais que, pour y parvenir, il devait se soumettre à sa toute-puissance. — L'expérience du passé et la religion, répondit l'halluciné, me défendent d'approuver cette proposition. — Votre obstination fera votre malheur, dit le physicien. Berbiguier se retira, bien convaincu qu'il venait de se créer gratuitement un ennemi de plus. Il était dans la destinée du malheureux de tomber de médecin en sorcier, de sorcière en magicienne, de tireuse de cartes en sibylle. Désolé d'avoir connu Moreau, il entre en relations avec une dame Vandeval dont la profession était de dire la bonne aventure. C'est une série nouvelle d'opérations mystiques :

Il faut acheter une chandelle de suif chez une marchande dont la boutique aura deux issues;

Faire attention, en payant, de se faire rendre sur une pièce de la monnaie dans laquelle doivent se trouver deux deniers;

Sortir par la porte opposée à celle par laquelle on est entré;

Jeter en l'air les deux deniers;

Allumer du feu, y jeter du sel;

Envelopper la chandelle avec du papier sur lequel serait écrit le nom du premier persécuteur;

Piquer ce papier dans tous les sens, et, après l'avoir fixé à la chandelle avec une épingle, le laisser brûler jusqu'à extinction.

Berbiguier exécuta strictement tous ces ordres; seulement, il avait jeté en l'air les deux deniers, et il fut tout surpris d'entendre sur le pavé retentir deux écus. Il eut soin de s'armer d'un couteau en cas d'attaque; le sel produisit une forte explosion dans la cheminée et l'halluciné resta persuadé que ce devait être le *magicien* Moreau qui y était caché et qui manifestait sa colère. La Vandeval lui dit que s'il voulait *tuer* Moreau, il n'avait qu'à continuer ainsi pendant huit jours. Ce qu'il fit; mais une réflexion lui vint : « Cette femme, pensa-t-il, a mis tout en œuvre pour m'inspirer de la confiance, afin de me tromper avec plus de facilité. » Plein de ces idées, il alla se confesser à Saint-Roch; le prêtre l'adressa au grand pénitencier de Notre-Dame; celui-ci au grand vicaire. « Espérez tout de la bonté de Dieu, » lui dit le grand vicaire après l'avoir écouté attentivement. Berbiguier, qui avait souvent prié sans être guéri, ne se contenta point de cette réponse; il retourna voir son premier confesseur qui l'invita à venir le voir souvent et surtout à fréquenter les églises. La succession de l'oncle entraînait des procès coûteux; Berbiguier, en homme généreux, pria chacun des parents déshérités de recevoir une part; malgré tout, il n'était rien moins que tranquille. « La féroce Vandeval, dit-il, ne me perdait de vue ni le jour, ni la nuit; elle employait contre moi tous les pouvoirs qui lui avaient été donnés par les esprits infernaux pour me faire souffrir. » Il alla visiter de nouveau le grand pénitencier qui l'adressa à l'illustre médecin de la Salpêtrière, M. Pinel père. Berbiguier s'y rendit; c'était en 1816; il y avait 20 ans qu'il souffrait déjà. Pinel, après lui avoir fait raconter ses tourments, lui dit qu'il connaissait ces maladies, qu'il était certain de le guérir. Il lui ordonna huit bains par mois. — Je vous engage, dit-il, à voir Moreau et la Vandeval, afin de les prier de cesser leurs magies..... Lorsque vous souffrez, demanda Pinel, voyez-vous des animaux? — Non, dit Berbiguier, c'est un bruit qui se fait entendre sous mon traversin ou des attouchements sur ma personne quand je suis au lit. — Ce n'est rien, dit le médecin en riant, j'y mettrai bon ordre.

Berbiguier se couche avec l'intime persuasion qu'il peut compter sur la promesse de Pinel et qu'il va dormir tranquille. Cependant vers minuit les cris recommencent comme d'habitude; le lendemain, de grand matin, le malade était chez son médecin. — Je ne vous cache point, dit-il, que je crois que vous n'êtes point étranger à ces menées. — Prenez vos bains, répond en souriant Pinel. De là Berbiguier retourne chez le grand pénitencier où il se plaint tellement de son médecin que le prêtre l'envoie à un nouveau docteur, M. Audry, qui lui dit : « Votre santé est très-altérée par les souffrances que vous avez éprouvées, vous avez le sang très-agité, il faut prendre des adoucissants, des calmants. » De son côté, le grand vicaire s'efforçait de chasser l'hallucination par la distraction et il ordonnait au malade de visiter quatre églises par jour.

Berbiguier prit alors la résolution de vivre isolé : « Il faut cependant, dit-il, quelques délassements à l'homme pour ne pas tomber dans les inconvénients d'une vie trop sévère ; mais je choisis ce qui me parut le plus innocent pour servir à mes récréations. » Il acheta un jeune écureuil, dont nous raconterons plus tard les malheurs.

Un jour l'halluciné veut se faire la barbe devant une glace et, à sa grande surprise, il y trouve un paysage, fraîchement peint à l'huile (1). Il écrivit au-dessous, croyant être certain d'où partait le coup : « *N'y touchez pas, c'est l'ouvrage de Pinel.* » Il n'était même pas tranquille en plein soleil, dans la rue ; ainsi, quand il sortait, un grand vent s'élevait aussitôt et son parapluie était déchiré par *ses ennemis*. Berbiguier pensa à offrir à la Vierge un cierge de cinq livres ; mais, se dit-il, la grosseur piquera la curiosité des esprits qui redoubleraient de peine ; n'offrons qu'un cierge d'une livre à la fois ! Le

---

(1) J'ai pensé que cette glace masquée n'était pas le résultat d'une plaisanterie, mais d'une ordonnance de médecin. N'est-il pas dangereux pour les hallucinés de voir reproduire leurs traits troublés ?

grand vicaire tâchait de consoler de son mieux le pauvre homme, qui se privait même de vin, mêlant ensemble traitement corporel et traitement spirituel, l'avis des médecins et l'avis des prêtres. Je le laisserai raconter une nouvelle persécution :

« L'hiver approchait; je fis mettre un poêle dans ma chambre, et, pour être à l'abri de la fumée, je fis passer le tuyau de ce poêle dans la cheminée, que je fermai hermétiquement. Cette opération terminée, j'entendis à minuit du bruit au bas de la cheminée. J'écoutai avec attention et je reconnus la voix du docteur Pinel, qui, conjointement avec quelqu'un de sa troupe, cherchait à s'introduire dans mon appartement. Mais j'avais tout prévu. J'avais fermé jusqu'à la clef du tuyau. Je me mis à rire aux éclats, et je leur dis : « Eh bien ! entrez, aimable Pinel, avec votre compagnie; que faites-vous donc dans ce petit réduit? Ne restez pas ainsi à la porte (1). » Je les entendis chuchoter et proférer des injures, menacer et dire que les moyens que j'avais employés ne les empêcheraient pas de s'introduire dans ma chambre toutes les fois qu'ils le voudraient. En effet, ils firent répandre dans mon appartement beaucoup de fumée pour m'empêcher de me chauffer et de faire ma petite cuisine. Je me serais bien passé de leurs visites ainsi que mon Coco ; c'est le nom que je don-

---

(1) En allant consulter Pinel, Berbiguier avait remarqué un tableau qui représentait le célèbre médecin peint en pied avec des nuages autour de lui, et il en conclut que le docteur se transportait ainsi dans les planètes pour y *commettre ses forfaits.*

nais à mon petit écureuil, qui n'était pas plus exempt que moi de leurs persécutions. »

Dans l'hôtel garni où il demeurait, Berbiguier fit connaissance d'un jeune homme qui sortait du séminaire, M. Prieur fils. Ces relations vinrent de ce que l'halluciné avait trouvé dans les escaliers une pièce de cinq francs qu'il rendit à son propriétaire. Berbiguier était certain que cette pièce abandonnée était un piége tendu par les farfadets qui espéraient qu'il s'en emparerait. Son indignation à ce propos montre bien l'honnête homme : « Détrompez-vous, race maudite, je mépriserai les *richesses* (la pièce de cinq francs) et les grandeurs de ce monde, pour me rendre digne d'un bonheur à venir. »

II

Les premiers jours, il fut enchanté d'avoir fait connaissance avec des jeunes gens aussi vertueux que MM. Prieur. L'aîné fréquentait un prêtre nommé Imbert; Berbiguier pria le jeune homme de confier au prêtre son malheureux état et de lui demander des conseils. Prieur se chargea de la commission ; le résultat fut qu'il fallait jeter de l'eau bénite aux quatre coins de l'appartement, faire le signe de la croix avec l'aspersoir, réciter le *De Profundis*, après quoi Pinel, Moreau, la Vandeval et autres seraient anéantis et hors d'état de recommencer leurs conjurations. Cela s'étant fait, le nouvel ami du malade prit un grand couteau et frappa trois fois sur une falourde en disant : « Monstres que vous êtes, que le diable vous en fasse autant! » Puis il coupa jusqu'à la racine les tiges de verveine d'un pot de fleurs, et fit cinq petits paquets qu'il déposa, quatre à chaque angle de l'appartement, et le cinquième sur le piano. Il reprit encore le grand couteau et en frappa le bois. — Pourquoi, dit Berbiguier, qui suivait avec beaucoup d'attention ces manœuvres, avez-vous enfoncé le couteau si avant dans le bois? — C'est pour être plus cuisant à l'exécrable Pinel et à ses abominables collaborateurs.

Berbiguier se croyait à jamais délivré de ses ennemis lorsque, en octobre 1817, à *neuf heures du matin* (l'heure est indiquée), le petit écureuil est trouvé presque mourant dans sa cage. Une partie de sa queue avait été arrachée. Prieur vint peu après et chercha à persuader à l'halluciné que c'était un tour de Pinel; mais il eut le tort de sourire. « *Je ne m'aperçus que trop tard de la perfidie,* » écrit Berbiguier; car il avait pour système que l'air était rempli de mauvaises planètes, ainsi la planète-Pinel, la planète-Moreau, la planète-Vandeval, etc. Et il se persuadait que, quand une planète était fatiguée de le tourmenter, aussitôt une nouvelle planète s'emparait de lui. Pour le moment, c'était la planète-Prieur. Il s'en plaignit à un jeune étudiant en médecine, M. Lomini, cousin des Prieur. — Le gouvernement, lui dit Berbiguier, devrait, par des lois terribles, sévir contre tous ces misérables qui portent partout la désolation. — Il ne peut y avoir de lois contre *nous*, répond d'un ton sérieux l'étudiant; le gouvernement, au contraire, *nous* autorise à *nous* transporter secrètement partout, parce qu'il est nécessaire que *nous* sachions tout ce qui se fait, et que *nous* fassions tout ce qui *nous* plaît. — « Je jugeai bientôt, ajoute naïvement Berbiguier, par les propos de ce Lomini, qu'il était aussi de cette secte *farfadéenne* (1). »

L'étudiant croyait par ce moyen contribuer plus activement à la guérison de l'halluciné, mais il n'en fut rien. Berbiguier fit les plus grands reproches à Prieur d'avoir communiqué son pouvoir à son cousin qui venait l'importuner toutes les nuits. On ne saurait croire à quels reproches furent exposés les Prieur et Lomini ; à toute heure du jour Berbiguier les voyait et les accablait de réprimandes ; quand ils recevaient du monde, l'halluciné priait les personnes présentes de les inviter à cesser ; ou bien il leur écrivait en les menaçant de publier un mémoire contre eux. Une nuit, tout l'hôtel garni fut réveillé par une effroyable bourrasque qui cassa plusieurs carreaux. Berbiguier dit au portier de ne pas s'en inquiéter, qu'il en *connaissait les motifs*, et qu'ils étaient tous bien heureux que l'ouragan ne fut pas plus terrible. « Je ne leur dis pas, écrit-il, tout ce que je savais des méfaits des farfadets ; mais j'avais fort envie d'en instruire le propriétaire, afin de l'engager à faire un journal de toutes les dépenses auxquelles il serait ex-

---

(1) Berbiguier, au commencement de son livre, croit nécessaire, « pour rendre son style digne de son sujet, de décliner, conjuguer et tourner de toutes les manières le mot *farfadet*. Qu'on ne me fasse donc pas un reproche, dit-il, d'avoir écrit *farfadérisme, farfadériser, farfadéen,* etc. »

posé par les maléfices des ennemis du créateur du monde ; par là, il s'instruirait au moins de ce que cette maudite canaille (il veut dire les Prieur) pourrait lui coûter dans l'année.

En passant sur le Pont-Neuf, Berbiguier voit une grande quantité de personnes assemblées pour regarder une nuée noire extraordinaire dans la direction de l'île Saint-Louis ; chacun faisait des conjectures diverses. — « Ne voyez-vous pas, leur dit-il, que c'est l'ouvrage des magiciens. » Et, comme on le regardait avec surprise, il s'éloigna, persuadé que cette nuée noire était un signe certain de quelque victoire remportée par les farfadets, et qu'ils s'empressaient par là d'en donner connaissance à leurs correspondants. Ces nuages noirs étaient les frères Prieur et leur cousin. Quelque temps après, on vola au Palais-Royal la montre de l'halluciné, quoique son habit et sa redingote fussent soigneusement boutonnés. Il entra assaillir de reproches Prieur aîné ; comme celui-ci s'en défendait. — C'est votre frère alors, dit Berbiguier. — Mais vous savez bien que mon frère n'est plus à Paris et qu'il est rentré au séminaire. — N'importe, il revient en un clin d'œil invisible, tracasser les honnêtes gens. » Cette montre volée amena la correspondance la plus embrouillée et la plus plaisante du monde. Berbiguier écrit au jeune séminariste de lui renvoyer sa montre ou de le débarrasser de sa planète : Prieur ne répond pas ; alors l'halluciné écrit au père de Prieur, au supérieur du séminaire, au maire de la ville pour les engager à voir le jeune farfadet ; finalement celui-ci répondit par la lettre suivante :

7.

« Monsieur, j'ai reçu votre lettre. Je vois avec peine que vous êtes toujours dans le même état. Votre maladie est très-affligeante ; vous vous croyez tourmenté et vous avez raison. L'affaiblissement de vos nerfs produit chez vous toutes vos chimères. Vous vous êtes persuadé que j'étais sorcier, et de là vous concluez que je suis invisible. Mon cousin Lomini a tort d'exaspérer votre imagination par des citations ridicules ou puériles. Il serait fort embarrassé de vous montrer un livre de magie. Cessez, monsieur, de croire que j'aille chez vous la nuit. Je suis un homme comme vous, de chair et d'os ; je suis de plus à une distance de trente lieues ; comment voulez-vous que je puisse me transporter chez vous toutes les nuits pour danser sur votre corps?

» *P. S.* Votre lettre m'a coûté 16 sols ; je ne suis pas riche ; ainsi, monsieur, quoique vous m'honoriez beaucoup de m'écrire, dans l'impossibilité où je suis de vous être utile, vous pouvez vous en abstenir. »

Mais toutes ces réponses étaient de l'huile sur le feu. « Voilà bien, s'écrie Berbiguier, le langage des gens sans pitié, froids, indifférents et *farfadérisés.* » Cependant le malheureux avait un frère en souffrances ; c'était l'écureuil. Le petit animal avait l'habitude de se réfugier sous le bonnet de coton de son maître, qui pensait qu'il était poursuivi par les esprits ; en effet, au bout de quelques minutes l'écureuil sortait de sa retraite et aussitô Berbiguier se sentait tirer les cheveux. Déjà, en déménageant de l'hôtel Mazarin pour aller à l'hôtel de Limoges, rue Guénégaud, espérant y trouver plus de quiétude, l'halluciné avait perdu son animal favori ; cependant il le retrouva deux jours après : pour le soustraire aux attaques des farfadets, Berbiguier le brossait à outrance, dans la certitude que les esprits malfaisants délogeraient de son corps. C'était son seul ami ; aussi avait-il coutume de répéter à ceux qui l'entouraient : « Je désire que, lorsqu'on parle de moi, on dise toujours : Berbiguier et son Coco. »

Un jour, il arrivait de la campagne ; à l'ordinaire son écureuil venait lui faire mille caresses, mais préoccupé, Berbiguier ne s'aperçut pas que Coco ne venait pas à sa rencontre. La robe de chambre était étendue comme de coutume sur le lit, en guise de couvre-pied. Le plus souvent l'écureuil se livrait pendant l'absence de son maître, à un doux *far-niente* dans l'une des manches. Berbiguier fait sa toilette de nuit et se couche. Ciel ! le petit animal était entre les couvertures, son maître l'écrase, lui seul peut raconter ce malheur !

« La pauvre bête ne survécut pas un jour à l'assaut qu'elle avait éprouvé ; elle mourut dans la matinée du lendemain de la castatrophe. Mon premier soin fut de la faire embaumer, afin que ses tristes restes pussent me rappeler le souvenir de ses actions et de ses vertus. J'ai placé Coco sous un verre ; le bout de sa queue, coupé par M. Étienne Prieur à la fin de 1816, est placé entre ses pattes de derrière. L'écureuil est dans une position qui me rappelle ses gentillesses et son talent. Je ne sais si l'aspect du cadavre de ce petit animal est pour les farfadets la tête de Méduse : ils viennent beaucoup moins me visiter pendant le jour ; mais en revanche, ils sont toujours sur moi pendant la nuit : O mon cher Coco ! peut-être qu'ils voudraient me procurer la mort que je t'ai donnée ! ils voudraient m'étouffer, les cruels ! »

A la fin du premier volume, Berbiguier pleure encore la perte de l'écureuil. « O mon cher Coco, tu reposes maintenant en paix sous le globe de verre qui te sert de tombeau ! les misérables t'ont tué pour que tu ne fusses pas témoin de mon triomphe. » Et il ajoute fièrement : « Ennemis de mon repos, ne vous réjouissez pas, demain je serai à l'imprimerie ! »

On comprendrait difficilement le *triomphe* dont parle Berbiguier, si je ne racontais le fait suivant, qui est toute une odyssée. Le jour de la fête de Louis XVIII, l'halluciné, en sortant des Tuileries, remarqua un grand tourbillon de poussière, et dans les airs trois nuages gros de pluie noirs et menaçants. — Ah ! s'écria-t-il, ils veulent troubler la fête de mon roi, mais je saurai bien les en empêcher. Et il rentre aussitôt chez lui se livrer à une conjuration certaine qu'il avait imaginée depuis peu ; il s'était muni d'une grande quantité de cœurs de mouton ou de veau, plus, d'épingles et d'aiguilles. A l'occasion de la fête du roi, il commença par piquer un foie de bœuf de toutes ses aiguilles et épingles « de manière, dit-il, qu'à sa surface, il avait la forme d'un hérisson dont les pointes menaçantes n'étaient pas faites pour satisfaire les farfadets qui auraient été tentés de s'approcher de moi pour me tourmenter. » Il mit une poêle remplie d'huile sur le fourneau et lorsqu'elle bouillit, il y ajouta le foie tout lardé d'épingles. Sur un autre fourneau allumé était une grande cuiller de fer contenant six livres de soufre fondu. Alors il prit un papier piqué qui contenait le nom de ses ennemis et le jeta au feu. Le poêle brûlait aussi, servant à faire chauffer une marmite dans laquelle bouillonnaient les épingles et les aiguilles les plus fines, car il prétendait que plus l'eau agitait ces instruments pointus, plus les farfadets étaient cruellement tourmentés.

III

« Il semblait, dit-il, que la solennité du jour aug-
» mentât, mon animosité contre cette cruelle engeance
» farfardéenne. Monstres, scélérats, vampires, leur dis-
» je, vous voudriez priver les malheureux marchands
» de vendre des provisions qu'ils ont faites en l'honneur
» d'un si beau jour ? Vous voudriez empêcher les ama-
» teurs des belles choses du jour du feu d'artifice qui
» doit clôturer les fêtes ? Non, non, non, mille fois non,
» vous ne réussirez pas ; tant qu'il me restera quelques
» moyens, je vous combattrai de toutes mes forces. Je
» suis infatigable lorsque je lutte contre des monstres
» de votre espèce. Je ne dois rien épargner pour vous
» expulser de tous les endroits où je pourrai vous trou-
» ver. »

Mais, dans cette exaltation, Berbiguier s'oublia et jeta dans son poêle tout le sel, tout le soufre qu'il avait sous la main : ces matières étouffèrent le feu ; une fumée immense emplit la chambre. L'halluciné ne crut pas à un incendie naturel, et s'imagina que les farfadets étaient dans sa cheminée ; cependant, comme la fumée gagnait les escaliers, que les voisins criaient au feu, Berbiguier ouvrit sa porte. Heureusement les secours arrivaient. — Qu'y a-t-il? dit un pompier en voyant Berbiguier sortir de la chambre. — J'empêche les farfadets de troubler la fête de Louis XVIII. — Votre intention est très-louable, monsieur, mais il ne faut pas pour cela mettre le feu à la maison. — Berbiguier déclare, dans ses mémoires, avoir été très-satisfait « du bon ton de monsieur le caporal des pompiers. Ses procédés, dans cette circonstance, ajoute-t-il, me le firent considérer comme un brave homme. » Aussi a-t-il fait dessiner, pour la mettre en tête du second volume, cette scène. Il faut voir l'air calme, magistral, inspiré de l'halluciné enveloppé de fumée, qui semble très-satisfait de ses opérations. « Je trouve cette scène, dit-il, tellement dramatique, qu'il y aurait à en tirer le sujet d'un beau mélodrame. »

Berbiguier, à qui les cœurs de veau réussissaient, les conseillait à toutes les personnes qu'il rencontrait. Pour arrêter les inondations de 1819, il achète une grande quantité de cœurs, plusieurs milliers d'épingles et d'aiguilles, vingt livres de sel, huit livres de soufre et le reste. « Laboureurs, agriculteurs, vignerons, jardiniers, s'écrie-t-il, remerciez-moi de ma persévérance ; j'ai enfin découvert le moyen de vous faire jouir du fruit de vos sueurs. » Pendant l'opération, il criait à haute voix : *Que tout ce que je fais te serve de paiement, je désole l'ouvrier de Belzébuth.* Chaque année, Berbiguier « donnait des étrennes » aux farfadets, c'est-à-dire qu'il piquait des cœurs ; mais le 1er janvier 1820, comme il avait négligé cette précaution, il fut fort tourmenté la nuit. Aussi le premier jour de l'année 1821 n'est pas oublié, et Berbiguier donne une soirée dans laquelle chacun des invités était tenu de piquer des cœurs avec un nombre considérable d'aiguilles et d'épingles.—Cela est coûteux, disait-il, mais je ne dois pas regarder à l'argent quand il faut faire souffrir les farfadets. Par un raffinement cruel, il invita toutes ses connaissances à plonger une épée dans les cœurs qui rôtissaient sur les charbons. Une des personnes qui assistaient à cette soirée, et qui existe encore (1), nous a donné une idée de la conversation de cet homme étonnant, qui ne parlait pour ainsi dire que par aphorismes. Ainsi : Dieu est bon, les farfadets sont méchants. — Berbiguier est patient, Moreau est cruel. — Le fléau des farfadets ne croit pas à la médecine. — Pinel donne des remèdes à tort et à travers. — Les femmes sont généralement bonnes, la Vandeval est une farfadette abominable. — Pour lui, tout se résumait en farfadets.

Un chat tombe du toit. . . farfadets.
On se donne une entorse. . farfadets.
La fumée sort de la cheminée. farfadets.
Le bois craque dans le feu. . farfadets.

Ce n'est pas le bois qui travaille, ce sont les magiciens et sorciers qui frappent par méchanceté pour faire fendre les meubles.

Rien qu'à lire les titres des chapitres, qui sont du

---

(1) M. J..., coiffeur, rue Guénégaud.

reste une amorce trompeuse, on voit assez combien était enracinée l'hallucination.

« Les farfadets désunissent les époux en visitant à leur insu les femmes vertueuses. — La pie voleuse était un farfadet. — Les bons prêtres sont presque toujours en proie aux persécutions et aux propos malins des farfadets.—Les prières et les cloches contrarient bien souvent les esprits malins. — Les farfadets rendent les femmes enceintes à leur insu. — On éternue sans avoir un rhume de cerveau ; ce sont des sorciers qui font voler de la poudre dans l'air pour nous procurer des éternuments. — Les farfadets sont parvenus à désunir les anges du ciel ; les leçons de notre Rédempteur ont toujours été repoussées par ces monstres. — Les insectes connus sous la dénomination de puces sont très-souvent des farfadets. »

Il avait fini par ne plus offrir de tabac à priser qu'aux personnes qu'il connaissait particulièrement, car il craignait, en présentant sa tabatière à des étrangers, d'y introduire des farfadets. Après avoir souffert vingt ans, il ajouta quelques variantes à ses conjurations : d'abord, la *bouteille-prison*, c'est-à-dire des bouteilles épaisses remplies d'eau infusée de tabac, de poivre et d'autres aromates. Cette invention vint de ce qu'étant dans l'église Saint-Roch, Berbiguier se sentait tourmenté par une troupe de farfadets qui se posèrent entre sa redingote et son gilet. Il détacha sournoisement une épingle de ses cheveux et piqua sur sa redingote un de ses ennemis. Qu'en faire, se dit-il, en revenant à son logis ? Et il pensa à les enfourner dans des bouteilles. Ce moyen lui réussit; seulement, la nuit les bouteilles dansaient, se heurtaient et cliquetaient; Berbiguier mit au bout de quinze jours ses ennemis en liberté. Plus tard, il comprit que c'était une faiblesse et que la détention perpétuelle était nécessaire. Aussi, il employa désormais un système terrible! quand il sentait la nuit les farfadets sauter sur ses couvertures, il jetait du tabac en l'air, car il avait découvert que le tabac était *anti-farfadéen;* « les monstres tombaient dru comme des mouches, aveuglés par le tabac. » Berbiguier ne se couchait plus sans un arsenal de deux cents épingles noires, et il piquait ainsi les *malfaiteurs* au drap. « Ce sont les armes, disait-il, dont je me sers pour arrêter les coureurs de nuit dans leur course vagabonde et perturbatrice du repos des honnêtes gens. » Il observa que ses épingles devenaient plus grosses et il pensa « que cela provenait de la transpiration de ses invisibles ennemis vaincus. »

Les farfadets prisonniers continuant d'entrer en danse toutes les nuits, quoiqu'en bouteilles, Berbiguier réfléchit longuement et se décida à envelopper leurs prisons des *épreuves* de son livre afin de leur donner de l'occupation et du remords par la lecture de leurs forfaits. Il fit une pétition au directeur du Jardin des Plantes pour faire placer ses bouteilles dans le cabinet d'histoire naturelle « entre les serpents et les crapauds. »

Quelquefois Berbiguier se demandait combien il avait pu détruire de farfadets par ses cœurs et par ses bouteilles; ce ne fut que plus tard que l'idée lui vint de mettre en note tous les gens borgnes et boiteux qu'il rencontrerait; car il se fit un raisonnement : « Voilà un homme borgne à qui j'ai crevé l'œil par mes épingles et mes aiguilles. » Ou bien : « C'est pourtant mes lardoires qui ont fracturé un os de la jambe de ce boiteux. »

Le chapitre des femmes est extrêmement curieux. Berbiguier n'ignore pas que beaucoup de femmes sont aussi *farfadettes* que les hommes; mais il espère en rencontrer une vertueuse. Alors il se mariera avec elle. « Sans cesse aux genoux de cette créature charmante, dit-il, je coulerai des jours heureux ! et lorsque je me verrai renaître, ma jouissance sera à son comble. Voilà donc, lui dirai-je, ceux qui doivent perpétuer la race des *Terre-Neuve du Thym*. » Il faut expliquer ici l'origine de ce nom. Berbiguier le prit et dut même se pourvoir auprès du garde des sceaux, afin d'avoir le droit de signer ainsi pour ne pas être confondu avec ses parents qui avaient plaidé contre son oncle. *Terre-Neuve* venait de ce que Berbiguier devait acheter un petit terrain vierge de plantations où il planterait du *thym*, plante favorable aux conjurations. « Lorsque j'aurai introduit, continue-t-il, mon épouse dans l'appartement qui doit être témoin de notre félicité, mes fourneaux anti-farfadéens seront remplacés par l'autel de la volupté; mes aiguilles et mes épingles par les bijoux sans faste dont je veux décorer son sein et ses mains; mes cœurs de bœuf par un cœur qui ne palpitera que pour elle; mes plantes aromatiques par les lis et les roses qui seront l'apanage de mon épouse. » Seulement, comme les farfadets prennent souvent la forme d'un chat, Berbiguier exècre les femmes qui appellent leurs maris *mon chat*; il est certain que par cette appellation elles invitent leurs maris à se faire recevoir farfadets. «Une des clauses de mon contrat, dit-il, défendra à celle qui associera sa destinée à la mienne, de me donner d'autres titres que ceux qui flattent les honnêtes gens. »

Berbiguier, à l'imitation de Jean-Jacques (1), voulait réformer l'éducation des enfants. Souvent il se prend de pitié pour les enfants farfadéens; et il exprime ainsi ses regrets : « Il doit être bien cruel pour les père et mère qui ont des enfants farfadets de ne pas les voir rentrer à la maison, puisque je les tiens emprisonnés dans mes bouteilles. » Mais les enfants qu'il aura de son mariage recueilleront un glorieux héritage. Chacun s'écriera dans les rues en les voyant passer : Voilà les enfants du *fléau des farfadets !*

Chaque jour amenait de nouveaux procédés : peu après les *bouteilles-prisons*, Berbiguier inventait le *baquet-révélateur*. Ce baquet était un vase de bois plein d'eau qu'il plaçait sur sa fenêtre ; l'eau servait de réflecteur aux nuages ; et comme les nuages sont remplis de mauvais esprits, leurs manœuvres étaient réfléchies par l'eau.

Enfin le troisième volume paraît ; Berbiguier semble moins tourmenté, car il se livre au culte des muses. Il fait une longue chanson contre les farfadets, sur l'air : *Du vaudeville de M*^{me} *Favart* ou *Un soir que sous mon ombrage,* mais avant de clore la série de ses malheurs,

---

(1) Il n'admettait Jean-Jacques que comme écrivain : « Si Jean-Jacques n'avait pas erré comme il l'a fait si souvent, dit-il, j'établirais un parallèle entre nous ; mais Rousseau n'écrivait que pour tromper les hommes, je n'ai pris la plume que pour les éclairer.

il n'oublie pas sa vengeance. Ayant lu un dictionnaire de magie, il y trouve les principaux acteurs de la cour infernale, il n'hésite pas à faire de :

Belzébuth, chef suprême, Moreau, le tireur de cartes.
Satan, prince détrôné, Pinel père.
Eurinome, prince de la mort, Bouge, médecin.
Moloch, prince du pays des larmes, Nicolas, médecin.
Pan, prince des Incubes, Prieur aîné.
Lilith, prince des succubes, Prieur jeune.
Léonard, grand maître des sabbats, Prieur père.
Boalbérith, grand pontife, Lomini, cousin des Prieur.
Proserpine, archi-diablesse, La Vandeval.

Ainsi se terminent les mémoires du célèbre halluciné que tout Paris a connu ; dans les dernières années de sa vie il employa, à raison de deux francs par jour, le commissionnaire Baptiste, qui exerce encore son état, rue Guénégaud, et qui devait piquer, sans s'arrêter une seconde, des cœurs de veau. On me dit que Berbiguier mourut en 1834 ; et que le moribond avait exigé que son suaire fût garni complétement d'aiguilles. Les approches de la mort ne diminuaient en rien l'hallucination.

Berbiguier fut une de ces têtes faibles que la lecture perdit. La bibliothèque de romans de chevalerie de l'hidalgo de la Manche n'était rien en comparaison du nombre des auteurs que lut Berbiguier pour se prouver l'existence des esprits infernaux. Il rechercha avec soin dans les Écritures saintes, les Évangiles, les moindres phrases qui semblaient se rapporter à sa situation, et il ne fut jamais plus heureux que le jour où il trouva dans une épître de saint Pierre : « Un esprit rugit comme un

lion, et rôde autour de nous, cherchant à nous dévorer. »
Berbiguier, au comble de la joie d'avoir pour lui l'autorité de saint Pierre, se mit à dévorer les écrits et les livres de Plantina, Mancier, Pierre de Prémontré, Thyæus, Carichtérus, Jacob Sprenzer, David Mederus, Delris, Kornmann, Benivenius, Bodin, Camérarius, Majol, Senner, Jordanus et tous les alchimistes, médecins, astrologues, Dominicains qui ont écrit sur les maléfices, sur la démonomanie.

Cependant l'halluciné, dans toutes ses lectures, oublia Saint-Amand, le *grotesque*, qui écrivit des vers qu'on jugerait avoir été paraphrasés en actions par Berbiguier.

> Une troupe de farfadets
> Différents de taille et de forme,
> L'un ridicule et l'autre énorme,
> Se démène en diable-cadets ;
> Ma visière en est fascinée,
> Mon ouïe en est subornée,
> Ma cervelle en est hors de soy ;
> Bref, ces fabriqueurs d'impostures
> Estalent tout autour de moy
> Leurs grimaces et leurs postures.

Mon ami Jules de la Madelène m'envoie quelques renseignements curieux sur la figure de Berbiguier qui tient une place importante dans le *Dictionnaire historique* du département de Vaucluse.

« J'avais lu dans vos feuilletons que Berbiguier était mort en 1834 ; je fus donc très-étonné lorsqu'on m'apprit que l'auteur des *Farfadets* habitait Carpentras, et que c'était bien lui que je rencontrais tous les jours aux *Platanes*. On me raconta qu'il était tout à fait ruiné, que sa sœur lui donnait asile, etc.

» C'était un vieillard très-sale, cassé, le dos voûté, le cou dévié, la tête branlante, inclinée de côté, le menton grattant le sein, de telle façon, qu'il était impossible de voir ses yeux.

» Comme il était difficile de le trouver au logis, je pris le parti de le guetter au passage, et un matin, je l'accostai sur la place de l'*Hôpital*, qu'il traversait tous les jours à la même heure, avant d'aller faire sa partie de boston, hors la ville, chez un vieil ami.

» — Qui êtes-vous donc, me dit-il, d'où me connaissez-vous?

» — A Paris, lui dis-je, tout le monde parle de vous.

» — Ah! vous habitez Paris, la vie y est bien chère.

» Nous parlâmes de Paris pendant quelque temps, de la *capitale*, comme il disait obstinément. Enfin pour rompre la glace, je lui demandai s'il n'était pas dans l'intention de publier une nouvelle édition; à qui il fallait s'adresser pour acheter ses livres, qui étaient hors de prix chez les bouquinistes, très-rares d'ailleurs, très-recherchés, etc.

» — Vous voulez parler des *Farfadets*, me dit-il, ce livre m'a coûté beaucoup d'argent. Mais je n'en ai plus un exemplaire; si vous voulez le lire, allez à la bibliothèque de la ville, il doit y être, si *ils* ne l'ont pas enlevé. Bonjour, monsieur, votre serviteur.

» J'essayai de ramener la conversation : — Monsieur Berbiguier, je puis vous assurer que maintenant à Paris, on vous rend bien justice; les gens les plus distingués sont pour vous, et vos ennemis sont dans la confusion.

» Le bonhomme s'arrête et me dit brusquement : Ah! çà, êtes-vous aussi vexé par les *Farfadets*?

» — Eh! mon Dieu oui! comme tout le monde; je crois que j'ai bien mon petit coup de marteau.

» Berbiguier me prit alors les bras et me regarda du mieux qu'il put, la tête tout-à-fait renversée. Rien de triste et d'em-

brouillé comme la figure de ce pauvre vieux ; des traits tiraillés en tous sens, des rides dures et bizarres, des creux, des saillies de tous côtés, des yeux rouges, vitrés, çà et là quelques touffes de poils blancs poussant droit.

» — Puisque vous en êtes là, me dit-il avec une grande douceur, je vais vous donner tout à l'heure un remède certain. Souffrez vous beaucoup aux genoux ? N'avez-vous pas des pesanteurs et des *taquineries* dans les bras ?

» — C'est bien cela, mais le plus lourd c'est dans la tête.

» — Cela ne m'étonne point, depuis que je suis dans le pays, toute l'armée des *Farfadets* est sur pied. Imaginez-vous que ce matin encore j'en ai tué près de trois mille ; cela m'a beaucoup fatigué. Et c'est tous les jours à recommencer ; ils me poursuivent jusque dans l'église.

» — Et la prière ne peut rien contre eux ?

» — Quand je vous dis qu'il en vient toujours de nouveaux ! la nature *soutire* de grands courants et ils viennent du plus profond de la terre ; ils savent bien à qui ils ont affaire.

» Tout en causant, nous étions arrivés sur le chemin d'Avignon. — Vous voyez cette plaine, me dit Berbiguier, en étendant les bras ; toutes les moissons étaient condamnées à mon arrivée ; je les ai sauvées ; *ils* ne me le pardonnent pas ; ils savent que je suis au monde pour les combattre, et pour délivrer mon pays des incendies, des inondations, des pestes, des famines, aussi s'acharnent-ils toujours après moi, nuit et jour ; voyez comme ils m'ont tordu le cou, regardez bien ce nuage noir, au-dessus des amandiers, il y aura bientôt en France de grands malheurs.

» — Puisque vous souffrez, reprit Berbiguier, au bout de quelque temps, je vais vous indiquer le vrai remède : tous les matins, remplissez vos poches de tabac à priser ; faites de petits trous aux toiles, de manière à semer les grains de tabac sur votre corps ; et quand vos poches seront vides, vous vous mettrez nu, vous prendrez une brosse dure et vous vous vergetterez le corps en tous sens ; il en restera *un* à chaque crin de la brosse.

» — Je comprends bien, lui dis-je, c'est qu'ils craignent le tabac.

» Ces paroles malheureuses le mirent en grande colère. — Ils ne craignent pas le tabac, me dit-il en frappant du pied ; s'ils le craignaient, comment seraient-ils? au contraire, ils l'aiment avec passion et s'en soûlent, et quand ils sont étourdis, la brosse les enlève.

» Je m'excusai de mon mieux ; peine perdue. Berbiguier ne voulut plus reprendre mon bras ; je lui inspirais une antipathie très-vive ; à toutes mes questions, il ne répondait plus que par des brusqueries, d'un ton de méfiance. A la porte du jardin de M. Bovis, je pris congé de lui, il me salua très-froidement et me tourna le dos.

» Je ne l'ai plus revu ; à quelque temps de là, nous étions en république, et je vous avoue que j'ai bien oublié votre ami Berbiguier. »

ROSE-MARIUS SARDAT.

I

Le 1ᵉʳ mai 1847, fut déposé dans tous les bureaux de journaux parisiens un volume bleu grand in-8°, intitulé : *Loi d'Union*. A ce volume était joint une lettre lithographiée qui autorisait les journaux à reproduire en feuilletons l'œuvre de M. Sardat.

Malgré le bon marché de cette œuvre, il ne se trouva aucun rédacteur en chef assez audacieux pour servir à ses abonnés la *Loi d'Union*. Il était donc présumable que M. Sardat ne continuerait pas son œuvre, s'il faut s'en rapporter à une note : « Le second et dernier volume, bien entendu, ne paraîtrait pas si le premier volume n'avait pas bon succès. »

La *Loi d'Union* n'ayant pas eu *bon succès*, M. Sardat en fut pour ses frais d'impression, mais je n'ai eu garde de laisser mourir sans oraison funèbre une utopie si bien imprimée, car le volume est d'une belle typographie.

« Avant trois siècles, s'écrie M. Sardat, les voyageurs chercheront la place où auront été nos villes. » C'est-à-dire la *Loi d'Union* sera en vigueur et aura bâti des *châteaux* (par château, M. Sardat entend une espèce de phalanstère) et il n'y aura plus de villes.

Ce rêve est commun aux fouriéristes ; aussitôt qu'ils auront bâti le moindre des phalanstères, un phalanstère d'enfant, la civilisation ouvrira les yeux, reconnaîtra tellement la grandeur des idées de Fourier qu'elle se jettera à l'instant dans les phalanstères. Alors il n'y aura plus de civilisation ; alors régnera le fouriérisme ; alors il n'y aura plus de civilisés ; alors régneront les fouriéristes.

M. Sardat (Antoine-Rose-Marius) demande seulement neuf hommes de 21 à 70 ans et de bonne volonté ; ces neuf hommes prendront pour CHEF un vieillard *ayant plus de* 70 *ans.* « Si les vieillards de 70 ans manquaient
» en France, le guide et un homme de la tribu qui
» n'aura pas son vieillard iraient ensemble le chercher
» dans les nations voisines. Si les hommes de cette tribu
» n'ont pas les moyens de pourvoir aux frais de ce
» voyage, le gouvernement y pourvoira sur un certifi-
» cat du conseil municipal du lieu, fixant la somme
» nécessaire qui sera immédiatement payée par le per-
» cepteur des contributions. »

Je ne sais si tout le monde sera de mon avis, mais dans cette association future, M. Sardat manque de sens poétique ; il devrait se garder, comme la peste, de parler de *conseil municipal* et de *percepteur des contributions*. Il s'écrie en parlant du premier jour de la fondation agricole : « Le ciel était bleu, le soleil bon, la terre parée, et tous respiraient l'air pur de la campagne, » description charmante, mais que le souvenir du *conseil municipal* gâte. Plus loin, j'aime assez « ce fondateur joyeux qui se promène en *sautillant sur la pointe des pieds.* » Je comprends sa joie ; cependant sautillerait-il encore s'il voyait arriver le percepteur des contributions avec un état de frais à payer?

Enfin, le vieillard de 70 ans est trouvé ; la tribu est formée, elle se joint à huit autres tribus ou quatre-vingts familles ; le grand jour approche.

« Vieillards, vous êtes priés de venir au château, de-
» main dimanche, à 6 heures du matin, avec toutes les
» familles de l'Union sous vos ordres, pour être formés
» en union agricole. »

Le fondateur est debout sur le péristyle du temple du bonheur ; il remarque avec peine malgré le jour du dimanche, « bon nombre d'entre les hommes et les garçons qui ont les cheveux crasseux et trop longs, » et il les engage à se confier aux mains d'*adroits* perruquiers qu'il a amenés de Paris. « *Et ce sera joliment fait.* »

A côté sont d'habiles tailleurs, modistes, cordonniers, chapeliers, venus également de Paris, qui doivent travailler *gratis*. « Le budget, dit M. Sardat, se charge avec plaisir de la dépense, selon moyen à lui connu. » Quant aux vieillards, qui sont arrivés le matin à six heures, ils sont habillés d'un « chapeau blanc, et d'un bâton blanc en érable, gros comme le bout de l'index, poignée tête de cheval en or, virole en fer au bout, pour le prêter aux petits qui voudraient monter dessus en guise de cheval. »

Cette canne-cheval est sans doute d'une heureuse invention ; mais elle ne suffit pas à habiller un vieillard de 70 ans ; M. Sardat, qui a pensé à la coiffure, n'ignore pas que les vieillards, même âgés de 70 ans, ne peuvent sortir vêtus d'une canne et d'un chapeau, la décence et la santé s'y opposant.

Les filles, aussitôt leur naissance, s'appellent petites.
Les garçons, petits.
Les petites, à l'âge de six ans, bambinettes.
Les petits, à sept ans, bambinets.
Les bambinettes, à treize ans, demoiselles.
Les bambinets, à seize ans, jeunes gens.
Les demoiselles, après leur mariage, dames.
Les jeunes gens, à vingt et un ans, hommes.
Les dames, à soixante ans, supérieures.
Les hommes, à soixante-dix ans, vieillards.

Il y a toute une théorie sur les chevaux et les courses en chars qui n'a rien de bien gai, à l'exception des chevaux qui acceptent chacun avec plaisir « un morceau de pain. » Pourquoi pas aussi un verre de vin ? Après les courses en chariots : « Mesdames, dit le fondateur,
» nous allons déjeuner ; mais pour manger, vous n'a-
» vez pas le sou, puisque en entrant ici, vous avez donné
» à la patrie tout ce que vous possédiez en or, argent ou
» bijoux. En conséquence, la patrie pourvoit à votre
» déjeuner. Allez dans le temple du bonheur, vous y
» trouverez des corbeilles pleines de vivres. »

On remonte ensuite dans les chariots qu'on mène au trot. « *C'est le pas d'honneur, c'est le pas le plus beau. Il ne s'emploie que pour défiler devant les vieillards ou devant les personnes que les vieillards veulent honorer.* »

« L'air était bon, le ciel bleu, le soleil libre et l'appétit bien grand, la gaîté et le bonheur animaient tout le monde ; les âmes volaient vers les âmes. » De temps à autre, dans la *Loi d'Union*, reparaissent en ritournelle ces trois belles lignes qui malheureusement n'ont pas de suite. Je ne connais pas M. Sardat, mais je peux affirmer, sans l'avoir vu, que c'est un homme qui aime la famille, les enfants, et qui n'a que le tort de vouloir se poser en réformateur. Le passage suivant ne manque pas d'une certaine naïveté.

« Quand les enfants avaient soif, ils allaient à la table
» des vieillards ou des supérieurs, sur le bord de la-
» quelle ils trouvaient une ligne de verres à moitié
» pleins pour eux. Ils buvaient ; et lorsque en quittant
» le verre, les petits ou petites disaient : *Merci, grand-
» père*, ou *merci, grand'mère*, ces bons vieux étaient
» tous contents de s'entendre ainsi nommer par tous
» les enfants des Unions. Vers la fin du déjeuner, les
» bambinettes allaient voir la grande table où étaient
» les hommes, les dames, les jeunes gens ou les demoi-
» selles ; et si quelqu'un de cette table, trop éloigné
» d'un mets qu'il souhaitait, disait : *Bambinette, s'il
» vous plaît, tel mets ;* la bambinette aussitôt l'appor-
» tait avec empressement et grâce ; ou lorsque, en le re-
» mettant, on lui disait : *Merci, bambinette,* la bambi-

» nette était heureuse d'avoir servi à table. Elles étaient
» toutes là, sur cette table, comme des fleurs ambu-
» lantes. »

Dans toute bonne utopie on essaie de réformer le mariage ; M. Sardat n'y a pas manqué. « Les mariages se feront toujours deux mois après la coupe des blés.» Nous citerons comme bizarre, quoique imitée des peuples sauvages, la cérémonie de la soupière, qu'on casse après le mariage. « Tous les membres de l'Union, chacun devant sa maison, applaudissent à ce grand malheur arrivé à la nouvelle mariée. »

Si les époux ne se conviennent pas, il suffit que l'un d'eux se présente au Temple du bonheur avant le lever du soleil et qu'il écrive, sur la page où il a signé, ces mots : *mariage malheureux*, et le mariage est rompu ; un an après les époux sont libres de contracter une nouvelle union.

Jusqu'alors, la *Loi d'Union* n'a montré que le côté agréable de la vie; il faut s'occuper de l'utile. Le fondateur va aux hommes : — Voulez-vous travailler de vos bras, je vous le demande, répondez? — Oui, nous travaillerons, répondent les hommes, Dieu nous l'a dit. — Les vieillards alors ordonnent aux tribus, les unes de labourer les champs, les autres d'ensemencer, celles-ci de faucher les prairies, celles-là de rentrer les foins, d'abattre les arbres. Puis, le fondateur se transporte à la salle de réunion des femmes : — Mesdames, voulez-vous faire la cuisine, veuillez, je vous prie, me répondre ? — Oui, nous ferons la cuisine, répondent en chœur les dames, DIEU nous l'a dit. — Les dames devront aussi séparer le bon grain du mauvais, faire les confitures, cueillir les fruits sur les arbres ; seulement, un détail inquiète M. Sardat, qui craint de s'aliéner le cœur des femmes en leur faisant laver la vaisselle. Il convient qu'un attrait n'est pas attaché à cette fonction ; aussi propose-t-il une récompense nationale à celui qui découvrira une machine assez intelligente pour laver les assiettes.

Les *Bambinets*, quoique tout jeunes, doivent apprendre à lire, écrire, compter, danser et jouer d'un instrument. Pour chaque enfant qui vient au monde, l'heureux père plante le jour de sa naissance un jeune chêne. — Cet arbre est à vous, bambinets, dit M. Sardat. Nul ne peut l'abattre sans votre consentement. Lorsque vous apprendrez à jouer d'un instrument, vous irez vous exercer au pied de votre arbre, afin de ne pas écorcher les oreilles des membres de votre Union.

Le fondateur va ensuite à la salle des enfants au berceau ; il ordonne qu'on les apporte dans le temple du bonheur, « persuadé que les enfants n'oseront pas faire leurs ordures en pareil lieu. » Et il leur tient ce discours. « *Enfants*, aussitôt que vous saurez marcher,
» vous entrerez par droit de naissance au rang des pe-
» tits et petites, selon votre sexe. Jusqu'à ce jour, vous
» serez dénommés *anges* envoyés par le ciel. Si l'enfer
» vous envoie, vous serez dénommés *canards*, jetés et
» enterrés dans l'eau. »

M. Sardat a oublié de dire ce que les enfants au berceau répondent à cette touchante allocution.

Tel est à peu près le résumé de la *Loi d'Union* que

j'ai étudiée avec attention. En réalité, que veut l'auteur ? « Le gouvernement, dit-il, devrait être à tous les Français sans aucun avoir, ce qu'un bon père de famille est à tous ses enfants ; il devrait les établir quand ils ne peuvent pas s'établir d'eux-mêmes. » Cette idée est généreuse, mais est-ce avec les *Bambinets* et les vieillards de 70 ans que M. Sardat croit pouvoir y arriver? D'autant mieux que son système n'est qu'une pâle copie de Fourier ; au lieu des tribus, mettez les groupes, au lieu du château, le phalanstère, au lieu des jeunes gens et des jeunes filles, les jouvenceaux et les jouvencelles et tout l'avantage sera encore pour Fourier, l'inventeur du *travail attrayant* et de la *gastrosophie*.

II

Tout d'abord il semble que Restif de la Bretonne n'ait aucun rapport avec Rose-Marius Sardat. L'un est réformateur *du* théâtre, l'autre est réformateur *au* théâtre. Restif de la Bretonne fait du théâtre pour du théâtre ; Rose-Marius Sardat fait une pièce afin que son système soit mieux compris qu'à la lecture.

Mais la parenté existe ; Rose-Marius Sardat est fils de Restif, sans le savoir ; et voilà comment. L'utopiste Sardat se promène dans les pantoufles de Fourier, avec tout le contentement du véritable propriétaire de ces pantoufles. Et Fourier lui-même a marché plus d'une fois dans les souliers de Restif.

Supposons que Restif de la Bretonne n'ait pas écrit une ligne, Fourier est bien amoindri ; supposons la non-existence de Fourier, Rose-Marius Sardat n'est pas capable de trouver le premier mot de la *Loi d'Union*.

La parenté étant bien établie, je reviens aux *idées* de Restif de la Bretonne, dans son *Mimographe*, écrit en forme de roman.

Le sujet est des plus simples. Une femme honnête est abandonnée par son mari qui aime une comédienne ; l'épouse délaissée confie ses douleurs à une amie ; dans cette correspondance elle traite de quelques moyens propres à détruire les abus causés dans l'état social par les comédiens et comédiennes ; elle veut réformer le théâtre, « en augmenter l'agrément, la dignité, l'utilité. »

Restif ne s'inquiéterait guère des mauvaises mœurs des comédiens et comédiennes hors du théâtre ; mais, dit-il, « d'habiles *fisiciens* ont remarqué qu'il se faisait
» continuellement par les yeux des personnes passion-
» nées, des amoureux ou des femmes lascives, une éma-
» nation *d'esprits infiniment projectiles*, qui commu-
» nique insensiblement à ceux qui les écoutent ou les
» regardent, les mêmes agitations dont ils sont af-
» fectés. »

Que faut-il donc faire pour échapper à cet *histrionisme?* Restif n'est pas embarrassé ; il propose ce qu'on a réalisé de notre temps, un endroit où l'on enseigne la comédie, une espèce de conservatoire.

« Les élèves des théâtres devront être élevés avec décence, sans communication, et n'étudier que des pièces *expurgata*. » Restif entend par là des chefs-d'œuvre,

Molière, par exemple, dont on aura enlevé les crudités de langage.

Lorsque deux élèves voudront se marier, et c'est ici que l'auteur du *Mimographe* justifie complétement son titre d'*Idées singulières,* « On pourrait composer des
» pièces d'un genre particulier qui seront appelées *Co-*
» *médies pour mariage,* dans lesquelles il sera permis de
» rendre le langage beaucoup plus tendre que dans les
» autres; la *parastase* en serait aussi plus libre, parce
» qu'elles ne pourront être exécutées que par de jeunes
» acteurs et actrices destinés à s'unir ensemble la
» veille de leur mariage. »

Par *parastase*, Restif entend *actricisme ;* mais le lecteur n'est guère plus avancé; l'auteur, du reste, l'a prévenu dès la préface qu'il emploierait souvent le *néologisme* pour mieux expliquer quelques termes de l'art théâtral. Donc *actricisme* ou *parastase* veut dire jeu scénique, gestes, etc. Ainsi, par exemple, dans ces *Comédies pour mariages* il sera permis au jeune acteur de « dérober un baiser » à l'actrice.

Au milieu de toutes ces folies, les idées de Restif sur la décoration, sur les machines, sur la couleur locale, sont pleines de bon sens. Le premier, il s'est plaint de voir ces six ou huit coulisses qui faisaient qu'un petit salon carré, avec une seule porte, avait huit sorties invraisemblables.

Il maudit les *Laudicènes* qui applaudissent à tous moments.

Alors, comme aujourd'hui, les actrices ne voulaient pas, dans un rôle de paysanne, être paysannes. « Les

» Mathurine et les Claudine, couvertes de soie, dont
» la gorge mutine *reflée* par sa blancheur, la transpa-
» rence d'une gaze *à la crème*, ne me présentent que la
» fille de théâtre. »

Ailleurs, il s'oppose au fard et au blanc : « Les acteurs devront pleurer, les actrices rougiront quand on leur dira : — Vous rougissez ! — et, pour cela, leur visage ne sera pas masqué par deux couches épaisses de blanc et de rouge. »

Enfin, pour ennoblir la condition d'acteur, les fils des grands personnages monteront sur le théâtre, « où ils ne pourront apporter que les airs de leur condition; » et on les appellera *comédiens-citoyens*.

Ces idées sont tellement dans l'esprit des fouriéristes, que j'entendis, dans les premiers jours de la Révolution, un orateur fouriériste, M. Michelot, ex-sociétaire du Théâtre-Français, *élève de Talma*, venir déclarer dans un club que la République rendrait les actrices *vertueuses*, et qu'à l'avenir ce serait une insulte que de les traiter de *comédiennes*. L'ex-sociétaire du Théâtre-Français ne leur donnait pas de titre; s'il avait lu Restif, il aurait décrété que les femmes de théâtre seraient autorisées à prendre le nom d'*actrices citoyennes*.

Avec toutes ses *idées singulières*, Restif ne réussit pas au théâtre; au fond, il ne réformait rien, il exagérait le *Drame bourgeois* de La Chaussée, de Diderot et de Mercier. Plein de trop bonnes intentions, il poussait le *genre honnête* si loin, qu'il le changeait en genre niais et ridicule.

Je n'ai besoin que de citer le titre d'une de ses pièces,

qu'il regardait comme son chef-d'œuvre, et qui *devait* faire la fortune du directeur assez intelligent pour la monter.

Cette pièce s'appelle :

SA MÈRE L'ALLAITA !

Rose-Marius Sardat ignore le romantisme et le classicisme ; il ne s'inquiète ni du drame bourgeois ni de la tragédie. Il a accouché il y a un an d'un petit système nouveau, la *Loi d'Union*, dont la base est une association de familles qui vivent dans un château.

Ce *Château*, à tout prendre, n'est qu'un phalanstère médiocre.

Le système fut imprimé il y a un an avec tout le soin d'un Elzevir.

Ce qu'un poëme, ce qu'un roman n'obtient pas, la faveur d'être critiqué, Rose-Marius Sardat eut cet honneur. Comment récompense-t-il aujourd'hui les journalistes d'avoir bien voulu s'occuper de lui ?

Rose-Marius Sardat leur *défend* de *citer un seul mot* de sa nouvelle brochure. Il les poursuivra devant les tribunaux, qui, sans doute, « feront justice de ce vol fait en face du public. »

« L'auteur de la *Loi d'Union*, dit-il, n'a que faire du jugement des journalistes. Il s'en moque. Il n'est pas tenu d'alimenter leurs colonnes, où ne règnent que la mauvaise foi et des citations dans un sens moqueur, quand ils veulent, comme ils disent eux-mêmes, enfoncer l'auteur. Les journalistes n'ont pas le droit de faire métier et marchandise des idées d'un autre quand il s'y oppose. Qu'ils vendent ce qui leur appartient, et non ce qui ne leur appartient pas. Ainsi le veulent l'honneur et la moralité. »

Voilà un excentrique bien en colère; le passage ci-dessus n'est rien en comparaison du portrait que Rose-Marius Sardat fait des feuilletonistes.

« Ils sont des *voleurs* de places gratuites au théâtre, qu'ils n'obtiennent du directeur que sous peine tacite de diffamer son théâtre s'il s'avisait de les leur refuser.

» Ils sont des *escrocs* de quelques sous dans la poche des petits employés au théâtre; car il faut que le directeur trouve ailleurs le prix des places données aux journalistes, et c'est sur les petits employés que ces valeurs se reprennent.

» Ils sont enfin des *violateurs de l'égalité*, osant venir s'asseoir, sans payer, dans une salle où tout le monde paie, et faisant encore les importants et du bruit dans leurs loges gratuites. »

Les socialistes les plus divers ont une facilité merveilleuse de la grosse épithète; cela tient à un immense orgueil qu'irrite la critique la plus débonnaire.

Malgré l'interdiction de reproduction que Rose-Marius Sardat a imprimée sur la couverture de son livre, je brave ses menaces, soutenu par le dévouement qui m'a fait entreprendre cette galerie d'Excentriques.

L'auteur de la *Loi d'Union* est à peu près le seul des réformateurs, à l'exception de M. Cabet, qui ait entrepris de mettre son œuvre à la scène. Encore le mélodrame *la Conspiration des poudres* n'a-t-il été écrit par M. Cabet, que dans l'honnête intention de procurer du divertissement aux Icariens.

En ouvrant la *Loi d'Union*, j'ai été frappé par cette phrase : « Le sentiment le plus doux engage l'auteur à mettre ses prénoms. Il se dit : Si la France accepte la *Loi d'Union, la Loi du ciel*, elle fera le bonheur de toutes les familles ; et alors les mères, pour récompenser celui qui l'apporte, donneront ces prénoms à tous leurs enfants, sachant que c'est la seule et la plus belle de toutes les récompenses que l'auteur désire (1). »

La LOI D'UNION ou *Nouvelle organisation sociale*, n'a besoin en réalité que d'un seul acteur. « Le rôle conviendrait à mademoiselle Rachel, » dit Rose-Marius Sardat. Ce personnage unique s'appelle le FONDATEUR, c'est-à-dire le maître du château, l'inventeur, le réalisateur, le metteur en œuvre du système.

Mais si les autres rôles, personnages muets, sont peu importants, en revanche ils sont nombreux. On compte *deux cent quatre-vingt-seize* figurants.

D'abord la suite du *Fondateur*, composée de 16 personnes :

2 messieurs, dont l'un chante les *Quatre Anges* de Béranger ;

2 dames, dont l'une chante les mêmes paroles ;

2 jeunes gens de 16 à 20 ans ;

2 demoiselles de 13 à 18 ans ;

2 bambinets de 7 à 15 ans ;

---

(1) Berbiguier dit exactement la même chose au tome III de ses mémoires. (Voir l'étude précédente.)

2 bambinettes de 6 à 12 ans ;
2 petits de 5 à 6 ans ;
2 petites de 4 à 5 ans.

Puis viennent 80 familles des classes ouvrières, « avec leurs vêtements habituels » parmi lesquels il faut 8 vieillards, ayant plus de 69 ans, et 8 vieilles, dites supérieures, ayant plus de 59 ans.

Rose-Marius Sardat, qui n'a pas craint un instant que mademoiselle Rachel pût refuser le rôle du *Fondateur*, s'imagine que ces vieillards de 69 ans et ces bambinets de 6 ans sont communs au théâtre ; il s'est fié sur le mutisme de ces personnages, et ne s'inquiète que « *d'une famille devant tenir une conversation à table avec âme et sensibilité.* »

L'utopiste, qui faisait paraître sur la scène 296 personnages, a jugé à propos de diviser sa pièce en *seize* actes et un prologue.

« Prologue. — Le théâtre représente une chambre et une table pour écrire. » Le *Fondateur* seul tient à peu près ce langage : » HOMMES, les lois de la patrie ont enfin pris pour base de donner bonne nourriture, bon logement et beaux vêtements à *tous* les Français, sans aucun avoir, qui voudront travailler ou faire partie de l'*Union agricole.* »

Au premier acte, le *Fondateur* se promène « en sautillant sur la pointe des pieds, » devant le Château dont la grille *triomphale est fermée*. Il désire que tout le monde soit propre et bien peigné.

Le second acte est plein d'intérêt; on voit accourir tailleurs, chapeliers et cordonniers, qui habillent les quatre-vingts familles ou les deux cent quatre-vingts individus.

Des courses en chariots, traînés par des enfants, remplissent le troisième acte; on va déjeuner. Le théâtre représente la salle des hommes; le *Fondateur* leur recommande de se livrer à l'agriculture et d'obéir aux vieillards. Puis il va à la salle des dames, entre « en les saluant beaucoup » et leur recommande de s'occuper de la cuisine.

Le sixième et le septième acte manquent de variété; ce sont toujours des conseils et des visites aux jeunes gens et aux demoiselles.

De là le *Fondateur* se rend à la salle des Bambinets. Il s'écrie :

« BAMBINETS, dans l'Union, tout le monde travaille, et vous devez, vous aussi, travailler comme les autres. Vous avez quatre devoirs à remplir.

» — Quatre devoirs ! quatre devoirs ! tandis que les hommes et les jeunes gens n'en ont que deux à remplir; y pensez-vous, s'écrient les Bambinets en masse, qui lancent tous leurs livres à la tête du *Fondateur*.

» Bien entendu, écrit Rose-Marius Sardat, que si mademoiselle Rachel veut bien accepter le rôle du *Fondateur*, les Bambinets ne lui lanceront pas à la tête leurs livres grecs et latins. Ils les jetteront derrière eux; car les Bambinets sont trop galants avec les dames pour leur faire du mal. Ils préféreront toujours les saluer.

Les Bambinettes écoutent respectueusement le *Fondateur* qui les entretient de couture et de broderies. L'acte 10 nous montre la salle des petits qui chantent et dansent ; les petites dansent et chantent également. Le *Fondateur* prend à part les mères, et leur dit :

— Si plus tard, une petite demandait à sa mère d'où viennent les enfants, la mère lui dirait : Je t'ai trouvée dans le calice d'une rose de ton rosier, voilà pourquoi ce rosier est à toi ; et ton frère, ton père l'a trouvé en haut d'un chêne, voilà pourquoi ce chêne est à lui.

On voit le *Temple du Bonheur* au 12ᵉ acte. « Dans ma manie de faire des discours à tous les membres de l'*Union*, je veux en faire un aux enfants au berceau, dit le *Fondateur*. Dans ce but, j'ai prié les mères de vouloir bien les apporter dans le Temple du Bonheur, persuadé qu'en ce lieu les enfants n'oseront pas crier, pleurer et faire leurs ordures. »

Les enfants au berceau écoutent le *Fondateur* avec une gravité et une décence qui n'appartiennent point à leur âge. Le *Fondateur*, procédant par antithèse, passe subitement de l'enfance à la vieillesse. Les vieillards de plus de soixante-neuf ans ressemblent fort aux petits de moins de six ans ; ils ont l'air d'écouter et ne soufflent mot.

Mais c'est l'acte 13 qui est le morceau important de la pièce ; la mise en scène est fort compliquée. « Le théâtre représente l'intérieur de la cuisine ; au fond, le fourneau, devant une longue table sur laquelle sont 80 soupières alignées et numérotées. »

Ici se place cette conversation *pleine d'âme et de sensibilité*, dont parlait au début Rose-Marius Sardat. Je cite textuellement le dialogue :

Le Père. — Et toi, petit, travailleras-tu quand tu seras devenu grand ?

(« Le petit, indigné au début de ces paroles, se lève en renversant sa chaise, sans paraître vouloir la renverser ; il est vivement ému de l'insulte qu'on lui a faite de le prendre pour un fainéant. Il jette à terre la serviette qu'il arrache de son cou où sa mère l'avait attachée, et marche sur le devant de la scène, montrant ses poings dont il frappe son front, croise ses bras avec colère ; regarde fièrement le public, bat le sol de ses pieds.)

» Le Père (ému va alors à lui, et l'élevant dans ses bras, s'écrie avec bonheur et fierté) : Mon fils !

(» Sa mère va également à lui ; on l'embrasse, on le console et on le met à table.) »

— Il faut, dit l'auteur, que le petit de cinq à six ans soit bien choisi pour ce rôle.

A l'acte 15, le *Fondateur*, après avoir surveillé le repas des hommes, entre dans le réfectoire des dames. Il salue les dames en disant, selon l'usage dans les Unions : *A vos pieds, mesdames.*

Rose-Marius Sardat, malgré les préoccupations de son système, n'en est pas moins un modèle de galanterie.

L'acte dernier représente l'intérieur du Temple du Bonheur. Le *Fondateur* est entouré des seize personnes de sa suite ; les deux cent quatre-vingts Unionistes se placent par rang d'âge dans le Temple. Les hommes et leurs garçons à gauche en entrant, les petits sur les bancs inférieurs, les hommes sur les bancs les plus élevés ; les jeunes gens et les bambinets sur les bancs intermédiaires. Les dames et leurs filles à droite, selon le même ordre. Les vieillards et les supérieures sur une estrade réservée.

Tous entonnent le chant national de l'Union :

« La patrie, c'est nous tous ensemble qui la constituons ; c'est la famille nationale qui, par ses lois, offre à chacun amitié, appui et bonheur. »

Dans la vie, le comique se lie à l'amertume, le grotesque au sublime ; Rose-Marius Sardat n'ignore pas cette loi. Aussi termine-t-il sa pièce sérieuse par une bouffonnerie.

« Les petites ont eu l'audace de faire un changement aux paroles du chant national ; au lieu de dire *appui*, elles disent *biscuit*. Il a fallu consentir à leur laisser former un cinquième groupe, qui chante : C'est la famille nationale qui, par ses lois, offre à chacun, amitié, *biscuit* et bonheur. »

Ainsi finit la Loi d'Union. Je crains fort que Rose-Marius Sardat ne soit le seul *Unioniste* de la terre. Son système n'aura pas même le droit de s'adjoindre à tous ces systèmes en *isme* qui riment si bien avec imbécillisme.

CAMBRIEL

> Mon fils, prenez l'or mâle, submergez-le dans son sang menstruel, et séparez-le de sa rouille qui le tue et rendez-le vivant et libre ; puis, continuez et l'aidez à se tirer d'une seconde affliction, après l'avoir tiré d'une première. Alors, vous vous serez fait un ami qui vous sera très-reconnaissant.
> (Hermès.)

Dans un temps, déjà loin, où les *Petites-Affiches* représentaient la plus grande somme de publicité, les curieux purent lire un matin cet étrange avis :

« OFFRE D'UN GRAND BÉNÉFICE. — Il a été reconnu de tout temps, par la majeure partie des hommes, que la pierre philosophale était impossible à trouver ; qu'elle n'était qu'une chimère, une folie, et que tous ceux qui la cherchaient (quoique sages et prudents) ne s'étaient jamais attiré d'autre mérite que celui d'être classés parmi les fous.

» Comme nous sommes convaincus du contraire par une longue expérience, et que nous sommes parvenus, par un travail de vingt-sept ans, à trouver le moyen de pouvoir réduire tous les métaux ordinaires en or fin, et que nous nous sommes assurés de la vérité de la transmutation métallique de cette divine science, nous ne craignons pas de nous exposer au ridicule de ceux qui n'auront pas voulu prendre la peine de se convaincre de sa réalité.

» Nous osons donc offrir *vingt-cinq mille francs* de bénéfice, pour chaque mille francs prêtés, à celui qui voudra nous accorder sa confiance et qui voudra nous fournir 6,000 fr., somme suffisante pour finir notre découverte, laquelle somme ne nous sera remise qu'en dix-sept paiements, un chaque mois, sauf le premier, qui sera de 1,200 fr.

» Si le grand commerce, qui entreprend toutes sortes de spéculations, et toujours avec beaucoup moins d'avantages, et qui expose de gros capitaux pour gagner 10, 16 et tout au plus 30 0/0, trouve dans cette offre un bénéfice assez fort, il peut en accepter une partie, ou l'offre entière.

« S'adresser, franc de port, à F. C..., rue Judas, n° 8, à Paris. » Ces initiales, nous pouvons les dévoiler aujourd'hui, appartenaient à François Cambriel, un ancien fabricant de draps de Limoux. Malgré l'annonce de 25,000 fr. qu'il devait rendre pour chaque 1,000 fr. prêtés, personne ne vint en aide au pauvre chercheur de pierre philosophale. Je dis *chercheur*, je devrais dire *trouveur*.

Il y en a beaucoup qui riront à ce mot de *trouveur*, car la négation est chose facile aux Français; il est si facile de plaisanter ces gens dévoués qui consument leur existence à trouver la quadrature du cercle, le moyen de faire de l'or, comme on a rêvé pendant longtemps l'électricité, le magnétisme, la vapeur.

En supposant que quelques individus dépensent inutilement leur santé, leurs richesses, en vaines recherches, ne faut-il pas être plein de respect pour ces martyrs des sciences mystiques?

Cambriel ne connaissait rien en chimie; il avait commencé à se jeter dans le dédale des sciences occultes, lorsqu'il eut un matin, au lit, une révélation. « Jamais, dit-il, je ne serais parvenu à trouver les opérations nécessaires et indispensables pour faire la *pierre philosophale* et me procurer la *médecine universelle*, si Dieu, qui, dans tous les temps de ma vie, m'a donné des marques de son amour, ne m'avait inspiré en trois différentes fois, et à quatre années de distance d'une inspiration à l'autre, la manière de bien faire l'opération alchimique que j'ignorais. » Quoique couché dans une chambre bien close, Cambriel se sentit les oreilles frappées d'un coup de vent, et une voix lui cria : *Il faut s'y prendre de telle manière.* La voix donnait des moyens alchimiques, Cambriel écrivait sous sa dictée.

Peu de temps après, Cambriel se rendait en diligence d'Agen à Paris, et il réfléchissait à une nouvelle combinaison de matières, lorsque le coup de vent l'avertit d'écouter une voix : *Tu te trompes, les livres hermétiques disent comme cela.*

« La troisième inspiration, dit-il, qui fut plutôt une vision, vint m'éclairer; quatre ans après, dans la maison de madame la veuve Maçon, rue Mazarine, n° 60, au Jeu-de-Paume. L'opération et la perfection du travail que je faisais se présenta devant mes yeux, et mon odorat, par l'odeur forte qui s'en exhalait, me prouva (comme il est dit dans Nicolas Flamel de Paris), qu'elle était bonne et bien faite, et me donna la conviction que j'étais parvenu à la fin de la première partie de mon ouvrage alchimique ou de la pierre du premier ordre, ce qui me réjouit beaucoup. J'ai donc raison de dire que je suis convaincu par moi-même de l'amour que Dieu accorde à ses créatures. »

Il est à remarquer que toute cette race de chercheurs vit de visions ; non-seulement ils croient, mais ils voient. Tous ont vu Dieu ; et quoique les peintres se servent presque d'un même type pour représenter la divinité, le dieu des visionnaires ne ressemble pas au dieu des peintres.

Le dieu, tel qu'il se révéla à Cambriel, est décrit par lui d'une façon tellement inusitée qu'il faut citer en entier ce portrait.

« DIEU EST d'une taille ou corpulence comme pourrait être l'homme le plus parfait, ayant six pieds six pouces de taille, proportionné dans toutes les parties qui le composent, mais toujours en plus de perfections que l'homme le plus parfait que je lui compare.

» Il est majestueux ; sa peau est de la couleur de la flamme d'une bougie ; ses pieds, ses genoux, ses cuisses, ses mollets sont si parfaits, que, quoi que j'en dise, je serai toujours au-dessous pour en pouvoir représenter la perfection.

» Les ongles de ses pieds sont d'une beauté incomparable, le plus bel ivoire ne peut lui être comparé.

» Les mollets de ses jambes sont si beaux, si parfaits, et comme il est tout esprit, que je voyais à travers comme à travers le cristal le plus clair.

» Mais ce qu'il y a de plus beau dans toute cette beauté de perfections réunies, c'est l'arrangement des muscles qui le forme. Ils sont arrangés comme des petites poires, de trois en trois, deux en haut et un en bas ou au milieu des deux premiers, et dans chaque muscle on ne voit qu'un mouvement continuel de rayons de lumière gazeux qui, se croisant dans tous les sens et sans se séparer, montant ou descendant, forment et font apparaître un million de perfections dans l'intérieur de chaque muscle. »

Cambriel, plein d'espoir par la visite de Dieu, décida qu'il s'adonnerait entièrement à la philosophie hermétique ; il se retira dans un de ces quartiers perdus de la Montagne Sainte-Geneviève, rue Judas : cette partie du Quartier-Latin a toujours été pleine d'existences bizarres, pauvres et problématiques, dont la biographie est toujours à faire.

Au bas de la Montagne Sainte-Geneviève, s'étend en vallée la place *Maubert*. *Maubert*, dit-on, est une abréviation corrompue de *Maître Albert, Albertus Magnus,* plus connu sous le nom du Grand-Albert, qui professait en plein air à cause de la trop grande multitude de ses auditeurs, sur le terrain où s'élève aujourd'hui le marché de la Place Maubert. Après avoir lu le livre, je voulus connaître l'homme, je partis un matin à la recherche de Cambriel ; il invitait les personnes qui désiraient s'aboucher avec lui, à demander son adresse à l'imprimeur.

L'imprimeur, depuis cinq ans, avait perdu de souvenir le nom de l'alchimiste ; cependant il se rappela que Cambriel lui devait quinze francs pour un *carton* ajouté au *Cours de Philosophie hermétique*. « C'était un brave homme, ajouta l'imprimeur, mais... entre nous... un peu fou. »

Sans plus de renseignements j'allai rue Judas, espérant bien sinon trouver l'homme, au moins des renseignements sur sa vie passée. Ce quartier montagneux est étrange ; il doit ressembler au quartier des Juifs, à Francfort. On n'y voit que de vieilles maisons noires dont les rez-de-chaussée sont habités par des ouvriers tapageurs, des serruriers, des forgerons; seules font contraste par leur calme, les boutiques de guenilles. Le soleil ne dédaigne pas cependant de se montrer dans ces rues humides ; il rajeunit même de son mieux les vieilles robes rouges, les gibernes, les boîtes à seringue, les bonnets à poil qui foisonnent chez ces maigres fripiers.

Le peuple de la Montagne Sainte-Geneviève aime les fleurs et les oiseaux ; de toutes les fenêtres partent des chants de sansonnets et de merles qui n'ont pas l'air trop fâchés d'être encagés.

L'homme chez qui Cambriel demeurait s'appelle M. Rivet, rue Judas, n° 8. Je cherchai inutilement pendant une heure la rue Judas; elle n'existe plus aujourd'hui. Elle existe encore, mais elle a eu honte de son nom, elle a fait une demande à la ville de Paris, qui, en bonne mère de famille, lui a donné une désignation moins traîtresse.

Dans la rue, le monde se mit aux portes pour nous voir passer, car j'avais un compagnon; au numéro indiqué, nous ne trouvâmes pas M. Rivet, et les voisines de la maison, qui nous donnaient ces renseignements (il n'y a pas de portier), nous regardaient avec inquiétude, surtout lorsque je prononçai le nom de Cambriel.

Enfin M. Rivet nous apparut dans une boutique de serrurier. — Ça regarde mon frère, nous dit-il. Et il sortit dans la rue et appela de toute sa voix : « Eh! Rivet? — Qu'est-ce, répondit-on d'un étage supérieur. — C'est des messieurs qui veulent savoir des nouvelles de Cambriel. »

A ce nom, cinquante têtes sortirent de toutes les fenêtres; l'ex-rue Judas connut en entier le motif de notre visite. Nous montâmes au second.

— M. Cambriel! dit le second Rivet, nous ne savons pas ce qu'il est devenu, depuis qu'il ne loge plus dans la maison. Il faudrait aller trouver M. Candy.

— Où demeure M. Candy, demandai-je?

— A Lyon, répondit M. Rivet.

— C'est un peu loin.

— Oh! la course en vaut la peine, dit M. Rivet; vous verriez un homme qui ne mourra jamais.

— Vraiment?

— Oui, M. Candy a été ressuscité par M. Leriche, qui était l'élève de M. Cambriel, et M. Cambriel lui a bien promis qu'il vivrait jusqu'à l'avénement de Jésus-Christ.

— Pardon, monsieur, dis-je à M. Rivet, qui me paraissait un honnête homme plein de bon sens; est-ce que vous croyez à une telle prolongation de la vie ?

— Si j'y crois! me dit-il ; mais j'y crois, aussi vrai que vous êtes là... Vous m'auriez dit ça avant l'événement que je vous aurais répondu : Va te faire... Pardon, monsieur. J'aurais dit : Cet homme-là, qui me dit de pareilles sottises, me prend pour un autre ; mais allez trouver M. Leriche et vous reviendrez en criant au miracle.

— Où demeure M. Leriche?

— Attendez ; il est maréchal-ferrant et il était, à cette époque, rue du Faubourg-Saint-Antoine...

— Quel numéro, s'il vous plaît ?

— Ah! je ne sais pas le numéro, me dit M. Rivet.

— Je trouverai difficilement M. Leriche ; le faubourg Saint-Antoine est trop long à visiter maison par maison...

— Ça ne fait rien à la chose, Monsieur, continua M. Rivet ; je l'ai tant entendu raconter à M. Cambriel que c'est tout comme si je l'avais vu. M. Candy, lyonnais, lors de son premier voyage à Paris, il était âgé alors de dix-huit ans, avait une danseuse de l'Opéra pour maîtresse. Une maladie le prend; il devient si mal que les assistants le virent mort. Sa bonne amie, désolée de sa perte, va trouver M. Leriche, qu'elle savait avoir fait revenir d'autres personnes à la vie ; il se rend tout de suite à la maison du mort. Étant au moment de monter l'escalier, une personne qui descendait lui dit, le prenant pour un médecin : « C'est inutile de monter, M. Candy est mort. — Puisque je suis ici, répond M. Leriche, je vais monter. — Ce qu'il fit; il vit le cadavre, le toucha et le trouva froid dans toutes les parties du corps, sauf au creux de l'estomac, où il restait encore un brin de chaleur. Alors M. Leriche dit : « Il y a de l'espoir! » Vite, il fait faire un grand feu, prépare le tout, chauffe le corps et le frotte partout de la médecine universelle, inventée par M. Cambriel et dissoute dans l'esprit-de-vin. Une heure et demie après avoir opéré, il présente un miroir à la bouche du mort, lequel fut taché de son haleine, ce qui lui fit dire : « Il vivra ! » Il fait chauffer le lit, et quand le malade eut donné une plus forte marque de retour à la vie, il l'y fit mettre dedans ; continua à lui administrer intérieurement un peu de la médecine universelle, et l'homme qu'on allait enterrer fut rétabli en vie. Depuis il s'est toujours bien porté; il a 84 ans à l'heure qu'il est; il ne peut plus mourir, la preuve c'est que M. Candy fit deux voyages en Égypte, il y attrapa la peste avec l'équipage; tout l'équipage mourut, M. Candy guérit sans prendre aucun remède.

— Vraiment, lui dis-je.

— Oui, Monsieur, et quand vous passerez place du Chevalier-du-Guet, n° 6, demandez à tout le quartier s'il n'a pas vu M. Candy, qui était alors mécanicien, travailler à l'âge de quatre-vingt-deux ans comme dans sa jeunesse, et avec des cheveux noirs.

Toute cette conversation avait un peu détourné le but de ma visite; en regardant cette chambre meublée d'une façon très-bourgeoise, j'aperçus un cadre contenant une page d'écriture à l'encre rouge.

— Oh! je garde ça précieusement, me dit M. Rivet, c'est écrit de la main de M. Cambriel et je n'ai que ce souvenir de lui.

Je m'approchai et je lus :

« La pierre philosophale (qui n'est aujourd'hui regardée que comme une folie aux yeux d'un trop grand nombre d'hommes) ne peut se faire que par la réunion du sang (ou des esprits métalliques) contenu dans les natures. Pour l'obtenir, il faudra (comme il est dit par Nicolas Flamel) égorger, assassiner plusieurs innocents (je parle des métaux ayant vie), pour tirer d'eux et le pousser de puissance en acte, ce sang vital dont nous avons besoin, lequel nous devons mettre (après qu'il aura été séparé et bien dépuré de ses parties charnelles et terrestres) dans les bouteilles à long col, pour obtenir de lui la panacée et la poudre de projection que nous désirons, laquelle nous ne pourrons posséder qu'après avoir égorgé plusieurs innocents. »

— Vous avez beaucoup connu M. Cambriel, lui demandai-je? Avait-il de quoi vivre?

— Hélas! Monsieur, le pauvre homme se privait de tout pour acheter du mercure et un tas de drogues sans pareilles. Il sortait tous les matins et allait aux quais acheter des tas de livres; souvent aussi, on lui apportait de chez un libraire qui s'appelle Guillemot.

— Je le connais, lui dis-je.

— Eh bien! M. Guillemot pourra vous donner aussi des renseignements sur son compte. Il y avait encore un vieux prêtre, l'ancien chapelain de Louis XVIII; l'abbé Sausse, qui venait souvent voir M. Cambriel. Il paraît qu'il cherchait depuis trente ans la pierre philosophale; mais *monsieur* ne s'entendait pas avec lui. Monsieur Sausse avait rassemblé, disait-il, beaucoup de rayons de soleil ; je vous avertis, monsieur, que je n'y entends rien, je vous dis ça comme je me le rappelle. Un jour, M. Cambriel lui dit : — L'abbé, vous êtes le plus avancé de tous ceux que j'ai connus cherchant le livret d'or du Révisan; mais précisément parce que vous avez trouvé cela, vous ne parviendrez pas à finir la pierre philosophale.

— Et pourquoi, demanda M. l'abbé, si j'ai déjà les rayons solaires qui sont la *forme* et le *mâle*.

— Vous comprenez bien, Monsieur, continua M. Rivet, que toutes ces paroles étaient de l'hébreu pour moi. Seulement, je me disais : M. Cambriel est plus savant que toi, écoute-le, et sois poli avec lui. Ah! qu'il s'en donnait du mal, le brave homme! il passait des nuits à souffler, à forger, à fondre... Ça sentait quelquefois mauvais à empester le quartier. J'en ai connu qui disaient : c'est un sorcier ; mais moi, qui le voyais tous les jours bon, donnant tout ce qu'il avait, voulant bien perdre son temps à nous écouter, vous pensez si je l'ai défendu contre ces imbéciles qui appellent un homme sorcier, parce qu'il lit dans des livres grecs... Enfin, il y a deux ans, M. Cambriel était devenu dans un état de santé affreux ; il tomba malade. Alors tout le monde de ma famille fut aux petits soins pour lui. En cherchant dans ses meubles, nous trouvons... rien... que des croutes de pain. Je n'ai pas voulu voir aller à l'hôpital un si digne homme; je me suis dit : « Tu iras plutôt! »

— Vous ne croirez pas, Monsieur, ce que je vais vous dire : Le médecin avait ordonné des drogues. On lui achète tout... des drogues chères. Eh bien! je le surprends une nuit : au lieu de les boire, il les mettait dans des creusets au feu, et voulait faire de l'or avec.

« Alors un matin, qu'il souffrait davantage, il me dit d'écrire à sa famille qui demeurait à Saint-Paul de Fenouillet. Je reçus quelques jours après de l'argent et l'ordre de l'envoyer dans une maison de santé près de Meaux, dont ses parents connaissaient le médecin.

« Le jour de son départ, M. Cambriel me dit : — Écoute, Rivet; tu recevras inévitablement des lettres pour moi. J'ai écrit en 1820 à M. de Gabriac, sous-préfet du Vigan, et en 1823, à Mgr le prince de Condé; je sais qu'ils me répondront un jour ou l'autre... Il le faut. Tu m'enverras leurs lettres; et alors je te donnerai le *moyen de faire une grosse fortune.*

— Et puis? demandai-je à M. Rivet.

— On m'a dit que M. Cambriel était devenu...

M. Rivet hésitait.

— Était devenu? repris-je.

— Ah! dit-il d'un air chagrin; c'est les personnes qui ne le comprennent pas et qui veulent qu'il n'ait plus tête à lui.

CARNEVALE

Vous connaissez tous le *chien Berganza*, d'Hoffmann, ce chien si philosophe, ce chien si fin, ce chien si observateur, qu'il devient un chien de génie. Il *jappe* ces quelques phrases :

« Sous un certain rapport, chaque esprit, quelque peu original, est prévenu de *folie*, et plus il manifeste de penchants *excentriques* en cherchant à colorer sa pâle existence matérielle du reflet de ses visions intérieures, plus il s'attire de soupçons défavorables. Tout homme qui sacrifie à une idée élevée et exceptionnelle, qu'a pu seule engendrer une inspiration sublime et surhumaine, — son repos, son bien-être et même sa vie, — sera inévitablement taxé de *démence* par ceux dont toutes les prétentions, toute l'intelligence et la moralité se bornent à perfectionner l'art de manger, de boire, et à n'avoir point de dettes. »

Ces quelques lignes d'Hoffmann sur l'*excentricité* furent pour moi une illumination. Depuis lors je me suis défié des accusations de *folie* que l'on jette si gratuitement à la tête du premier venu.

Où est la route qui sépare la raison de l'excentricité, l'exentricité de la folie?

Il savait bien ce qu'il faisait, le grand Hoffmann, en se cachant sous la peau du chien Berganza; il prenait lui-même sa défense avant de mourir. Walter Scott, cet antiquaire froid, n'attaquait-il pas d'une façon inepte les œuvres du poëte, que son imagination protestante ne pouvait pas comprendre? Et, de nos jours, Hoffmann n'est-il pas traité par ses admirateurs de romancier *fantastique*, tandis que ce fantastique n'est autre que de la réalité la plus réelle?

. . . .

Entre tous les habitués que recèle la Bibliothèque royale, et qu'on voit tous les jours d'étude régulièrement de dix à trois heures, les étrangers s'arrêtent avec surprise devant un homme penché sur son travail sans lever la tête. Cet homme est habillé d'une petite veste rouge éclatant, d'un pantalon étroit, court, à pont, rouge, d'un gilet rouge et de pantoufles, rouges aussi. Autour de son cou flotte une décoration inconnue, — un grand cordon bleu moiré. Près de ses papiers, de ses livres et de ses journaux sur la table, gît un chapeau de paille dont le ruban est remplacé par une chaînette d'acier; à cette chaîne pendent quelques fleurs artificielles aussi fanées que des fleurs naturelles, des grains d'Amérique, des verroteries, du clinquant, enfin les ornements chéris des sauvages ou des bourgeois du temps des breloques de montre, ou des paysans qui reviennent en pèlerinage de Notre-Dame de Liesse.

L'inconnu est âgé ; ses cheveux rares sont blancs, sa barbe grise. Sur sa belle figure amaigrie courent des sillons nombreux qu'ont dû creuser les larmes. — La pluie creuse les grès !

Trois heures vont sonner au cadran de la Bibliothèque. Les employés remettent en place les livres. Chacun se lève. L'inconnu prend son chapeau de paille et sort. Il monte la rue Richelieu et parcourt la ligne des boulevarts jusqu'à la Madeleine, sans être même suivi par les curieux. Cependant son costume est étrange.

Par hasard un provincial le regardera avec des yeux inquiets ; peut-être le suivra-t-il quelques minutes ; mais, fatigué de marcher seul à la suite d'un homme vêtu de rouge, il s'arrêtera et demandera, l'imagination tourmentée par ce grand cordon qui ne peut appartenir qu'à un prince ou un ambassadeur étranger :

— Quel est cet homme? — C'est Carnaval (1). — Ah ! dit le provincial la bouche ouverte par l'étonnement que lui cause le nom. Et il s'éloigne en disant : — C'est un fou.

On pourrait croire en effet que Carnevale est un surnom. Le costume est dans la gamme du nom. Et le peuple parisien a bien assez d'esprit pour se faire le parrain d'un original. N'est-ce pas les dames de la halle qui avaient surnommé les marchands de vinaigre les *limonadiers de la passion?*

(1) En France nous disons Carnaval ; mais le véritable nom est *Carnevale.*

Mais on se tromperait ici. Carnevale est un nom sérieux, un nom réel ; Carnevale est bien le fils de Carnevale père. Son frère est un des prêtres les plus remarquables de l'Italie ; il réside à Naples et s'appelle aussi Carnevale.

Ainsi tombent les arguments de ceux qui, ne pouvant pas contester la réalité du nom, prétendront peut-être que ce nom a dû influencer sur le moral de Carnevale.

Il vint à Paris vers l'année 1826. Il arrivait d'Italie avec quelque peu de fortune. Ses compatriotes le reçurent à merveille ; puis il disparut. On n'en sut que plus tard la cause. Carnevale était devenu amoureux ; il perdit la femme qu'il aimait : ce lui fut un coup de foudre.

Tous les jours il allait au cimetière prier sur la tombe de la défunte. Le gardien remarqua qu'il tirait de sa poche un papier en forme de lettre et qu'il le cachait près de la pierre. Aussitôt après le départ de Carnevale, on alla à la cachette et on trouva cinq lettres dont trois étaient devenues indéchiffrables à cause de l'humidité ou de la pluie. L'avant-dernière n'était qu'un billet. Quant à celle qu'il venait de déposer, elle fut donnée, ainsi que les autres, à M. B....i un riche Italien qui s'intéresse à tous ses compatriotes, qui fut le premier à retrouver les traces de Carnevale, et qui nous a permis d'en copier quelques fragments. La voici telle que la traduction, — car elle était écrite en italien, — peut la reproduire fidèlement :

« AMIE ,

» Vous ne me répondez pas. Vous savez cependant

que je vous aime... Est-ce que les distractions de *l'autre* pays vous font oublier? Ce serait mal, bien mal. Voilà déjà cinq jours, cinq longs jours que j'attends de vos nouvelles. Je ne dors plus, ou, si je m'assoupis un peu, c'est pour rêver de vous.

» Pourquoi ne m'avez-vous pas laissé votre adresse? Je vous aurais envoyé vos robes, vos habits... ou bien plutôt, ne me les redemandez pas, laissez-les-moi, de grâce. Je les ai mis sur des chaises, et il me semble que vous êtes là, dans une pièce à côté, et que vous allez entrer pour vous habiller. Et puis ces vêtements, qui vous ont touchée, embaument ma petite chambre; alors je suis heureux en rentrant.

» Je voudrais avoir votre portrait, mais bien fait, bien ressemblant, qui puisse rivaliser avec l'autre ; car j'en ai un autre ; il est dans mes yeux, et celui-là ne s'altérera pas. Que je ferme les yeux, que je les ouvre, je vous vois toujours... Ah! mon amie, qu'il est habile le grand artiste qui veut bien me laisser ce portrait!

» Adieu, amie; répondez-moi demain, aujourd'hui si vous le pouvez. Si vous êtes trop occupée, je ne vous demande pas une page ni une ligne, trois mots seulement. Dis-moi seulement que tu m'aimes.

» Carnevale. »

M. B.....i crut à une mélancolie douce dont chaque jour devait dévorer une parcelle, et il pria le gardien du cimetière d'enlever quotidiennement les lettres à mesure que Carnevale en apporterait; mais M. B.....i se trompait. Carnevale tomba dans un morne désespoir en voyant que son amie ne lui répondait pas. Il cessa de revenir au cimetière après avoir écrit trente lettres.

C'est alors que, passant sur le boulevart, il s'arrêta devant un marchand de nouveautés qui avait à son étalage des étoffes d'un ton vif. En les voyant, Carnevale sourit, et il entra dans la boutique acheter quelques aunes de chacune de ces étoffes.

Huit jours après, il parut sur le boulevart tout habillé de rouge. On le suivit et il rentra chez lui avec un cortége d'au moins cinq cents personnes.

Le lendemain, il traversa le même boulevart, vêtu entièrement de jaune. Les flâneurs, les gamins, coururent après lui et continuèrent à lui servir de gardes du corps.

Le surlendemain, il était habillé bleu-de-ciel. Ce nouveau costume n'inquiéta pas autant la curiosité ; cependant il occasionna encore un attroupement, quoique moins nombreux.

Jusqu'à l'année 1830, Carnevale apparut aux habitants du boulevart dans des habits d'une coupe et d'une couleur originale. On s'habituait à lui, et il s'habituait aux curieux. La révolution de 1830 arriva; le 28 juillet, Carnevale traversait les quais à peu près habillé comme Henri IV. Il ne voyait personne à cette époque, ne lisait pas les journaux, et était loin de se douter que Paris était en pleine révolution. Il fut tout d'un coup arrêté par une bande d'insurgés armés de fusils et de sabres.

— Voilà un carliste, enfin. — C'est un prince, dit-on.

Carnevale les regardait fixement.

— Il faut le mener au poste. — Non, nous n'avons pas le temps, il faut le descendre. — A la Seine, le prince ! crièrent plusieurs voix.

Déjà quatre bras vigoureux s'apprêtaient à l'enlever lorsqu'un cocher de fiacre, passant, s'écria :

— Eh ! arrêtez, les autres ! — Qu'est-ce que tu veux, toi ? — Pourquoi voulez-vous faire boire un coup à ce pauvre homme ? — C'est un carliste. — Eh non c'est Carnevale. .

Les insurgés se regardèrent et prétendirent que cet homme voulait insulter à la révolution en se présentant dans les rues vêtu en *Bourbon*.

— Vous ne voyez donc pas, dit le brave cocher, que cet homme est fou ? Il se promène comme ça sur les boulevards, dans cet harnachement, depuis un temps infini.

Cette explication satisfit pleinement les insurgés, et Carnevale fut ramené en voiture par le cocher qui craignait qu'un nouvel accident n'eût pas des suites aussi heureuses. Tout le long du chemin, il répéta tellement à Carnevale : *Vous l'échappez belle !* que celui-ci finit par comprendre que Paris n'était pas aussi calme que de coutume. Aussi, le lendemain, reprit-il ses anciens habits noirs, mais la tristesse avec. Il sentit son cerveau se troubler. Il se rappela la mort de son amie. De jour en jour il comprenait que la raison l'abandonnait. Ayant bien réfléchi à ce changement d'humeur, Carnevale alla tout droit sonner à la porte de Bicêtre. Il y resta peu de temps à subir un traitement modéré. Le médecin était tout étonné d'entendre un fou raisonner avec autant de sang-froid sur sa position.

— Faites venir mes habits de couleur, dit Carnevale.

On s'empressa de satisfaire à sa demande. Quand il eut passé une manche de son habit rouge, il était gai comme devant.

— Ce sont les habit noirs, dit-il, qui m'avaient rendu malade. Je ne peux pas voir le noir. Vous êtes bien *fous,* dit Carnevale, de sacrifier à une mode aussi laide. Vous avez toujours l'air d'aller à un enterrement. Moi, quand je suis très-joyeux, je mets mon habit rouge. Il me va si bien... d'autant plus que mes amis sont avertis. On se dit : Tiens, Carnevale est de très-bonne humeur aujourd'hui... Si je suis moins folâtre, vite l'habit jaune... Il ne va pas mal non plus. On sait ce que ça veut dire. Quant à l'habit bleu, je le porte les jours où le soleil est moins brillant, où je suis un peu mélancolique. — Vous êtes guéri, dit le médecin. Habillez-vous ainsi qu'il vous plaira.

Carnevale, dont les petites rentes diminuaient plutôt qu'elles n'augmentaient, songea à se créer un état. Très-connu de ses compatriotes, il se mit à donner des leçons d'italien. Les familles italiennes le préféraient aux jeunes professeurs.

De plus, Carnevale avait trouvé une nouvelle méthode d'enseignement. Il ne se servait ni de corrections, ni de *pensums;* il ne grondait jamais.

— Vous savez bien votre leçon, disait-il aux demoiselles ses élèves, à la bonne heure; demain je mettrai mon costume vert-pomme.

Ou bien, comme punition :

— Ah! vous n'avez pas fait votre thème, je ne mettrai pas mon habit café au lait.

Il récompensait avec ses habits, et cela lui était facile, car il possède près de soixante costumes, chacun d'une couleur appropriée, tous étiquetés et appendus, avec le plus grand soin, dans une chambre où nul autre que lui n'entre.

Ainsi vit-il ce brave homme qu'on traite souvent de fou et qui en remontrerait aux sages. Il n'est pas riche; mais le peu qu'il gagne lui suffit et au delà. Plus d'une fois, il a secouru de pauvres Italiens qui allaient le prier de les introduire auprès des grands personnages de leur pays.

Carnevale connaît tout le monde. Il dîne souvent à l'ambassade italienne, où il tient le haut bout. Les dames lui font cadeau de bijoux sans valeur, de perles, de fanfreluches qui enrichissent sa collection et qui servent à décorer son chapeau.

Tous les matins, il se lève à cinq heures de son fauteuil de cuir, car il ne veut pas coucher dans un lit. Il va au marché, sinon pour lui, du moins pour ses amis. Les marchandes de poisson le connaissent aussi bien qu'il se connaît en poisson. Il n'y a pas à Paris de cuisiniers plus habiles que lui pour choisir le poisson.

Les achats sont destinés à la table des artistes des Italiens, qui l'aiment infiniment. Pour lui, sa cuisine est bientôt faite; un plat de pommes de terre qu'il accommode lui-même, et il se met aussitôt après en course.

Il est bien rare qu'en sortant de la Bibliothèque Carnevale ne rencontre pas quelqu'un et ne lui prenne le bras; alors ce sont des conversations, des dissertations, des discussions sans fin sur l'Italie, sur la musique. Ce *quelqu'un*, à qui *il donne le bras*, c'est BELLINI, c'est la MALIBRAN, c'est NAPOLÉON (1).

Après avoir *causé* avec ces illustres personnages, si Carnevale rencontre sur son chemin le ventre de Lablache qui encombre le trottoir, il l'arrête.

— Bonjour, Lablache. — Ah! vous voilà, mon cher Carnevale! — Je viens de rencontrer Bellini. — Comment! dit Lablache, la première fois qu'il entendit parler de cette rencontre posthume. — Je vous dis que j'ai causé avec Bellini. — Lequel? dit le chanteur-éléphant. — Lequel, lequel? répond Carnevale, il n'y en a pas deux... Je veux parler de l'auteur de la *Norma*.

Le ventre de Lablache diminuait d'étonnement.

— Mais, Carnevale, vous savez aussi bien que moi que ce pauvre Bellini est mort... — Ah! Lablache, vous êtes fou, dit en s'éloignant Carnevale.

Lablache mit la main sur son ventre pour s'assurer qu'il n'était pas le jouet d'un rêve. Il était habitué aux excentricités de son compatriote, mais l'accusation de folie que celui-ci venait de lui jeter à la tête le surprenait violemment.

(1) Carnevale, que je ne connaissais que de vue, est venu me rendre, après la publication de cet article, une visite. Il paraît que j'avais oublié M. *Laffitte* en parlant des célèbres morts-vivants.

10.

Plus tard il en parla dans une soirée d'artistes.

— Cela n'a rien d'étonnant, dit M. B.....i, Carnevale est venu tout dernièrement chez moi; il quittait Malibran, m'a-t-il dit. Je discutai longtemps avec lui là-dessus, et comme vous, Lablache, il m'a traité de fou. — Mais c'est vous, lui dis-je, qui êtes fou. Carnevale prit son air sérieux et me dit : — Je sais bien que je vous parais fou, mais vous vous trompez. Seulement je suis doué de sens que vous n'avez pas. Vous croyez, pauvres gens, fit-il en haussant les épaules, que Napoléon est mort, et Marie Malibran, et Bellini. Ils sont morts pour vous, je le veux bien; mais pour moi jamais. Je vous assure, disait-il avec la plus grande conviction, qu'ils ne sont pas morts, qu'ils m'aiment et qu'ils me fréquentent. Carnevale m'a fait douter de moi-même, continua M. B.....i; peut-être est-il doué de la seconde vue des Écossais. — En tout cas, me disait un écrivain, M. Pier-Angelo Fiorentino, Carnevale est loin d'être dépourvu du vulgaire bon sens que nous autres, qui n'avons pas la seconde vue, possédons. Il y a dix ans, j'arrivai à Paris et je me promenai dans les Tuileries. Un homme, habillé de rouge, me sauta au cou. C'était Carnevale. Je le connaissais très-peu, alors que j'écrivais en Italie. — Ah! vous voilà, Fiorentino, me dit-il. Un peu effrayé de causer avec cet homme rouge, je l'entraînai sous les marronniers. — Ne retournerez-vous pas un jour à Naples? lui dis-je. — A Naples! répondit Carnevale; mais songez donc qu'il me faudrait être suivi pendant dix ans par les enfants dans mon pays à cause de mes habits. Non, non, je resterai à Paris; le peuple ne s'inquiète plus de mes vêtements de si jolies couleurs, mais il m'a fallu dix ans pour lui faire son éducation.

LES COMMUNISTES DE SAINTE-CROIX.

Bien des voyageurs, qui vont de Paris à Reims, ont dû être fort étonnés de lire sur les maisons auprès de Corbeny, cette inscription :

A bas les communistes!

A Paris on y est habitué. La garde nationale, et plus particulièrement celle de la banlieue, a défilé devant l'hôtel de ville en poussant ce cri; mais est-il possible que le vent ait apporté cette menace à trente-cinq lieues de Paris?

Heureusement toute diligence porte avec elle son cicerone, le postillon... Demandez-lui raison de l'inscription.

— C'est les gens de Sainte-Croix, dit-il; ils ne pensent pas comme tout le monde.

Telle est l'explication que m'a donnée le postillon. Un communiste est un homme *qui ne pense pas comme tout le monde*, définition qui vaut bien celle des vaudevillistes réactionnaires.

— Ils s'appellent Icariens, disent-ils, parce qu'ils essaient de *voler*.

A Corbeny, on n'est guère plus fourni en renseignements sur les communistes de Sainte-Croix.

Les uns disent : « C'est un village *qu'il* faudrait y mettre le feu aux quatre coins. »

Les autres : « C'est un tas de brigands qui mettent le trouble dans le pays. On les a assommés dernièrement; mais il faudrait recommencer tous les jours. »

Ce manque de charité ne m'éclairait pas; enfin une personne un peu plus sensée me dit :

— Avez-vous remarqué à un quart de lieue de Corbeny deux tuileries? Eh bien! la seconde appartient au père Laurent, le chef des communistes de Sainte-Croix.

— Ils sont donc nombreux, vos communistes?

— Assez comme ça... il y a quatre familles; pour commencer, la famille Laurent père et fils, tuiliers; il y a aussi la famille Cologne dont l'homme est un ancien voiturier; et puis il y a la famille Trichet. Enfin il y a le marchand de tabac, un nommé Royer; quant à lui, on ne sait pas trop s'il est communiste, **mais sa femme,** une vraie *madame J'ordonne*, est communiste pour deux.

— Qu'est-ce que font ces communistes, demandais-je?

— Ah! on ne sait pas trop... Ils reçoivent des coups d'abord. Gare à eux quand ils sortent de leur village;

les gens d'Amifontaine ne les aiment guère; et les gens de Montaigu les aiment encore moins.

— Vivent-ils en commun?

— Non, ils ne font que chercher à ramener des gens de leur bord; les Laurent sont en relation avec les communistes de Reims qui sont commandés par un ancien huissier nommé Butot; ils voient aussi quelquefois des communistes de Saint-Quentin; c'est un de ces deux pays-là qui leur aura fourré le communisme dans la tête. Avant la révolution, le tribunal de Laon avait fait une descente à Sainte-Croix, chez les Laurent; on a saisi pas mal de brochures et de journaux. Si le procès avait eu lieu, ceux de Sainte-Croix auraient paru sans doute comme témoins dans l'affaire de Saint-Quentin; mais les Laurent ont beaucoup perdu à se mêler de communisme; ils fournissaient des briques à tous les pays d'alentour, depuis on ne veut plus leur en acheter.

— Alors, dis-je, il n'ont pas grand intérêt à se faire communistes.

— Ce n'est pas l'intérêt qui les guide, me répondit l'habitant de Corbeny qui voulait bien me donner tous ces renseignements; la meilleure preuve, quand M. Cabet fut poursuivi par le parquet de Saint-Quentin, il vint dans le pays et annonça qu'il partirait à telle heure par la diligence. Les communistes de Sainte-Croix et de Reims étaient venus au-devant de lui et l'attendaient en haut de la montagne de Festieux. M. Cabet n'avait pas pris la voiture à l'heure dite; toute la troupe part à pied pour Reims où devait être offert un grand banquet au chef des communismes icariens. Il y a dans ce pays-ci un homme appelé Thomas qui se trouva placé vis-à-vis M. Cabet, au banquet. Il revint comme fou. « Tout le temps du repas, disait-il, *mes pieds ont touché les siens,* je ne suis pas fortuné, mais, vrai, j'aurais bien acheté ma place 200 francs. » Vous voyez par là, Monsieur, de quel dévouement ces hommes sont capables.

— Je ne serais pas mécontent de causer avec vos communistes, dis-je?

— C'est facile, Monsieur, il n'y a qu'à demander la maison Laurent.

Je pris le chemin du village de Sainte-Croix, et m'étant fait indiquer la maison du chef des communistes, je m'y présentai.

— J'ai entendu parler de vos doctrines, des souffrances que vous avez endurées pour la cause, et j'ai désiré vous voir, dis-je à Laurent, en arrivant chez lui.

On m'invita à m'asseoir, et on m'offrit un verre de vin.

— Oh! dit en soupirant un vieillard qui se leva, si nous avons souffert! Et nous souffrirons encore! Malgré ça je leur pardonne, aux gueux, aux scélérats, aux brigands qui ont essayé de m'assassiner. Lamennais l'a dit : « Le peuple doit longtemps souffrir avant d'être » *hureux.* »

—Il y a beaucoup de la faute du *Journal de l'Aisne* dans tout ça, dit le père Laurent. Il excite les paysans contre nous; il y a des villages où on ne reçoit que le *Journal de l'Aisne.*

La famille et diverses personnes présentes se répandirent en imprécations contre le *Journal de l'Aisne.*

Après quoi on trinqua de nouveau.

— A la fraternité ! s'écria le fils Laurent.

Chose bizarre! Le fils Laurent s'appelle Jean-Baptiste, et c'est lui l'apôtre le plus dévoué du communisme.

— Comme dit Cabet, reprit le père Laurent en tenant son verre en l'air, adoptons, pratiquons, propageons le principe chrétien de la fraternité; tirons-en toutes les conséquences, et nous arriverons à l'organisation sociale la plus parfaite et la plus capable de réaliser complétement le salut et le bonheur de l'humanité.

Pendant que tous les buveurs portaient des toasts *à la fraternité,* je m'étais approché d'un cadre renfermant un portrait et je reconnus que le toast si long, prononcé par le père Laurent, était écrit en légende sous le portrait de M. Cabet, et que cette légende était extraite du *Voyage en Icarie.*

— C'est le portrait du maître, dit Jean-Baptiste l'apôtre... Ah! il nous a bien servi ce portrait... Sainte image! nous te devons de ne pas avoir dans nos rangs un renégat.

Ceci voulait une explication; elle ne se fit pas attendre. Jean-Baptiste Laurent prit la parole.

— Nous n'étions que six communistes pour commencer, dit-il, et Cologne, qui voyageait dans le département, cherchait à faire des prosélytes. Il revint un jour en nous disant qu'il avait décidé le joueur de violon de Bouconville à suivre nos doctrines. Ce n'était pas un homme fort avancé en raisonnement que ce musicien. Je pensais qu'il ne serait pas bon de lui mettre tout de suite entre les mains les livres de M. Cabet ; mais, pour commencer, je dis à la femme Roger, le marchand de tabac, de prêter au joueur de violon un almanach icarien. Le joueur de violon se mit à lire et à relire l'almanach ; il ne comprenait pas bien, il se fait donc communiste ; mais voilà les gens de Bouconville qui se moquent de lui en lui disant des bêtises : que le communisme était le partage égal des biens. Cet imbécile de musicien va trouver un arpenteur du pays et lui demande combien il y a à peu près d'arpents de terre dans la commune. L'autre lui répond : Il y a tant d'arpents. Bon, que se dit le musicien, nous sommes tant d'habitants, il y a tant d'arpents, ça nous fait à chacun douze arpents de terre.

« Jusque-là, il n'y avait pas trop de mal ; mais le soir, à la danse, il boit un coup de trop... Il s'en va au cabaret avec un tas d'autres ivrognes et il leur dit : « Dans quelque temps, nous aurons notre fortune tous, je ne vous dis que ça. » Voilà des hommes intrigués qui veulent savoir le fin mot de l'affaire. Si bien, qu'il leur lâche son secret, c'est-à-dire que les riches allaient payer pour les pauvres, qu'il y aurait égalité de biens, et que chaque homme de Bouconville serait propriétaire de douze arpents de terre. Le lendemain, la nouvelle s'étant répandue dans le pays, on interrogea le violon, on le menaça, il avoua qu'il nous fréquentait et qu'il avait cru au communisme. Ça été fini pour lui ; on voulait le chasser du village ; alors, il a dit qu'il se repentait, et il a même jeté au feu devant des témoins l'almanach icarien que la femme Roger lui avait prêté...

Quant à ça, je le blâme, il devait rendre l'almanach ou le payer... Mais six mois après, il arrive que le violon, je ne sais comment, s'était endetté à Bouconville et fut forcé de quitter le pays. Il passa par ici; moi, je le savais à Sainte-Croix et je ne voulais pas le revoir... Un vil renégat qui renie pour un rien une doctrine aussi fraternelle! Mais je suis obligé de lui pardonner, tout le monde vient à la maison; c'est d'abord Trichet qui me dit que le violon est un homme un peu simple et qu'il a cédé au premier mouvement; et puis, Cologne vient parler pour lui. Mon père non plus ne voulait pas le recevoir.

— Ma foi non, dit le père Laurent, malheur à celui qui a mangé des fruits de l'arbre de fraternité, comme dit Pierre Leroux, et qui les crache sans en comprendre la douceur.

— Enfin, reprit Jean-Baptiste, il est convenu que nous nous réunirons tous à la maison, que nous entendrons le musicien, et que nous verrons s'il faut lui pardonner. J'avais fait dresser la grande table; nous étions assis autour. Quand le coupable entra, je lui présentai tout d'un coup le portrait de Cabet. — Tiens, lui dis-je, renie ton maître, si tu l'oses! Il fondit en larmes et avoua ses torts. « Pauvre Cabet, s'écria-t-il, je te retrouve! » Depuis, il est devenu un communiste tout à fait intelligent.

Un personnage à barbe blonde, qui n'avait pas parlé jusqu'alors se leva et dit :

— Je ne vois pas Cologne... Si nous allions chez lui?

— Au fait, ça promènera monsieur, dit Jean-Baptiste Laurent en s'adressant à moi, allons chez Cologne.

Cette visite à Sainte-Croix eut lieu un dimanche. Tout le village était sur les portes à regarder ces six personnes dont trois étaient inconnues, mais qui devaient être foncièrement communistes, par leur seule accointance avec les Laurent.

Ainsi il y avait trois communistes en habit noir et trois communistes du village : Des trois communistes en habit noir, l'un était important, le citoyen Butot, chef des communistes de Reims, personnage grave, d'une physionomie peu avenante, mais pleine de contentement personnel. Avec le citoyen Butot était venu de Reims un second communiste plus communicatif, mais non gradé.

Je m'étonne de ces titres de *chef* et de *capitaine*, — Jean-Baptiste Laurent est capitaine des communistes de Sainte-Croix ; — car ces grades hurlent dans une association qui veut l'Égalité la plus absolue. Les Saint-Simoniens tournèrent plus adroitement la difficulté en appelant *frère,* leur supérieur. Mais s'il fallait relever tous les non-sens, toutes les niaiseries de ces socialistes de campagne, on n'en finirait pas.

La bande arriva chez Cologne, dit *Doudoux ;* ce surnom n'a rien de commun avec la physionomie très-accentuée de l'ex-voiturier.

La maison de Doudoux Cologne semblait avoir été mise au pillage ; on n'y voyait pas de trace de mobilier. Dans une salle du rez-de-chaussée, une femme raccommodait du mauvais linge. Un enfant triste remuait par la chambre ; la soupe cuisait dans un pot placé sur des cendres mornes.

Aussitôt entrés, la femme alluma son fallot et alla chercher du cidre. Ce furent des trinquements sans pareils. Pour le communisme, on en parla à peine, excepté qu'il fut question du journal de M. Cabet!

— Avez-vous reçu le *Populaire* d'aujourd'hui, demanda Doudoux Cologne?

— Vous savez bien, dit Laurent, Jean-Baptiste, qu'on ne l'apporte de Corbeny qu'à quatre heures.

— Voilà le *sonneux* qui passe, dit la citoyenne Cologne.

— Vite, appelle-le, qu'il voie Butot.

Le *sonneux* de cloche entra et reconnut tous ses amis; il vint à moi et me salua d'une façon particulière, comme s'il m'avait connu depuis longtemps. Je crus que cet homme m'avait vu à Laon.

— Vous allez bien, me dit-il.

— Très-bien.

— Et vous voilà revenu dans le pays?

Ce mot *revenu* m'inquiétait.

— Ah! s'écria le sonneur, je vous prenais pour Fouillard.

— Il est loin Fouillard, dit Jean-Baptiste Laurent.

— Fouillard est plus heureux que nous, reprit le citoyen Butot.

Je me demandai quel était cet heureux Fouillard? Il paraît, je l'ai su plus tard, que Fouillard, de Reims, était parti avec les émigrants Icariens pour l'Amérique, quelques jours avant la révolution.

Après divers propos, la bande se remit en route pour la maison de Roger. Je n'étais pas fâché de connaître ce marchand de tabac dont la femme avait embrassé si chaudement la cause du communisme.

Le marchand de tabac était porteur d'une petite figure ridée qui disparaissait dans les plis d'un énorme bonnet de coton. Au contraire, sa femme était une grosse personne, bourrée de santé : on voyait tout de suite, en elle la *cheffe* du ménage.

— Seigneur, voilà Fouillard, dit-elle, en s'approchant de moi, comme pour me sauter au cou.

Si on n'avait pas retenu cette trop aimable communiste, ma ressemblance avec Fouillard n'aurait pas eu cette fois des suites trop déplorables. La demoiselle Roger alla chercher du vin, nous étions huit ou dix à trinquer. On trinque beaucoup en communisme.

— Vous n'avez rien à me prêter à lire, demanda le communiste Roger à Jean-Baptiste Laurent.

— Vous savez bien, répondit-il, que le tribunal de Laon m'a tout saisi... Il faudra qu'un de ces matins j'aille les redemander au juge d'instruction.

— Celui-là, dit Cologne, qui a voulu me narguer! Je m'en souviendrai longtemps. Quand ils sont venus faire l'interrogation, il y avait sous la porte charretière deux hommes qui battaient le blé : « Combien qu'y gagnent vos hommes, me demanda le juge ? — Ma foi, Monsieur, que je lui réponds, ils gagnent vingt-cinq sous. » Et vous, me dit le juge, est-ce en gagnant vingt-cinq sous par jour que vous avez acheté vos chevaux, vos voitures, votre maison? — Non, que je lui dis. — Voilà-t-il pas que le juge d'instruction me dit que je n'étais pas communiste. Quelle farce ! — Je lui demande le pourquoi. Il me dit alors que si le blé que je fais battre me rapporte cent francs, supposons, il faut que je partage mes cent francs en trois parties, une pour moi et une pour chaque batteur. » Ce raisonnement-là m'a surpris un moment, ajouta Cologne.

— Je lui aurais fièrement répondu, dit Jean-Baptiste Laurent.

— Ce n'est pas tout, dit Cologne ; je ne me laisse point du tout pincer comme ça par les gens de la ville. Ils sont bien malins, tous les juges, mais je lui ai dit : « Attendez un peu que nous soyons en Icarie et vous verrez. »

— Je voudrais déjà être partie, soupira la communiste Roger.

On quitta la maison du marchand de tabac pour aller rendre visite à Trichet ; chaque maison fournissant de nouveaux communistes, la bande se grossissait. Qu'est-ce que Trichet ? Trichet m'a paru un communiste très-ordinaire, un homme modeste, jouant le rôle d'*utilité* dans cette mesquine comédie.

Cependant, arrivés à sa porte, nous entendions de grands éclats de voix ; un homme chantait :

Lazare, sors de ton *linqueil*.

Il rangeait le mot linceuil dans la famille orthographique des cercueils ; l'homme qui chantait était Trichet ; à part sa bizarre façon de prononcer le mot *linqueil*, Trichet n'avait pas d'angles saillants.

Chez lui, comme chez Laurent, comme chez Cologne,

comme chez Roger, on but et on trinqua. Affreux mélange de piquette rouge, de cidre et de piquette blanche!

L'un des communistes de Reims proposa d'entrer un moment à l'église; c'était une plaisanterie de sa part, le communisme n'admettant qu'une religion, celle de M. Cabet, qu'une adoration, celle de M. Cabet. Mais le desservant de Sainte-Croix n'étant pas présent, on décida qu'on retournerait chez les Laurent, aussi bien il était l'heure de dîner.

A peine à table, la servante apporta *les* POPULAIRE, car il n'y avait pas moins de *sept* exemplaires du journal de M. Cabet. Comme on déchira les bandes avec frénésie! La soupe fume. Bah! vile nourriture du corps à côté de ce morceau de papier nourrisseur de l'âme.

Il y avait six convives autour de la table, six lecteurs du *Populaire!* Tout ce monde-là avalant le premier Paris à la place de la soupe, mangeant pour premier plat, un solide article de fonds, pour second plat, un entre-filet, et pour dessert, les Nouvelles diverses.

Et ils mêlaient tous leurs plats comme des gens mal élevés; l'un parlait du premier Paris, celui-ci suçait la moelle de l'entre-filet, l'autre mâchait l'article de fonds, celui-là émiettait les nouvelles diverses et les jetait comme des boulettes de pain à la tête des convives.

Ah! le mauvais repas! J'aime mieux manger du roats-beef que du communisme. Les Icariens me servaient du bouilli d'aussi mauvaise qualité que leurs doctrines. Un fait-Paris émut beaucoup l'assemblée. Le *Populaire* racontait que madame Cabet étant assise dans le jardin du

Palais-Royal, une bande d'enfants était passée près d'elle en criant : « *A mort Cabet !* »

Le *Populaire* déplorait très-sérieusement la mauvaise éducation qu'on donnait à ces enfants et les coupables maximes que les *vils réactionnaires* leur mettaient dans la tête. La famille Laurent, le citoyen Butot et Cologne étaient indignés contre ces enfants. Ces innocents villageois ne soupçonnaient pas qu'ils mangeaient en ce moment un canard aussi féroce que les serpents de mer si connus du *Constitutionnel.*

Braves gens au fond que ces Laurent ! Ils sont communistes sans savoir pourquoi. Je comprends très-bien leur enthousiasme exagéré, leur religion pour le communisme et son inventeur. Cet enthousiasme est fils de leur ignorance. Qu'ont fait toute leur vie les gens de Sainte-Croix ? — Ils ont cultivé la terre, fait de la brique. Un jour on leur met entre les mains des livres dont les doctrines au premier abord paraissent généreuses. Dans ces sortes de livres, l'*humanité sera sauvée* aussitôt la mise en pratique des théories. Mais il faut des fonds pour soutenir *la bonne cause.*

Je me rappelle cette lettre d'une ouvrière à M. Cabet :

« Cher citoyen,

» Je crois qu'il est inutile de garder du superflu
» quand notre Icarie a besoin de tant de choses. Je vous
» offre pour l'avant-garde ou pour tout ce que vous ju-
» gerez convenable, quatre matelas, quatre paires de
» draps, douze serviettes. Ainsi, bon père, je tiens ces
» objets à votre disposition (1). »

(1) *Populaire* du mois de décembre 1847.

D'autres offraient à Icarie des montres d'or, des ciseaux, des plants de vigne, des casquettes, des encriers pour les écoles, des fusils de chasse, un Walter-Scott complet, des marteaux et des clous. Si on doutait de ces dons, qu'on relise le journal de M. Cabet d'avant la révolution.

Les esprits naïfs croient facilement à toutes ces religions, à toutes ces utopies, vieilles comme le monde, mais auxquelles on remet de temps en temps des guenilles avec un peu de fard.

Les gens de Sainte-Croix se sont laissés prendre au communisme comme les alouettes au miroir.

Ce qui est incompréhensible c'est que le bien qu'ils ont, ils l'ont amassé péniblement à la sueur de leur front. Dans les villes, telles que Saint-Quentin ou Reims, on comprend que des hommes qui n'ont pas de position, se fassent les agents de pareilles doctrines; ils ont tout à gagner.

Mais au village où la vie est douce et facile, quand on a amassé quelques petites rentes pour mourir tranquillement, se faire communiste !

Je croyais, moi, que les Laurent qui ont une certaine aisance, avaient été trouver les pauvres du village et leur avaient dit : « Vous n'avez rien, partageons. »

C'est simple et évangélique.

Point. Ils ne veulent qu'une chose, vendre leurs terres, leurs prés, leurs maisons et partir en Icarie.

— Pourquoi partir en Amérique ? — « C'est que la civilisation a tellement perverti l'esprit de la France qu'on ne peut y essayer de vouloir le bonheur univer-

sel. » Toujours des phrases! Toujours des grands mots!
Le bonheur universel! Aidez votre voisin, venez à son
secours, s'il a besoin de vous, et vous aurez contribué
au bonheur universel.

Le petit village de Sainte-Croix est dans une situation
charmante, perdu au milieu des bois. On croirait que
tous les habitants doivent y être heureux; mais le
communisme qui a passé par là a changé la physionomie des habitants.

Je n'ai pas retrouvé les paysans fumant leur pipe,
causant de la récolte, s'inquiétant des grains; les fermes
sont tristes, les villageoises ne causent plus sur le devant de la porte.

Ces pauvres d'esprit envient le sort des heureux partis
pour l'Icarie. Qu'ils partent à leur tour! Ils pleureront
plus d'une fois leur petit village de Sainte-Croix, perdu
au milieu des bois.

JUPILLE

I

Chaque révolution amène après elle un troupeau de réformateurs, d'apôtres, de dieux, qui, tous, ont un petit drapeau dans la poche :

« SAUVONS L'HUMANITÉ ! »

L'humanité a toujours repoussé ces singulières médecines, et ne s'en porte que mieux.

L'humanité se purge elle-même, comme les animaux, et se rit de tous ces rêveurs, qui sont de purs allopathes, hydropathes et homœopathes socialistes.

Les réformateurs forment deux classes, l'une comique, l'autre sérieuse. Au fond ils sont tous un peu comiques ; mais quand ils réunissent un certain nombre d'adeptes, alors le système devient chose importante, chose à plans, chose à règlement, chose à argent.

Pour moi je préfère ces pauvres utopistes qui clament

dans le désert, qui *sauvent l'humanité* seuls, sans néophytes, sans journaux, et qui ne dînent pas de leur religion.

Ceux-là sont plus nombreux qu'on ne le pense; on les coudoie à toute minute dans la rue, sans se douter qu'on a coudoyé un réformateur. Un homme qui se connaît en religion, ayant desservi tour à tour chaque autel nouveau, M. Raymond Brucker disait en 1832 : « On ne peut pas ouvrir sa fenêtre sans cracher sur un apôtre. »

A cette classe de réformateurs ignorés appartient l'apôtre Jupille.

Je l'ai découvert après une heure de recherches, en plein soleil, dans une boîte à un sou du quai Malaquais. Un apôtre dans une boîte veut une explication.

Jamais un réformateur ne reste inédit; aussi jaloux qu'un poëte de ses vers, il faut qu'il publie une brochure. Tôt ou tard elle va prendre l'air frais des quais et ne monte jamais plus haut que deux sous; quelques bouquinistes ont poussé le rabais jusqu'à en donner deux pour un sou.

La brochure Jupille coûtait un sou; mais cette dépense n'est pas exagérée quand, en feuilletant les pages, on tombe sur un tel passage :

« L'oignon est l'œil de l'homme.

» Dieu a laissé à l'oignon une sensibilité si touchante pour nous, que, quand nous l'épluchons, il nous fait verser des larmes comme pour nous dire combien il en a dû verser avant de se réduire au point où nous le voyons.

» Si l'homme eût seulement étudié un oignon, je suis

sûr qu'il lui aurait trouvé autant de tuniques que dans l'œil : il aurait vu que la sensibilité de l'oignon avait un rapport naturel avec ses yeux.

» Il y a des oignons de toutes couleurs, comme il y a des yeux de toutes couleurs. »

Le passage est joli ; mais une crainte me vint, ce fut d'avoir déterré un fouriériste, car cet oignon, image de l'œil, sent fort l'*analogie*.

Heureusement Jupille n'était pas phalanstérien, mais plutôt le disciple, le continuateur de M. Gleïzès, lequel a bâti son système à l'aide des doctrines pythagoriciennes.

Les utopies ne brillent pas par la nouveauté. Madame Niboyet s'appelait Lysistrata, et Aristophane a ri bien avant nous du club des femmes.

M. Gleïzès fut pendant quarante ans un détracteur acharné de la viande. Il publia plusieurs volumes fastidieux pour chanter le *régime des herbes*. Jean-Jacques Rousseau donna un peu dans ce travers ; mais l'auteur de l'*Émile* ne joignait pas, ainsi que M. Gleïzès, la théorie à la pratique.

M. Gleïzès se sépara de sa femme qu'il aimait, uniquement parce qu'elle ne voulait pas renoncer à la viande. L'auteur de *Thalysie ou la nouvelle existence* croyait d'autant plus à son système, qu'une nuit il fut réveillé par une voix qui lui criait : « *Gleïze* veut dire *église*, sois prêtre de cette église. »

Tous ces singuliers personnages entendent des voix mystiques ; et ces voix font loi.

M. de Gleïzès mourut après avoir publié huit à dix

volumes; comme il vivait à l'écart, aucun disciple n'était venu à lui. Ce fut seulement après sa mort que parut la brochure de Jupille-*le-Thalysien.* Jupille accola cette épithète à son nom, moitié par respect pour le souvenir de son maître, moitié pour rappeler les fêtes de Cérès, qui consistaient en offrandes de fruits et de blés.

Il ne suffit pas de trouver la brochure d'un excentrique, il faut trouver l'excentrique. C'est dans ses ouvrages surtout qu'il est curieux de surprendre l'auteur à chaque ligne, d'étudier ses manies, de fouiller sa vie privée; mais, malgré la seconde vue que possèdent quelques rares lecteurs, cette seconde vue, qui fait de tout livre sérieux un confessionnal où vient s'accuser l'auteur, on aime à voir la *preuve* de son intuition.

J'ai souvent entendu des curieux, désappointés d'avoir vu de grands hommes, prétendant que ces écrivains ne ressemblaient pas à leurs livres; sans doute, au premier coup d'œil, il est difficile de saisir les rapports de l'homme et du livre; mais une demi-heure de conversation suffit, et *toujours* le livre sera la réflexion exacte de la physionomie de l'homme. Lavater dessinait des portraits d'écrivains qu'il n'avait jamais vus, et ils ressemblaient!

Malgré mon violent désir de rencontrer l'apôtre Jupille, je n'en entendis plus parler. Un des plus précieux bibliophiles parisiens (il a la manie de collectionner tous les livres *fous*), ne connaissait pas d'autre brochure du disciple de Gleïzès que celle que j'avais achetée.

La révolution de février arriva.

Alors parurent des placards étranges, des brochures bizarres ; l'une de ces brochures avait pour titre :

AUX GOURMANDS DE CHAIR !

J'en citerai quelques passages :

« Mangeurs de viande, lisez ! Vous n'êtes pas des hommes, vous êtes des animaux. Jésus-Christ ne mangeait pas de viande : la viande est ATHÉE !

» Les fruits contiennent seuls la vraie religion. La pomme et la noix ne vous suffisent-elles pas ?

» Regardez les bouchers ; ils sont faits à votre image, mangeurs de viande ; car votre bouche a la couleur du sang répandu.

» Je frémis quand je vois à son comptoir une rouge bouchère : son teint est *carnassier*. Tous les jours le gaz nutritif des pauvres animaux éventrés entre dans ses pores. Ce que vous appelez *jolies couleurs* est le fruit du massacre d'innocents animaux.

» N'avez-vous jamais senti le doux arôme des fleurs ! Eh bien, le parfum des herbes est plus frais encore.

» Le régime des herbes est l'antidote de tous les maux : l'homme est brûlé par la viande ; le bœuf, le mouton, le veau calcinent son estomac. Ainsi est-il puni de sa voracité carnivore.

» Adam n'a pas été châtié pour la cueille d'une pomme. Il a été puni pour s'être nourri d'un animal mis à mort méchamment.

» Mangez des herbes et vous respirerez ce parfum exquis d'innocence inconnu aux gourmands de chair.

» JUPILLE-LE-THALYSIEN,
« 77, rue du Cherche-Midi. »

Tels sont les principaux articles du mémoire de l'élève de Gleïzès, qui fut distribué gratis dans tout Paris, huit jours après la révolution de février. Dans un *nota*, il engageait les personnes, qui désireraient se convertir à *l'innocence*, à venir s'entretenir avec lui.

Je courus au numéro 77 de la rue du Cherche-Midi, et je fus surpris de ne trouver qu'une simple et modeste boutique de *fruitière;* mais l'étalage tout simple était disposé avec une science particulière.

Un gros chou, plein d'orgueil, étalait son ventre rebondissant; ce chou avait autour de la tête une couronne virginale d'œufs frais. Les oignons à la robe changeante, ne montraient pas la *touchante sensibilité* dont Jupille a parlé dans sa première brochure. Tout au plus faisaient-ils cligner l'œil par leur enveloppe miroitante. Les navets s'avançaient en pelotons serrés, soutenus par l'arrière-garde des œufs rouges. Au-dessus apparaissait menaçant un accent aigu rouge, la carotte.

Le lait et la crème dormaient dans des jattes de terre vernie. Tout cela était entremêlé d'herbages verts qui servaient à harmoniser ces couleurs un peu crues. Les boutiques de fruitières sont, en général, d'un aspect consolant; celle-là aurait tranquillisé les âmes les plus chagrines.

J'entrai dans la boutique pour demander des renseignements sur *mon* excentrique. Un homme vint à moi, Jupille.

L'apôtre Jupille était *fruitière*.

Singulier homme, qui avait mis en pratique son système! Plus singulière encore était sa physionomie.

Combien de grandes dames envieraient le teint rose et blanc, de sang et de lait de Jupille! On trouvait dans cette physionomie quelques-uns des traits qui annoncent la cinquantaine; mais la jeunesse semblait revenir sur ses pas.

— Eh bien! me dit l'apôtre, vous regardez comment je me porte? Comme un charme, Monsieur, comme un charme. Je rajeunis tous les jours depuis que j'ai quitté la viande sanglante... Ah! monsieur, je suis léger, si vous saviez, je ne sens plus mon corps.

Jupilla souffla en l'air.

— Je n'ai qu'une peur, dit-il, c'est d'être emporté comme une paille par le vent... Vous, vous êtes un croqueur de viandes, un *mâchillonneur* d'os; du poison, monsieur. Vous ne vivrez pas longtemps. Il n'y a pas à dire, vous m'appellerez peut-être fou, et vous ne serez pas le premier, les herbes sont la seule nourriture de l'homme. Tenez, les crieurs des rues ne sont pas des gens bien instruits; ils ne raisonnent pas. Qui est-ce donc qui les force depuis une éternité à crier : *Le cresson, la santé du corps!* Ce n'est pas moi, à coup sûr; ce n'est pas le maître, M. Gleïzès... on le criait bien avant qu'il ne vînt au monde.

— Votre nouvelle brochure vous a-t-elle amené quelques prosélytes? lui demandai-je.

— Non, dit-il, et au fond je n'y tiens pas. Ah! si j'avais le moyen, mon système réussirait bien vite. Je ferais comme l'homme au petit manteau bleu, je donnerais à dîner gratis; il ne manquerait pas de pratiques. Ma cuisine rentrerait entièrement dans les idées de M. Gleïzès ; mais il faudrait être riche. J'ai donc acheté cette boutique de fruitière, et je suis heureux comme un roi.

» Toute la journée je ne vois que des pauvres gens qui achètent des légumes ; je sais bien que ce n'est pas la bonne volonté qui leur manque... Ils mangeraient volontiers de la viande. Moi, je les prêche de mon mieux, et je vends presque à prix coûtant. On ne saurait en manger assez, de légumes ! Il vient aussi des cuisinières de bonne maison, des filles ignorantes, elles m'écoutent cependant ; je ne dis pas qu'elles comprennent toujours. Je leur ai donné des recettes particulières de ma composition, des sauces honnêtes avec lesquelles on ferait manger des herbes à un mort ; ça réussit. On va moins chez le boucher depuis que je suis établi dans cette rue ; pour moi on y va encore trop. Je ne suis pas méchant, mais mon grand bonheur sera le jour où tous les bouchers feront faillite ; je voudrais les voir obligés de manger leurs bêtes, et puis finir par se manger entre eux. »

L'apôtre Jupille me raconta longuement ses théories sur les animaux : selon lui, l'homme avait perdu les animaux, et il expliquait ainsi les instincts carnassiers du tigre et de la hyène. Il avait demandé, me dit-il, l'autorisation de soumettre à une nourriture particulière les lions, les ours et les aigles du Jardin-des-Plantes. Il se faisait fort de les amener à l'*état d'innocence*, de même que l'homme, en leur faisant manger des herbes.

L'entretien dura quatre heures, quatre heures d'une conversation étonnante.

Je ne quittai qu'à regret l'apôtre Jupille.

— Eh! me dit-il, la prochaine fois que vous passerez par ici, tâchez de n'avoir pas déjeuné.

— Pourquoi?

— Je vous ferai goûter de mes *sauces honnêtes*.

II

Il m'est arrivé plus d'une fois d'entrer trop avant dans les *idées* des excentriques et d'en enrichir mon *moi*.

J'ai découvert la quadrature du cercle. J'ai trouvé le mouvement perpétuel. J'ai fait de l'or. Je me suis promené dans Paris avec un petit cercueil sous le bras.

Chaque nouvel être bizarre que je rencontre dérange ma vie pour quelques jours; j'entre dans sa peau, je souffre de ses douleurs, je me réjouis de ses joies, j'invente ses inventions.

Les théories de Jupille, sur le régime des herbes, avaient modifié mes idées sur la viande.

— Dieu le veut, m'avait dit l'apôtre. Est-ce que la Bible ne dit pas : « C'est une ordonnance perpétuelle dans vos logis et dans toutes vos demeures, que vous ne mangerez point de graisse ni de sang. » Je vous recommande, en rentrant chez vous, continua Jupille, d'ouvrir la Bible ; elle est pleine de citations qui confondront votre *crime*.

Effectivement, l'apôtre avait raison. Je lus un passage d'Isaïe qui confirmait presque son système :

« Le loup demeurera avec l'agneau, et le léopard gîtera avec le chevreau ; le ver et le lionceau, et le bétail qu'on engraisse, seront ensemble, et un petit enfant les conduira.

» La jeune vache paîtra avec l'ourse, leurs petits gîteront ensemble, et *le lion mangera du fourrage comme le bœuf.*

» Et l'enfant qui tette s'ébattra sur le trou de l'aspic, et l'enfant qu'on sèvre mettra la main au trou du basilic.

» On ne nuira, et on ne fera aucun dommage à *nul être vivant* dans toute la montagne de ma Sainteté, parce que toute la terre aura été remplie de la connaissance de l'Éternel, comme le fond de la mer des eaux qui le couvrent. »

Ce passage me rappela d'où provenaient les théories de Jupille, qui prétendait ramener les ours, les lions et les tigres à leur état primitif d'innocence.

Mais un autre fragment de l'Évangile expliqué par saint Jérôme était encore plus significatif :

« Alors des Pharisiens vinrent à Jésus et lui dirent : Est-il permis de manger de la chair des animaux ? Les Esséniens, quoique Juifs, n'en mangent pas, et soutiennent que c'est un crime d'en manger.

» Il répondit et leur dit : Qu'est-ce que Moïse vous a commandé ?

« Ils dirent : Moïse a défendu de manger la chair de certains animaux, mais il a permis l'usage des autres.

» Et Jésus leur répondant leur dit : Il vous a donné cette permission à cause de la dureté de votre cœur.

» *Car ce n'était pas ainsi au commencement.* Au commencement Dieu fit un homme et une femme, il les plaça dans le paradis terrestre pour qu'ils se nourrissent de tous les fruits que les arbres portaient, à l'exception d'un seul que Dieu se réserva. L'homme désobéit, il fut chassé du jardin ; mais Dieu n'avait pas créé l'homme pour qu'il fut meurtrier. Vous ne mangerez donc pas de chair, si vous voulez faire la volonté de votre Père qui est dans les cieux. »

Il est vrai que la Bible dit ailleurs que saint Pierre vit en rêve beaucoup d'oiseaux sur un filet et *qu'une voix lui ordonna de manger* toute cette *viande*.

Je n'ai jamais été grand partisan des explications bibliques de Voltaire ; et ceux-là qui, au lieu de se nourrir de cette grande poésie mystique de la Bible, cherchent à l'éclairer avec de mauvais *rats* fondus dans leurs étroits cerveaux, ceux-là sont de pauvres natures avocassières.

La Bible peut paraître se contredire, mais ces contradictions ne sont qu'à l'épiderme, dans les mots.

— Jupille, pensais-je, m'expliquera peut-être ce passage.

— Ah ! vous voilà, malfaiteur de la nature, me dit-il en riant.

— Je suis presque converti, lui dis-je.

— Ce n'est pas possible ?

Il me regarda attentivement.

— Vous avez encore mangé de la viande, continua l'apôtre. Ne mentez pas ! Je le vois dans votre œil... il n'a pas la douceur des amis de l'herbe... Et votre nez ? C'est la chair qui vous l'a déformé. Pourquoi vos parents ne vous ont-ils pas nourri comme une jeune chèvre ? A cette heure, votre nez serait plus fin, plus coquet, plus gentil. Une douce alimentation aurait chassé bien des vices, bien des passions; le contraire est arrivé : la viande vous a rendu criminel. Chaque vice, chaque passion s'est greffée sur votre figure, et il faut un bien habile jardinier pour vous rendre joli... Au moins, ne vous formalisez pas, me dit-il.

— Il n'y a pas de quoi, lui répondis-je; il suffit que je ne ressemble pas à un notaire.

Alors j'expliquai à l'apôtre mes hésitations à propos du passage relatif à saint Pierre.

— Et vous n'avez pas compris, s'écria l'apôtre, que cette voix qui lui ordonne de manger de la viande n'est qu'un rêve d'estomac creux, une pensée soufflée par le démon, une vision infernale... Que vous êtes jeûne ! Parce qu'un homme a eu faim, le christianisme sera-t-il bouleversé, le monde sera-t-il perdu ? Jésus-Christ ne mangea jamais de viande.

— Pas même aux noces de Cana ? dis-je.

— Pourquoi plutôt aux noces de Cana qu'ailleurs ? reprit Jupille.

— Il m'avait semblé que, dans quelques tableaux, les peintres...

— Les peintres! demanda l'apôtre, qu'est-ce que c'est que ça? les peintres n'ont jamais été des autorités historiques... — Que pensez-vous de l'ail? dit Jupille en changeant de conversation.

— J'ai été élevé dans une sainte horreur de l'ail; dans ma province, on ne connaît pas les piments. Il est important de vous dire que depuis je me suis bien corrompu; un peu d'ail dans un gigot me semble nécessaire; j'ai mangé de la viande accommodée à l'*aïoli*; Enfin je me suis engoué un instant de la cuisine provençale, dans laquelle l'ail joue les fort premiers rôles.

— Bon, dit Jupille, vous connaissez l'ail; mais croyez-vous sentir les parfums de l'Orient quand vous sortez de vos cuisines provençales? Non, n'est-ce pas? Eh bien! je vais vous expliquer pourquoi ce légume laisse des souvenirs désagréables. Les mauvais esprits ont réussi à s'introduire dans les gousses d'ail; vous les mangez, l'ail se venge en vous laissant de mauvaises odeurs. C'est ainsi que se trahit sa colère.

Je regardai fixement l'apôtre; la *colère* de l'ail dépassait les bornes de l'excentricité. Jupille resta sérieux.

— Vous arriverez à ces idées, me dit-il; au premier abord, elles paraissent insensées : mais il n'y a que le premier pas qui coûte. Au fait, puisque vous voilà, vous aller goûter de mes sauces honnêtes. Il est trois heures et demie, je vais m'y mettre, et nous dînerons ensemble. Allez-vous quelquefois vous promener à la halle de très-bonne heure?

— Non, je me lève trop tard.

— Je vous dis ça, parce que j'y suis allé aujourd'hui même...

En ce moment une servante entra dans la boutique de Jupille, qui fut obligé d'interrompre la conversation.

— Voilà une de mes élèves, me dit-il, en courant à la boutique.

— Eh bien! mon enfant, demanda l'apôtre-fruitière, comment madame a-t-elle trouvé les tomates?

— Ça a réussi, dit la servante; il y avait justement quelques personnes à dîner. Il n'en est pas resté le quart d'une sur le plat.

— Je crois bien, dit Jupille... Votre *roux* était-il cuit convenablement.

— Oui, et si bien que madame m'a recommandé de lui faire un pareil plat de tomates deux fois la semaine.

— Bon, dit l'apôtre en se frottant les mains, venez donc demain, je vous montrerai une recette pour accommoder les châtaignes. Ah! le divin plat!... Qu'est-ce qu'il vous faut aujourd'hui, mon enfant?

— Une livre de beurre, une escarolle, des noix.

— Voilà, ma belle, du beurre jaune comme de l'or; il sortirait tout fait de la vache qu'il ne serait pas plus pur.

Après le départ de la servante, Jupille reprit sa conversation!

— Je vous parlais de la halle, me dit-il parce que j'ai remarqué aujourd'hui la différence qui existe entre les dames du marché aux poissons et les dames du marché aux légumes. Celles qui vendent des légumes sont moins insolentes... Voyez pourtant la mauvaise influence que peut apporter la chair de poisson, toute faible qu'elle soit, dans les habitudes d'un individu. Jamais les femmes du marché aux légumes n'appelleront merlan une personne qui les fatiguera en marchandant.

— Je ne vois rien d'extraordinaire là-dedans, lui dis-je, le mot merlan doit venir facilement à la bouche de celles qui en vendent... Mais croyez-vous que les fruitières ne me traiteraient pas sans façon de melon, si je m'avisais de discuter trop longtemps sur le prix d'une botte de radis ou d'autre chose.

— Détrompez-vous, me dit l'apôtre; vous partez d'un système faux. Oui, en général, les dames de la halle ont un gros langage et emploient certaines épithètes qui n'ont cours qu'au marché des Innocents; mais je vous répète qu'il faut faire exception pour les marchandes qui vendent des légumes ou des fruits. Elles ont le caractère plus facile; leur teint aussi est meilleur.

— Eh! je vous comprends bien, surtout depuis mon déménagement. Je passe maintenant tous les jours par le quai du Marché-Neuf et je n'avais pas remarqué une cruelle dissonance qui est sortie du cerveau d'un employé de la Ville. Porte à porte avec la Morgue, se trouve un marché aux fruits et aux légumes.

— Ah! s'écria Jupille, je ne me fournirai jamais dans cet endroit-là!

— Eh bien, ce que j'appelais tout à l'heure *dissonnance* n'est qu'une douce compensation de la Providence : elle aura soufflé à un employé de faire placer près de la Morgue un marché aux légumes; et il aura

12

obéi à cette influence mystérieuse, sans se douter qu'il corrigeait, par une chose consolante, un monument plein de désespoir. La Morgue, avec sa façade grise et bourgeoise, serait terrible se dressant seule sur le quai; heureusement l'œil s'arrête sur ces petites boutiques de fruitières qui font oublier les cadavres d'à côté.

— Très-bien, me dit l'apôtre.

— Et ces boutiques sont charmantes; vous n'en verrez nulle part de pareilles; dans le temps les fruitières se protégeaient contre le vent, la pluie et la grêle par toutes sortes d'inventions déguenillées, de parapluies rapiécetés; dans cette rue les boutiques ont un toit uniforme, des toiles vertes cirées que la pluie ne peut traverser. Le jour s'arrête devant ces toiles; et vous ne sauriez vous imaginer dans quelle tranquille obscurité lumineuse les légumes et les fruits sont plongés.

— Oh! j'irai voir ça, me dit l'apôtre; c'est en ornant et en désinfectant Paris qu'on changera les mœurs du peuple... Êtes-vous républicain? me demanda-t-il.

— Je n'en sais rien.

— Cependant remercions la République d'avoir planté les arbres de la liberté.

— C'est vrai, lui dis-je; j'aurais voulu les voir tous repousser... Mais je n'approuve pas les emblèmes en rubans, les devises.

— Moi, non plus, dit Jupille, il faut des arbres naturels qui ne crient pas trop liberté, égalité, fraternité, trois beaux mots, mais qui ne seront jamais vrais.

Pendant toute cette conversation, l'apôtre Jupille allait à ses fourneaux en préparant la cuisine. Déjà on entendait les grésillements de ses sauces honnêtes. L'arrière-boutique se parfumait d'odeurs délicates.

Je regardais avec curiosité Jupille qui, de temps en temps, secouait avec précaution, dans ses casseroles, de petits cornets de poudre.

— Qu'est-ce que vous faites-là, lui demandai-je?

—Ah! c'est mon secret; je vous dirais le nom de toutes ces poudres que vous n'en seriez pas plus avancé... Laissez faire la cuisson et vous m'en direz des nouvelles. Peut-être un jour publierai-je un manuel de cuisine thalysienne... Ça ne sera pas compris, me dit-il en soupirant. Il y a trop d'écrivains de cuisine. Les scélérats! Passer toute leur vie à déployer un grand talent pour jeter du poison dans le corps de leurs frères. Voilà ce qu'ont fait les grands cuisiniers!... Monsieur, s'écria-t-il tout d'un coup, ma soupe va trop vite, je parle trop.

L'apôtre se précipita sur la marmite, l'enleva du fourneau, jeta des cendres sur le charbon et replaça doucement le vase de fonte.

— Je tiens, dit-il, à vous corrompre... et il faut vous offrir quelque chose d'extraordinaire; car, je le sais, la viande a du charme, mais la viande est une syrène. Quand elle est habillée avec toutes les coquetteries de la cuisine française, il est difficile de lui résister. Pour les légumes, ce sont de francs mets, grossiers, un peu paysans, mais il vous conservent la vie... Voyez le chameau, il vit un siècle; voyez l'éléphant, il vit deux siècles. Pourquoi? Parce qu'ils ne mangent pas de viande.

— Le père de M. de Balzac, dis-je à l'apôtre, était

un original qui doit vous plaire. Tous les matins il se levait de bonne heure, allait dans les bois ; il faisait une rude entaille dans le corps des jeunes arbres, et buvait avec avidité la séve de ces arbres. Il prétendait vivre cent cinquante ans au moyen de cette boisson (1).

— Il avait tort, dit l'apôtre ; les herbes suffisaient, et il n'avait point besoin de détruire de jeunes pousses pour en extraire le suc... Mais permettez-moi de vous quitter un instant pour mettre la table, la soupe est cuite.

En un instant la table fut dressée, couverte d'une nappe blanche, les cuillers étaient en étain, mais les assiettes de faïence peinte et la propreté exquise faisaient passer par-dessus tout.

Un panache de fumée sortit de la soupière.

— Je ne vous en sers pas beaucoup, me dit l'apôtre, peut-être ne l'aimerez-vous pas... Prenez garde de vous brûler.

C'était simplement de la soupe aux herbes et aux légumes; mais Jupille n'obéissait pas aux lois de la julienne qui coupe en mille menus morceaux les carottes, choux et navets; au contraire, autant qu'il était possible, chaque légume avait conservé sa personnalité.

Depuis longtemps je n'avais mangé de soupe aussi *innocente;* elle me rappelait par sa pureté certains jours heureux d'enfance.

Après la soupe, Jupille tira du feu un vase en cuivre

(1) Une seconde prédiction de M. de Balzac père n'a pas mieux réussi. Il n'avait pas une grande estime pour son fils, Honoré, qui était très-maigre dans sa jeunesse. — « Ce garçon-là n'est bon à rien, disait-il, il ne vivra pas. »

qui n'avait jamais été ouvert : il ôta le couvercle, mit une assiette à la place et renversa le vase. Alors apparut dans toute sa majesté un énorme chou baigné de sueur ; l'apôtre le coupa en quatre.

Cette incision me fit remarquer une matière dorée, sorte de pâte qu'il avait fallu introduire entre chaque feuille.

L'Almanach des Gourmands, de Grimod de la Reynière, *la Physiologie du Goût*, de Brillat-Savarin, ne renferment pas assez de laudatives épithètes culinaires pour rendre l'impression de ce chou. On voyait quelle science profonde et quels raisonnements ce chou contenait ; il avait fallu bien des veilles et bien des travaux pour arriver à une invention si délicate.

Nous mangeâmes le chou à nous deux. C'est le plus grand des éloges. Le plat s'appelait tout simplement : *chou à l'étouffée.*

— Que pensez-vous, dit Jupille, d'un ours qui respirerait une pareille chose?

— Je ne pense rien.

— Eh bien! devant un *chou à l'étouffée*, jamais un ours ne songerait à enlever la douce brebis. L'ours a respiré l'odeur de votre cuisine, et il est devenu sanguinaire... Ah! je rêve aux temps fortunés où le serpent à sonnettes mangerait dans ma main ; alors l'abeille n'aurait plus de dard, les épines rentreraient dans l'écorce des arbres.

Je souriais.

— Fils de Voltaire, s'écria l'Apôtre, voulez-vous des exemples? Quelques animaux ont la voix de leurs victimes, les tigres par exemple. Ces bêtes souffrent; elles n'osent plus parler, craignant d'entendre les gémissements de ceux qu'elles ont dévorés. Leur œil est sanglant, leur démarche inquiète. Croyez-le-bien, ces animaux ont des remords.

— Vos remords sont ingénieux; mais convenez que la nature n'a pas fourré dans la gueule du crocodile des dents menaçantes, dans l'intention d'employer ces dents à croquer des noix.

— Ah! dit Jupille en faisant une pause.

L'apôtre était battu; les dents du crocodile avaient mis en pièces son système. Il tourna la difficulté en passant brusquement à un autre thème.

— Je vous ai promis des exemples, me dit-il. Je connais un savant philosophe qui vit entouré d'animaux; il a, entre autres, un pigeon et un aigle. Il est parvenu à dénaturer leur tempérament. Le pigeon mange de la viande comme une anglaise; l'aigle mange des racines comme un ermite.

— Je suis très-curieux de faire connaissance avec ces exceptions.

— Je vous mènerai chez mon ami, dit Jupille; il vous expliquera son système beaucoup mieux que moi... En attendant, goûtez de ces choux-fleurs.

Les choux-fleurs nageaient dans la fameuse sauce honnête qui avait le ton charmant des roses-thé.

— Le pape n'a jamais rien mangé de pareil, dit l'apôtre.

— Ah! Jupille, je vous remercie bien de m'avoir fait goûter de la cuisine thalysienne.

Le brave homme était enchanté d'avoir rencontré un homme un peu sceptique en manière d'herbes, mais qui cependant comprenait le génie modeste qui se révélait dans chacun de ses plats.

DEUXIÈME PARTIE

LES GRANDS HOMMES DU RUISSEAU

L'ÉLÈVE DE MOREAU

Un de mes grands plaisirs, c'est de rester en contemplation admirative devant certains hommes à existence problématique et mystérieuse, qu'un dramaturge du boulevard a qualifiés de *Bohémiens de Paris*, mauvaise appellation, selon moi, en ce sens qu'elle manque de justesse, de couleur, et qu'elle a des points d'accointance trop semblables avec une autre classe bien autrement relevée, bien autrement distinguée, la classe des *Bohémes*.

Cependant il faut rendre justice à la grande famille des Bohémiens de Paris — puisqu'il n'y a pas d'autre nom, — elle est, en matière de roueries, savante, rusée, et elle pourrait quelquefois en remontrer à Quinola.

L'arbre de cette famille se divise en cinq ou six branches, au bout de chacune desquelles pend une spécialité. Ainsi :

La spécialité *marchand de bijoux contrôlés* par la Monnaie, spécialité très-connue des promeneurs du boulevard, qui a été décrite par nombre d'écrivains, mais de ceux-là qui ne voient pas les muscles sous la chair, et qui se contentent de peindre l'épiderme.

La spécialité *marchand de contre-marques*, branche presque morte, abattue par la hache impitoyable de la police.

La spécialité inqualifiable, sans nom possible... Tous les soirs, à la nuit tombante, quelques hommes groupés au coin des rues du Chantre, de la Bibliothèque, Pierre-Lescot. — On doit comprendre. — Race indestructible et qui tend à s'accroître.

Ces spécialités n'existent que pour le public. Au fond, elles se confondent. Ainsi, tel qui vend des bijoux l'après-midi, fera des tours de cartes à cinq heures, et protégera le soir une Vénus envers laquelle un Vulcain d'occasion emploierait de mauvais procédés.

Cette famille a un signe distinctif qui ferait partout reconnaître un de ses membres : l'œil.

Cet organe double de puissance ; ainsi les deux rayons visuels s'en vont à l'opposé, comme chez les personnes louches. Par exemple, un marchand de bijoux stationné sur le boulevard Montmartre, est penché sur sa petite boîte à bras ; il ne lève pas la tête et il voit ; il ne regarde pas, et il voit en même temps du côté de la Madeleine et de la Bastille. On pourra se faire une idée de cette singulière faculté en étudiant les yeux mobiles des figures de cire ou de quelques figures mécaniques de pendules. Même sans *allumeurs*, les marchands de bijoux, doués d'une telle puissance visuelle, pourraient échapper aux sergents de ville.

L'élève de Moreau fait partie des industriels que nous venons d'esquisser. Il est tireur de cartes de son état, ou, si l'on veut, diseur de bonne aventure. Je le voyais depuis bien longtemps *travailler* sur la place... Au premier abord, il n'a rien d'extraordinaire dans sa personne. Il est petit et rond; sa chemise est blanche avec faux-col, sans cravate, indice de l'homme sanguin; sa redingote noire n'est rien moins que mystérieuse; il a les doigts emprisonnés dans trois bagues; finalement, l'air bonhomme et bourgeois : mais quand on cherche bien là-dessous, on trouve un masque affreux; cet homme a une figure de bourgeois vicieux.

Ses tours ne m'apprenaient rien : le mystérieux de l'affaire était un cabaret borgne où l'élève de Moreau entrait quelquefois avec des inconnus, après la fin de la séance. La séance commençait d'ordinaire à deux heures. Curieux de connaître les mœurs intimes de cette bande, je pris un cabinet particulier avec un de mes amis. Nous restâmes très-longtemps sans que personne vînt nous troubler; la pluie tomba tout à coup. Nous songions à nous en aller, lorsque quelqu'un entra dans le cabinet voisin.

— Vous n'avez personne?

— Non, dit le marchand de vin, qui ne pensait plus à nous.

— Faites-nous monter un litre.

C'était la voix de l'élève de Moreau.

— Gredin de temps, dit-il, ça vous met sur la paille.

13

— Tu te plains toujours, toi, répondit-on ; c'est ceux-là qui ont le plus de *faces*. Regarde voir ma pelure à moi, en v'là une *pane ;* je ne chante pas misère pour ça.

— Parbleu ! ça regarde la Rouge.

— Pschh ! (Il parla très-bas.) La Rouge est pincée au demi-cercle.

— Bah ! pas possible.

— Un peu ! c'te pauvre fille, à propos de l'affaire de Gustave. Surtout, vieux, n'ouvre pas le bec là-dessus.

— As-tu fini !... Me prends-tu pour un chantre ? comment que ça se fait que tu n'es pas là-dedans ?

— Ils ont arrêté la Rouge pour la frime ; ils savent bien qu'elle n'était pas de la bande. Seulement, ils voudraient lui faire cracher tout ce qu'elle sait sur Polydore, sur Louchon, sur le marquis et les autres. Elle dira rien, plus souvent... Après l'*instruc*, elle sortira sain et sauf.

— Tant mieux... Sont-ils adroits pour ça, les brigands, ils en savent plus long...

— Tais-toi, v'là des particuliers qui entrent dans la salle.... Ah ! ma foi, il ne pleut plus, je m'habille, brosse !

Ici l'entretien cessa. Celui qui avait fait ces confidences assez compromettantes était le pitre de l'élève de Moreau, connu dans la bande sous le pseudonyme de Sifflard. Le marchand de vin, qui ne pensait plus à nous, fit une singulière mine en nous apercevant.

Le pitre commençait sur la place son monologue habituel.

— Ah! ah! ah! v'là Frise-Poulet en personne, qui va vous faire rire tout de même... Gare-là, les moutards, faut pas être sur mon nez pour me voir... C'est pas d'embarras, mon nez est assez grand pour qu'on *s'assied* dessus. J'ai t'y pas eu un maître qui m'a chassé de cheux lui à cause de mon nez... Je vas vous conter ça. Auparavant, je vas ranger la salle de spectacle que tout le monde voie.

Sifflard fit le tour du cercle en simulant de boiter, et en faisant mine d'être accroché par les pieds des gamins trop curieux.

— Ah! vous ne voulez pas vous aligner... Gare, je ne vois pas clair, dit-il en fermant les yeux et en faisant tournoyer un bâton, par la grâce duquel il obtint un alignement subit.

— Mon papa s'appelait donc Frise-Poulet, ma maman aussi, ma sœur aussi, et moi aussi... Ah! ah! ça va-t-être drôle, attendez voir! Mon papa était bien placé dans notre village, il avait une haute position, il était plus élevé que le seigneur de cheux nous... Il demeurait dans le clocher.

— Frise-Poulet, qu'il me dit un jour, va voir à Paris si j'y suis.

— Oui, mon papa que je lui réponds. Ça m'allait un peu, ma bonne amie, elle était à Paris et elle m'avait dit comme ça en partant : — Frise-Poulet, quand tu viendras à Paris, je demeure rue du Cœur-Volant.

(Un enfant traverse le cercle.)

— Ah! ça, moutard, tu veux donc que je te mette à la porte. (On rit.) Recommence voir, je t'enlève une aile. Rue du Cœur-Volant, qu'est-ce que c'est que ça, que je dis à mon papa. — C'est une rue comme une autre, imbécile ! — Merci, mon papa, bien flatté du compliment. Pour lors, ma maman me donne un petit paquet blanc et elle me dit : — Prends garde de salir en route ton petit paquet. — N'ayez pas peur, que je lui réponds, j'en aurai ben soin... J'arrive dans une grande ville, ah ! mais une grande ville, grande comme ça.

Sifflard écarte les bras et donne deux soufflets à des gamins. (La foule rit.)

— Ah ! c'est pas ma faute, v'là ce que c'est que de se fourrer dans les jambes du monde... Je demande ma bonne amie... On me dit qu'on ne la connaît pas. Et, si, c'est une grande, non, qu'est toute petite, au contraire. Elle est grosse, après ça, peut-être qu'elle est devenue comme une asperge... Et puis des yeux, c'est-à-dire elle n'en a qu'un, mais quel bel œil, elle est sûre de ne pas loucher. Et une bouche, c'est pas une petite bouche de rien du tout, qu'on ne sait pas si l'on en a ; ah ! non, une grande bouche qui va jusqu'aux oreilles... Et un menton bien pointu, un cou à ravir, et les jambes, par exemple, y en a toujours une qui court après l'autre, et un pied et un... tout ce que vous voudrez. (On rit.) La perfection même, quoi. Ma foi, monsieur, qu'on me dit, je ne la connais pas... Je demande la rue du Cœur-Volant... Si vous voulez arriver aujourd'hui, me répond le particulier, vous n'avez qu'à prendre vos jambes à votre cou. A cause de pourquoi donc ? — C'est à Paris que vous allez ? — Eh bien ! j'y suis à Paris. — Vous êtes à Lyon. Pauvre Frise-Poulet, ah !

—Te voilà encore, paresseux, dit l'élève de Moreau, en envoyant à son pitre un vigoureux soufflet.

— Hi, hi, hi.

— Crois-tu que je t'ai pris à mon service pour raconter des histoires?

— Monsieur, je ne le ferai plus, hu, hu, hu,

— Messieurs et mesdames...

— Ne l'écoutez pas, dit le pitre.

— Qu'est-ce que tu marmottes encore?

— Je dis qu'on vous écoute bien.

— A la bonne heure, Frise-Poulet, et tiens-toi... autrement... tu sais...

— Oui, monsieur, je sais que vous êtes bien coupable.

— Encore?

— Eh bien, je dis que vous êtes bien aimable.

— Messieurs et mesdames, s'écrie le maître avec gravité, j'entends parmi vous des personnes qui disent avec mépris, c'est un tireur de cartes, un diseur de bonne aventure; eh bien, oui, messieurs, je suis tireur de cartes, et je m'en fais honneur... Je suis élève du célèbre Moreau, le même qui a prédit la désastreuse campagne de 1814 à Sa Majesté l'*Empereur* (il ôte son chapeau), permissionné, médaillé par M. le préfet de police (il ôte son chapeau), du département de la Seine, sous le numéro 329... Parmi l'honorable société qui me fait l'honneur de m'environner (il ôte son chapeau), il y en a plus de moitié qui me connaissent d'ancienne date ou de réputation... Celles qui ont eu recours à mon ministère sont priées de déclarer hautement si elles n'ont pas été satisfaites de moi. Que les autres acceptent une de mes cartes, elles verront si je ne leur dis pas tout ce qui leur est arrivé... Je ne cache rien, messieurs ; passé, présent, futur, je dis tout, tout avec la plus grande vérité... Seriez-vous sans place, sans emploi, sans occupation, je vous dirai s'il y a longtemps, pour quelle cause, quand et comment votre position changera... Auriez-vous été volé, pourvu que le vol *n'excède* pas trois jours, je me charge de vous dire ce qu'on vous a pris, comment vous avez été volé... Je ne vous dirai pas seulement la couleur et le signalement de l'individu comme quelques-uns de mes confrères, je vous ferai connaître de plus son nom et son adresse. A messieurs les étrangers, depuis peu dans la capitale, je me charge de leur apprendre depuis quand ils y sont, si c'est pour leur plaisir ou pour affaire, si ils réussiront dans leurs entreprises, et quand ils devront quitter Paris,... à messieurs les militaires ; je leur dirai depuis combien de temps ils sont sous les drapeaux, si c'est pour leur compte ou pour remplacement, quel a été leur numéro au sort,—ce que vous ne trouverez qu'auprès de moi, de moi seul,—ce qui leur reste de temps à faire, si ils auront de l'avancement ou un congé, et ce qui se passe dans leur pays.

« Enfin, Messieurs, je ne cache rien, affaires de commerce, causes civiles et militaires, procès, décès, dots, mariages, succès, héritage, le bien comme le mal, je dis tout avec la même vérité... Je ne vous dirai pas, messieurs, que je ferai votre fortune, vous ne me croiriez pas et vous auriez raison, car si j'avais ce pouvoir, je commencerais par moi. Mais quelle que soit la position où l'on se trouve, sur le trône comme dans l'état le plus humble, des conseils ne nuisent jamais... Avec deux sous, vous n'aurez pas un château ni une maison de campagne, mais vous trouverez près de moi une consultation, des avertissements à l'aide desquels vous pourrez vous tenir en garde contre l'adversité. Mais, direz-vous, j'ai déjà pris des cartes et l'on ne m'a rien dit. — Dans toutes les professions, messieurs, il y a des savants et des maladroits. Est-ce que si votre tailleur vous a mal fait un habit, vous ne voudrez plus en mettre et braver l'injure des saisons? Si j'ose paraître en public, c'est après avoir étudié les ouvrages de nos grands maîtres, après avoir lu le grand Eteilla, les œuvres de Gall et de Lavater... Je n'exerce ici, sur cette place, que pour me faire connaître et distribuer mes adresses. Du reste, messieurs, je le répète, ce n'est pas avec deux sous que vous aurez une maison de campagne ou un château... Deux sous ne vous ruineront pas, et vous pourrez mettre mon talent à l'épreuve. — L'homme d'esprit s'amuse de tout; il n'y a que le sot qui critique sans discernement. Les personnes qui désirent une de mes cartes n'ont qu'à lever la main, la première personne passera la première, et ainsi de suite. Y a-t-il une première personne qui désire une de mes cartes?

— La première personne, reprend Frise-Poulet; il y a de quoi s'amuser.

— Tenez, messieurs et mesdames, pour vous éviter la peine de lever le bras, je vais faire le tour de la société et en offrir à tout le monde. Une fois le tour fait, je n'en remettrai plus.

— Je parie, dit le pitre, que v'la une petite brune qui va en prendre... Ça se voit dans ses yeux.

— Les personnes qui me feront l'honneur d'accepter une de mes cartes, en remettront l'argent à mon jeune homme. Ce sont ses petits profits. Y a-t-il une première personne ?

— Ici, monsieur, dit un *allumeur*.

— La deuxième... la deuxième personne qui en désire... Ne craignez pas, messieurs, qu'on se moque de vous; il n'y a que les sots... C'est un simple passe-temps.

— La troisième pour madame?

— Bien, qui veut la quatrième... la cinquième personne ?

Les cartes se distribuent et sont payées.

— La première, le neuf de carreau, dit l'élève de Moreau en sortant du cercle.

— Le neuf de carreau, passez au bureau, au coin de la borne, dit le pitre.

— Cette carte, monsieur, m'indique que vous êtes né sous une heureuse planète... Vos entreprises réussissent généralement bien. (Le client fronce le sourcil.) Il est vrai que depuis quelque temps, vous n'avez pas le même bonheur; mais c'est que vous avez des ennemis cachés qui cherchent à vous nuire, et ce n'est nullement la faute de votre manière d'agir... Vous avez écrit pour une affaire importante, et vous attendez impatiemment la réponse. (Étonnement de l'auditeur.) Si vous voulez vous donner la peine de m'attendre, je vais dans un instant vous faire le grand jeu, vous dire le nom, l'adresse et numéro de vos ennemis, la lettre que vous recevrez et ce qu'il y aura dedans.

L'élève de Moreau fait entrer le badaud chez le marchand de vin, en demandant une chopine *pour monsieur*. Et il retourne au cercle :

— Le *disse* de trèfle.

La même cérémonie recommence avec une légère variante dans la formule. Le *disse* de trèfle paraît avoir de l'argent, et va droit chez le marchand de vin.

Quand toutes les cartes sont appelées, le pitre commence à raconter ses cyniques histoires pour retenir la foule. Voici ce qui se passe dans le cabaret. Les badauds boivent, causent entre eux en attendant le grand jeu. A la même table qu'eux sont assis les compères qui ont demandé des cartes et qui racontent leur histoire — à charge de revanche. Les souricières les plus naïves sont les meilleures. Tout le monde tombe dans cette banale trappe-à-loup.

Le compère passe naturellement le premier et raconte à l'élève de Moreau les confidences des clients. Aussi, ceux-ci sont-ils fort étonnés d'entendre des révélations forcément vraies; mais le tireur de cartes est habile; il n'en donne qu'un fragment.

— C'est quinze sous, dit-il. Pour quarante sous, je vous en dirai bien davantage.

Si l'hameçon mord, l'élève de Moreau se sert de cartes d'un aspect extraordinaire; elles ont trois fois la longueur des cartes de la régie et sont couvertes de signes hiéroglyphiques. On doit les remuer soi-même, les battre soi-même et les couper de la main gauche. Alors viennent de nouvelles révélations, incomplètes encore.

— Revenez vendredi soir chez moi, rue... et je vous apprendrai des choses bien autrement curieuses. Je vous avertis, c'est 10 francs.

Le client fait la grimace.

— Vous comprenez, monsieur, le vendredi est le jour où les cartes parlent le plus... et il n'y a qu'un vendredi par semaine.

Les clients servis, l'élève de Moreau retourne à son auditoire de la place.

— Je ne recommencerai pas, messieurs, à vous ennuyer plus longtemps... Un seul fait suffira... L'autre jour, un monsieur bien couvert m'aborde. — Entrons chez le marchand de vin, dit-il. On ne refuse jamais ces choses-là. Nous entrons, et le particulier commande un déjeuner complet : des huîtres, des côtelettes, du blanc, tout ce qu'il y a de mieux... Vous ne me reconnaissez donc pas, me dit-il. — Ma foi, monsieur, dans notre profession nous voyons tant de monde. — Eh bien, je suis un tel, riche négociant de Bercy... Vous m'avez sauvé plus que la vie, vous m'avez sauvé l'honneur... — Messieurs et mesdames, ce négociant avait pris sur cette place une de mes cartes. Je lui avais dit de se méfier de certaines personnes; il suivit mes conseils et s'en trouva bien. Y a-t-il quelques personnes qui en désirent encore?

Alors les séances reprennent leur cours chez le cabaretier, si les chalands se présentent.

Mais l'élève de Moreau se montre dans toute sa splendeur chez lui, quand quelqu'un s'est laissé prendre aux consultations à 40 fr.; il finit par lui raconter la fin des confidences qu'on lui a surprises.

J'ai lu dans la *Gazette des Tribunaux* qu'à la suite d'une de ces consultations, un individu riche eut le tort de montrer une bourse trop bien garnie.

A peine était-il dans la rue, que deux hommes, sortant de la même maison, s'attachèrent à ses pas et le suivirent jusqu'à sa demeure. Le lendemain, l'individu fit sa déclaration au commissaire de police. On répondit que l'élève de Moreau était médaillé et permissionné, ce qui indiquait qu'il jouissait de la meilleure réputation.

CANONNIER

De 1828 à 1834, les galeries du Louvre présentèrent un aspect original. Ce n'étaient que chapeaux pointus, longs cheveux, longues barbes, cheveux ras et vêtements à prétention moyen âge. Tel portrait de Van-Dick crut avoir devant soi son modèle plutôt que son copiste. Quelques moines espagnols eurent une violente envie de descendre de leurs cadres pour converser avec leurs frères.

Canonnier fréquentait cette bande d'artistes chevelus qui faisaient cause commune avec les littérateurs de 1830. Pendant que les littérateurs traitaient Racine de polisson, Canonnier, à la tête de quelques exaltés, ne parlait de rien moins que d'envoyer aux greniers du Louvre les toiles de David, de Guérin et de Girodet. Un jour, il rencontra, dans la Galerie-Française, M. Mauzaisse, qui se promenait tranquille. Canonnier alla droit à lui :

— M. Mauzaisse, je crois?

— Oui, monsieur, pour vous servir.

— L'auteur de *l'Arabe et son coursier*, si je ne me trompe.

— Précisément, répondit le peintre, flatté de voir un jeune homme si bien au courant de ses œuvres.

Canonnier sauta sur l'honnête M. Mauzaisse en s'écriant :

— Je veux mettre fin à tes jours!

Heureusement, les gardiens arrivèrent à temps pour arracher la proie du peintre féroce.

— Mais, jeune homme, qu'avez-vous ? s'écria M. Mauzaisse, quand il vit que son ennemi était tenu solidement par deux gardiens.

— Ce n'est pas à vous, monsieur Mauzaisse, que j'en veux, disait Canonnier.

— Il faudrait faire attention, alors, jeune homme, ces choses-là sont fort désagréables.

— J'en veux à l'auteur de l'*Arabe et son coursier*...

— C'est absolument tout comme.

— J'en veux aux membres de l'Institut. L'homme m'inquiète peu, son pinceau seul m'offusque...

— Jeune homme, dit le membre de l'Institut en s'éloignant, brisez mes pinceaux, je le veux bien; mais n'essayez plus de me briser les membres, à l'avenir.

A la représentation d'*Hernani*, Canonnier eut deux dents brisées; il en montre encore la place avec orgueil.

— Pour un bourgeois, dit-il, il avait la poigne dure.

Dans ce temps-là, il faisait de la peinture *romantique* par excellence; il envoyait, bon an, mal an, au Salon, sept ou huit toiles de toutes les dimensions. Le jury avait l'impudeur de n'en admettre aucune, pas même la plus petite. Ces refus retombaient en malédictions sur les têtes des membres de l'Institut. Les aura-t-on insultés, ces pauvres membres du jury de peinture!

Canonnier priait un de ses amis de lui prêter son atelier pendant le Salon, et il ouvrait une petite exposition particulière. On y voyait généralement des scènes de Faust, de Shakspeare qu'il n'avait jamais lu, des tentations, des sabats, des danses de morts, des scènes de folie et autres sujets à l'usage de l'école romantique, qui croyait avoir le génie de Delacroix en se servant de ses motifs.

Les quelques personnes assez heureuses qui ont pu être admises à ces exhibitions se souviendront souvent de la peinture romantique de Canonnier. L'homme dont parle Hoffmann, qui croyait exécuter sur un violon sans cordes les fantaisies les plus idéales, peut seul faire comprendre le désordre de cette peinture. C'étaient des flots de couleurs, des empâtements exagérés, des déluges de tons crus, violents, des grattages de palette qui étaient censés représenter un sabbat, une danse des morts, ou Faust, ou Ophélia. La peinture de décors, vue de près, aurait paru de la miniature à côté des toiles de Canonnier.

Les amis riaient tout bas, et lui s'intitulait fièrement la *victime des arts*. Il pensa quelque temps à aller rendre visite à Préault, qu'il appelait son frère d'infortune, par la raison que ce sculpteur était aussi constamment refusé; mais quand il apprit que les journaux s'occupaient beaucoup des statues de Préault, qui avait sérieusement du talent, il abandonna son idée de fraternité, s'emporta contre la vénalité des journalistes qui ne s'occupaient pas de lui, et s'écria fièrement :

— « Je ne veux pas descendre à ces moyens. Ce serait traîner l'art dans la boue que d'acheter des éloges. »

Quant à *acheter* des éloges, Canonnier l'aurait désiré, que ses désirs seraient restés à l'état de mirage. Les ressources du peintre étaient tellement impalpables et flottantes, qu'aucun de ses intimes n'en avait jamais eu connaissance. Le peu d'argent qu'on aperçut entre les mains de Canonnier provenait d'un ménage de rentiers qui eut le tort de se faire peindre par lui, en famille. Ce tableau de famille consistait à représenter toute la parenté sur une même toile, avec les animaux de la maison, les toilettes du jour des noces, les fauteuils (dont on avait ôté les housses) et les mille objets d'un usage habituel qui devaient être *reconnaissables*. Les rentiers se grattèrent d'abord l'oreille, en recevant le portrait de famille, qui était en effet quelque chose de fabuleusement réjouissant; mais Canonnier lâcha le grand mot : *C'est romantique!* avec un tel sang-froid, que les bourgeois crurent avoir dans leur salon un chef-d'œuvre. Ils payèrent. L'argent fut immédiatement converti en souliers à la poulaine, en dagues, en toquets et en un magnifique pourpoint de velours violet, évidemment inspiré par celui que portait alors un célèbre critique, M. Théophile Gautier.

Comment on vivait en ce temps-là, on l'ignore. On vivait en cénacle. Si, par hasard, un membre touchait quelque somme, cette somme confirmait la vérité du proverbe, fort dilaté, il est vrai : Quand il y en a pour un, il y en a pour dix. Cependant, Canonnier ne tarda pas à se séparer de ses camarades, qui, sous le prétexte de se venger de la société, agissaient souvent à la façon d'une armée triomphante en pays ennemi.

Un matin, Canonnier et ses amis étaient allés à la campagne, sous prétexte d'admirer la nature; mais la véritable raison était que personne n'avait déjeuné. Chacun d'eux espérait bien trouver un jardin *abandonné;* et, dans tout jardin abandonné, il est possible de tromper la faim. Une lieue peut-être après la barrière, on se reposa sur le gazon, non loin d'une ferme. Une poule passa par mégarde devant le pré.

— Une poule! cria l'un d'eux.

— Elle est bien portante.

— Ah! la belle poule!

— On fait du fort bon bouillon avec de la poule, dit Canonnier.

— Excellent pour l'estomac.

— Il y a bien longtemps que j'ai mal à l'estomac, dit un autre qui amenait la question sous un autre point de vue.

— Je voudrais bien manger de cette poule, avança un second plus audacieux.

— Et dire que nous n'avons pas d'argent, s'écria Canonnier.

L'un d'eux, sans pérorer davantage, lançait comme par distraction, quelques bribes de pain sec oublié dans sa poche. La poule, qui ne trouvait jusqu'alors dans la poussière que des aliments d'une nature peu substantielle, becquetait le pain avec avidité. Peu à peu la poule avançait. Tout à coup, on entendit un petit cri; la poule avait disparu.

— Tiens, où est-elle? dit candidement Canonnier.

Les amis ne répondirent pas et s'éloignèrent au plus vite. A cette pantomime, Canonnier fit entendre un : Oh! de pudeur, qui l'eût fait acquitter par tous les honnêtes gens. Malgré tout, il suivit ses amis.

— J'ai la chair de poule, disait en chemin le porteur de l'animal, qui avait encore la force de faire des jeux de mots.

— Si pourtant la poule avait chanté! dit Canonnier, pâle de frayeur, en passant près des commis de l'octroi.

Quand on fut arrivé au domicile commun, on décida que l'oiseau serait mangé le lendemain avec solennité. La poule fut enfermée soigneusement dans une armoire. Le lendemain, l'étonnement fut grand, la poule avait pondu.

— Tiens, dit l'un, si nous attendions qu'elle pondit de nouveau, nous pourrions l'accommoder avec sa propre ponte.

— Une poule aux œufs, s'écria Canonnier, ce doit être un mets digne des dieux.

— Combien faut-il d'œufs pour faire un mets digne des dieux?

— Il faut au moins deux œufs par tête.

— Laissons l'infortunée jouir en paix de ses derniers jours de soleil, dit Canonnier; aussi bien, dans l'armoire, sentirait-elle le renfermé.

On laissa la poule folâtrer à l'aise dans l'atelier; cependant quelques jours avant sa mort, Canonnier entreprit de la faire *poser*, prétendant que la nature était très-difficile et très-coûteuse à se procurer. La malheureuse poule servit de modèle. On ne vit plus alors accrochées au mur de l'atelier, que des études de poule au crayon, à l'aquarelle, au pastel, à l'huile. Le matin du festin arriva enfin; la poule avait *rendu*, suivant l'heureuse expression d'un des membres du cénacle. La poule en était arrivée au chant du cygne et se promenait pour la dernière fois, lorsque deux maigres chats, gris et allongés, attirés par leur instinct carnassier, entrèrent par la porte entre-bâillée, se précipitèrent sur le faible volatile et l'étranglèrent. Canonnier, qui était là, vit le danger; d'un bond il ferme la porte, arrache le cadavre de la gueule des chats, puis, prenant un énorme bâton, il les assomme.

Ce fut un repas splendide que celui-là! — Les deux chats y figuraient et y faisaient fort bonne mine, dit-on. Mais le lendemain, au grand étonnement de tous, Canonnier déclara qu'il quittait le cénacle.

— J'ai trop de remords, s'écria-t-il; le triste sort de ces malheureux animaux m'a ouvert les yeux. Je les ai tués, j'étais dans mon droit, ils attentaient à notre propriété... Mais nous-mêmes n'avons-nous pas le même crime à nous reprocher; les mânes de cette poule ne crient-ils pas vengeance?

— Allons, Canonnier, tu es trop vertueux. La société ne nous doit-elle pas compte de la misérable existence qu'elle nous impose!

Malgré toutes ces belles raisons, Canonnier partit et ne voulut plus revoir ses complices. Il y a douze ans de cela, et le peintre a tenu parole. Il a renoncé au romantisme, et il est revenu à une peinture plus raisonnable. Les galeries du Louvre ont bien changé d'aspect aussi ; maintenant, chez le peintre, la misère est la base fondamentale du costume. Plus de costumes du moyen âge, plus de chapeaux pointus et presque plus de cheveux longs. Les rapins excentriques n'existent que dans les vaudevilles. On ne voit aujourd'hui au Louvre que chapeaux hors d'âge, pantalons et habits accommodés à l'huile, et souliers qui font trembler leurs propriétaires à la moindre pluie. Ou bien on remarque des peintres qui ont des habits honnêtes, et des tenues d'employés à douze cents francs ; ceux-là ont des députés *dans leur manche*, comme on dit, et sont les heureux copistes du gouvernement.

Canonnier ne jouit pas de ce privilége. Il est le plus mal vêtu de tous. Il est pâle, long et maigre. Sa redingote, qu'il protége continuellement par des bouts de manche, ne tient qu'à un cheveu. Il n'en est pas plus fier.

Depuis qu'il est revenu aux saines doctrines, il a passé deux ans à copier l'*Intérieur de cuisine* de feu Drolling, ce tableau que les Anglais achèteraient un million. Et il aurait fallu le voir, tenant d'une main la palette de verre — lui seul a une palette de verre, — clignant de l'œil pour savourer avec plus de béatitude les moindres détails de ce tableau, s'éloignant, avançant, reculant, brandissant son appuie-mains, et revenant poser avec adresse un ton cherché pendant deux heures. Tout le monde ne comprendra pas ces jouissances inconnues aux profanes.

Donc, après deux ans de travaux infinis, la copie était terminée. C'était vraiment une seconde édition du *chef-d'œuvre* de Drolling. Seulement les détails étaient un peu plus accusés que dans l'original; la lumière plus vivace, les contours plus saillants, pour tout dire la copie était trop consciencieuse. Canonnier la porta chez un marchand du quai Voltaire qui lui en offrit dix francs.

DIX FRANCS! deux ans de travail! Il y avait de quoi en perdre la tête. Cependant, il alla trouver un commissaire-priseur, qui lui promit de placer avantageusement le tableau. En effet, on le vendit, à l'hôtel Bullion, 7 francs 50 centimes.

Le cadre coûtait. . . .	3	»
Les frais de vente . . .	»	75
Total. . . .	3	75

Après maintes soustractions, Canonnier comprit que deux ans de travail ne lui avaient rapporté que 3 francs 75 centimes. Comme il avait de l'énergie, de la volonté et du courage — sans cela pourquoi l'aurais-je mis dans ma galerie de grands hommes, — il rêva longuement et comprit que les saines doctrines ne le mèneraient à rien. Et il essaya d'un nouveau mode de peinture.

Depuis six mois je n'étais pas entré au Louvre. Je reconnus bien vite Canonnier, qui copiait une allégorie de Rubens. Près de lui un visiteur, indiscret comme tous les visiteurs, regardait alternativement le tableau et la copie du peintre. Mais évidemment, quelque chose le surprenait. Il nettoyait son binocle, examinait les tableaux des deux côtés de la galerie et semblait plein d'inquiétude; enfin, poussé par le démon de la curiosité :

— Pardon, monsieur, dit-il au peintre.

— Hein ? hurla Canonnier, d'une voix à démolir le Louvre. — Cette plaisanterie est habituelle à tous les rapins, qui prétendent par là *faire une charge à un bourgeois.*

— Monsieur, votre tableau me paraît fort bien exécuté, mais je regarde de tous côtés, et je ne vois pas ce que vous copiez... Aurai-je l'indiscrétion de vous en demander l'explication ?

Canonnier, flatté dans son amour-propre, voulut donner suite à la conversation, et il répondit en se levant et en prenant ses airs importants :

— Monsieur, il y a quinze ans et plus que je travaille au Louvre ; j'ai copié ce qu'il y a de plus fort, et j'imagine avoir trouvé quelque chose de nouveau dans les arts.

— Très bien, Monsieur, j'y suis parfaitement.

— Mon but est de fondre les écoles en une seule, de marier la ligne et la couleur.

Le visiteur fit un signe approbateur.

— Je vais vous simplifier mon système et vous le faire toucher du bout du doigt. Raphaël et Rubens sont deux peintres qui suivent un chemin opposé, n'est-il pas vrai ?

Le curieux secoua la tête.

— Deux lignes perpendiculaires peuvent-elles se rencontrer ? continua Canonnier en faisant les signes télégraphiques les plus variés avec son appuie-mains. Non. Eh bien ! avec mon système, les deux lignes perpendiculaires se rencontrent. Raphaël et Rubens, les deux perpendiculaires, suivront désormais la même route... Vous comprenez bien ?

Le visiteur fit un signe approbatif qui prouvait que les discours du peintre, qu'il prenait pour un homme fort, du reste, lui étaient plus difficiles à comprendre que du mantchou.

— Ne vous étonnez pas de ne pas avoir reconnu mes modèles. Je prends des fragments partout, à l'école française, à l'école italienne, à l'école espagnole, à l'école flamande. Voici le buste de Raphaël, copié d'après son portrait, ombragé par des arbres de Ruysdaël ; au premier plan, ces enfants assis sur un lion, sont de Rubens. Là, un faune du Corrége ; à terre, des coquillages de la nature morte de Castiglione ; des fleurs de Van Huysum, et dans le fond, un palais de Claude Lorrain.

Je crus un moment que Canonnier plaisantait ; mais il parlait avec feu, et il avait exécuté de très-bonne foi cet infâme mélange, une olla podrida de peintres. Il continuait toujours.

— Ceux qui appelleraient cela une copie, sont des ignorants, monsieur. C'est de la belle et bonne composition.

—Très-bien, monsieur, dit en s'éloignant le curieux, tout abasourdi.

— Il n'est pas fou, me dit un de mes amis à qui je parlais de l'extraordinaire tableau de Canonnier, mais il n'en vaut guère mieux.

— C'est la misère qui a troublé ses idées?

— Pas du tout. Il a trouvé depuis dix ans une petite gargotte où il mange. Cette gargotte est tenue par une femme de quarante ans, qui le regarde comme un génie...

— Sais-tu quel âge il a?

— Canonnier a trente-sept ans. Il a été jeune comme nous; on lui trouvait de l'esprit. Hélas! l'esprit des rapins... la triste chose! Il n'a pu faire son trou ; il y en a bien d'autres; et ils sont plus à plaindre qu'un cheval de fiacre ou qu'une fille de joie, ceux-là qu'on appelle : Les vieux rapins.

CADAMOUR

Cadamour arriva un matin en France, le bâton sur l'épaule, un sac au bout du bâton, un habit et une pochette dans le sac; il abandonnait l'Italie, sa patrie, pour courir la fortune. Cadamour ne trouva pas la fortune en chemin, à en juger par son léger bagage. Sa pochette le fit vivre le long de la route; souvent, un village manquait de joueur de violon. Alors il s'établissait sur les tonneaux, qui sont le trône du musicien, et filles et garçons se trémoussaient d'autant plus gaîment qu'ils étaient souvent privés de ce plaisir. Ce n'est pas que Cadamour possédât un grand talent sur la pochette; mais un chat qui égratignerait des cordes de violon suffirait pour mettre tout un village en branle.

A Dijon, Cadamour commença à croire que la fortune avait encore pris un autre chemin; il trouva des musiciens plus forts que lui et qui faisaient trois fois plus de tapage avec un seul violon que dix pochettes assemblées. On ne sait pas au juste quel état le fit vivre. Seulement, le dimanche, il allait prendre quelque plaisir dans un bal public qu'on appelait les *Amours de Bourgogne*. Il y dansait de toutes ses jambes, et ses jambes y obtinrent force succès. Elles troublèrent bien des cœurs. Cadamour ne parut pas étonné et accepta toutes ces amours faciles. Accepter est bien le mot. Deux femmes se seraient arraché les yeux pour danser avec lui.

Aussi, quelle danse c'était là! Une danse correcte et dégagée, pure et voluptueuse tout à la fois. On ne danse plus ainsi. La salle faisait cercle autour du quadrille de Cadamour. Mais comme il était agréable! Il avait ces yeux noirs d'Italie qui sont si langoureux et dont les femmes s'affolent si volontiers. Son teint était de ce jaune chaleureux qui est particulier aux Italiens et aux roses-thé. Pour la jambe, nous en avons déjà parlé : elle était, comme on dit, *moulée ;* le mollet était la perfection même. Enfin, l'assemblée jugeait Cadamour d'un mot : *il est fait au tour.*

Cependant, il fut quelque peu inquiété dans ses succès. La mâle jeunesse dijonaise s'émut de ce rival terrible, qui enlevait tous les cœurs à la pointe d'un entrechat. Les parents des amoureuses pensèrent que l'Italien se comportait un peu trop à la façon de don Juan ; les délaissées se répandirent partout en imprécations contre le volage Cadamour ; bref, le compatriote de Casanova allait avoir sur les bras toutes sortes de méchantes affaires.

En homme prudent, il se disposa à quitter Dijon à la

sourdine, comptant que son départ remettrait les cœurs et les têtes à l'endroit ; mais le destin en avait décidé autrement.

Le bruit des succès du héros des *Amours de Bourgogne* s'était répandu par toute la ville et par tout le pays. Quelques dames eurent une pointe de curiosité, à l'endroit de Cadamour. On parlait tant de ses danses merveilleuses, qu'il avait été impossible au beau monde d'admirer, le beau monde ne pouvant déroger jusqu'à descendre à la guinguette. On avait bien vu Cadamour par les rues de la ville, mais cela ne suffisait pas ; au contraire, les charbons de la curiosité n'en étaient que plus attisés.

Un matin que Cadamour était dans son pauvre logis, couché et faisant les plus beaux châteaux en Espagne qui aient jamais germé dans une tête italienne, une jolie fille se présenta qui demanda à l'hôtesse la chambre du miraculeux danseur. L'hôtesse ne s'étonna pas de la jolie fille, cela entrait dans les habitudes de son locataire.

— Madame la présidente désirerait vous parler, monsieur.

— Ah ! dit Cadamour ouvrant ses grands yeux autant pour la jolie fille que par étonnement de ce message. Je ne sais pas, mon enfant, comment est madame la présidente, mais elle doit être bien heureuse de te ressembler.

— Monsieur, vous êtes trop honnête, je ne suis que sa femme de chambre, pour vous servir.

— Pour me servir, j'accepte. Écoutez là, que je vous donne une réponse pour madame la présidente.

Elle s'approcha naturellement. Cadamour l'embrassa.

— Ah ! dit-elle, ce n'est pas là une réponse.

— Alors, mon enfant, rendez-moi ma réponse.

Sans doute on va croire à du marivaudage de ma part, et on aura bon droit de s'étonner qu'un coureur italien s'explique à la façon des chevaliers de comédie, mais Cadamour avait connu les derniers marquis, les derniers chevaliers, et il avait attrapé par-ci par-là leurs manières de langage, leurs tours de conversation ; de plus, ses nombreuses amours l'avaient formé aux belles manières.

Il paraît que la jolie fille de chambre avait un long message à expliquer, car elle resta près de trois gros quarts d'heure, en faisant bien promettre à Cadamour de ne pas manquer.

— Dites à madame la présidente que je ne manque jamais aux personnes de sa condition.

Sitôt qu'il eut pris un léger repas, il commença une longue toilette qui n'était pas d'une richesse extraordinaire ; mais ses habits prenaient tout aussitôt de l'éclat quand il les avait endossés. Il dépensa le reste de son argent à acheter une certaine poudre à cheveux, du meilleur flair ; il brossa ses habits à les user, et descendit. L'hôtesse, en le voyant, cligna de l'œil, comme si elle avait fixé un soleil.

— Peste, monsieur, que vous voilà à ravir pour un jour *ouvrier*.

Cadamour eût bien voulu secouer son jabot, mais cela lui fut impossible.

— Je suis bien embarrassé, dit-il, j'aurais voulu des

boucles plus sortables que celles-ci à ma culotte. Hé! maman, dit-il, en lui pinçant la taille, le défunt doit en avoir laissé quelques-unes?

— Oui, dit l'hôtesse, très-flattée d'avoir la taille pincée; mais réfléchissant toutefois que les boucles du défunt étaient en or, et qu'elles valaient, rien qu'à la pesée, trente livres dix sols.

— Ce n'est pas pour moi, mais il faut être mis décemment quand on va chez madame la présidente.

— Madame la présidente, s'écria-t-elle, vous allez chez madame la présidente! Pourquoi ne le disiez-vous pas? Certainement il faut des boucles. Sans indiscrétion, peut-on savoir ce que vous veut madame la présidente... Vous n'avez pas de jabot non plus, il en faut... Heureusement mon défunt avait de tout ça.

Finalement toute la défroque du défunt passa sur les épaules de Cadamour, qui riait en lui-même de la nouvelle conduite que tenait envers lui son hôtesse, car il lui devait quelque menue monnaie qui avait amené de la froideur entre eux. Mais le nom de la présidente, adroitement mis en avant, fit fondre toutes les glaces.

— Seigneur Dieu! dit la brave dame, que vous me rappelez le défunt il y a quarante ans.

Cadamour partit pour sa visite, très-content de remplacer le défunt dans ses habits, mais n'ayant nulle envie de le remplacer dans ses autres attributions.

Madame la présidente était une femme « aux printemps envolés, » comme disent les poëtes. Un matin, elle s'était mis dans la tête de voir de près l'homme dont tout Dijon parlait. Lorsque Cadamour entra, il aperçut une petite femme qui n'était pas jolie et qui n'avait jamais dû l'être. Elle se placardait la figure de rouge et abusait tellement des mouches qu'un plaisant avait dit d'elle : Madame la présidente est mangée aux mouches. Pour le moment, elle se divertissait avec un jeune singe, animal fort à la mode alors.

— Ah! te voilà, mon garçon, dit-elle sans se déranger. Comment t'appelles-tu!

— Cadamour, madame la présidente, à votre service.

— On dit que tu danses merveilleusement bien.

— On me flatte, madame. C'est à cause que je suis étranger peut-être.

— Julie t'a instruit de ce que je voulais.

— Oui, madame.

— Eh bien! montre un peu ton savoir-faire.

Cadamour tira de son étui la pochette et se mit à danser de sa plus belle danse. Madame la présidente le regardait avec des yeux qui auraient bien donné à penser à M. le président, s'il n'y eût été accoutumé.

— Très-bien! mon garçon. Dis-moi, tu danses là comme en France, et tu y mets fort bonne grâce. Mais là-bas, dans ton pays, est-ce que vous n'avez pas d'autres manières de vous trémousser!

— Que si, madame.

— Tu pourrais me les faire voir?

— Il faudrait être deux, madame, pour danser la saltarelle.

— N'importe. Tâche de m'en donner une idée.

— Si madame le désire...

— Très-bien, mon garçon; je vois que tu as des qualités. La renommée disait que tu étais galamment tourné, mais tu es aussi très-complaisant.

Madame la présidente sonna.

— Julie, faites servir un verre de liqueur des îles à monsieur le danseur.

Julie parut tout à fait inquiétée en apportant le plateau. Cadamour ne semblait pas connaître la femme de chambre.

— Seigneur! Julie, que vous êtes maladroite aujourd'hui. Allons, laissez-nous, et je n'y suis pour personne.

Cadamour, sans se faire trop prier, accepta un verre de liqueur des îles, qui devait servir d'épilogue réconfortant à la saltarelle. Puis il entama la danse italienne. La saltarelle est une danse voluptueuse, moins brutalement sensuelle que les danses espagnoles, mais d'un caractère plus tendre. Le corps robuste de l'Italien se prêtait cependant à toutes les souplesses exigées en pareil cas. Il ne lui manquait que le costume national; car l'habit et la poudre juraient avec ce pas; malgré tout, madame la présidente était au comble de l'enthousiasme; elle s'agitait sur sa bergère, levait les mains avec des : Oh! que c'est joli! Oh! que c'est gracieux! Oh! que c'est tendre! à n'en plus finir. Du coup, elle avait oublié son singe chéri.

— Mais tu as ta fortune dans les jambes, mon garçon!

— Madame la présidente est trop bonne.

— Il faut obtenir un ordre de début à l'Opéra.

— Je vous remercie, madame, cela ne m'est jamais venu en tête.

— N'importe, je veux faire ta fortune. Tu me montreras la saltarelle.

Cadamour frémit un peu en lorgnant la taille exagérée de madame la présidente.

— Faut-il beaucoup de temps pour apprendre cette danse.

— Oh! madame, avec les dispositions que vous avez, répondit le flatteur.

— Deux mois, sera-ce assez?

— Un peu moins suffira.

— Ah! que je suis heureuse : n'en dis rien à personne, mon garçon, je ménage une surprise au monde. Tiens, voilà pour tes appointements, lui dit-elle en lui donnant un rouleau de louis, tu viendras une fois par jour, dans l'après-midi, et nous prendrons leçon. Plus tard, toutes ces dames voudront apprendre la saltarelle; tu seras libre de la leur montrer... mais je veux être la première à la danser.

Cadamour remercia tant qu'il put.

— Allez, mauvais sujet, fit-elle en lui donnant une légère tape sur la joue, car on dit que vous vous conduisez assez mal avec les grisettes de la ville.

Pour toute réponse, il lui baisa la main en Italien qui sait le français, et il retourna vers son logis, le cœur et la bourse remplis d'allégresses.

L'hôtesse fut un peu plus éblouie encore que le matin en revoyant Cadamour. La bourse aux louis rayonnait sur sa figure, et, faut-il le dire, sa lèvre inférieure avait déjà un peu de ce quelque chose qui caractérise tous les hommes à écus.

— Eh bien, madame la présidente, dit la bavarde commère, que vous voulait-elle? vous reçut-elle bien? Vous avez vu ses appartements? et une avalanche d'autres questions auxquelles Cadamour répondit :

— Les habits du défunt me gênent.

Ce qui coupa court à toute cette curiosité.

Le lendemain, Cadamour fit marché avec un honnête fripier et fut accommodé, à des prix *doux*, de la garde-robe d'un jeune gentilhomme Poitevin qui s'était laissé follement mourir en passant à Dijon. Il quitta aussi sa modeste hôtellerie et loua un joli petit logement mieux approprié à sa nouvelle profession.

Désormais, il passa d'un air conquérant par la ville, sans s'inquiéter de plus d'un regard langoureux que lui adressaient en vain les grisettes éplorées. Il avait bien compris qu'il fallait rompre à tout jamais avec les *Amours de Bourgogne*. Les gens qui arrivent aux grandeurs ressemblent aux pendus : ceux-ci montent sur une chaise pour se passer la corde et renversent la chaise pour arriver plus vite à l'éternité. Ainsi avait fait Cadamour du bal qui lui servit de marche-pied.

Les plus grandes villes de la province sont toujours des petites villes. On sut bientôt que Cadamour passait toutes ses après-midi chez madame la présidente. On imagine facilement les bruits qui coururent et dans le petit monde, et dans le grand. Quelques amies de madame la présidente, plus par curiosité que par humanité, et autant par malignité que par méchanceté, lui rapportèrent les bruits de la ville, sans en croire un mot, disaient-elles. Madame la présidente sourit et dit que cela ne l'inquiétait guère. En même temps, elle invita toutes ses cruelles amies à un grand bal.

Quel fut l'étonnement de tous, quand, à cette mémorable soirée, alors que la fine fleur de Dijon emplissait les salons, on annonça : *Monsieur le maître à danser.* » Cadamour s'avança resplendissant et rappelant aux vieillards les manière de l'Œil-de-Bœuf. Il salua l'assemblée très-étonnée; tout aussitôt, les violons chantèrent une ritournelle inaccoutumée.

Le maître à danser prit la main de madame la présidente, et la saltarelle commença. Ce furent des exclamations, des admirations qu'on ne peut traduire. A force de patience, de soins, de complaisance, Cadamour avait quasi fait d'une danseuse impossible une danseuse possible. Le succès fut immense. On eût volontiers applaudi, si cela n'eût été trop roturier.

Pendant le bal, Cadamour fut prié par bien des jolies femmes de leur apprendre la saltarelle. Il en refusa quelques-unes, à cause du trop grand nombre. Il commença à croire que la fortune était reine à Dijon, car, en un an, il fit de notables économies, quoique vivant grandement et en artiste.

Un an après le bal de la présidente, celle-ci le fit demander. Le maître à danser courut vivement chez sa bienfaitrice. Elle était en train de se faire peindre en Diane, et, contre toutes les lois de la mythologie, le singe faisait partie des attributions. Le peintre se leva :

— Monsieur, dit-il, j'ai eu le plaisir de vous voir au

bal, vous n'êtes pas fait pour être maître à danser, encore moins pour rester à Dijon. Vous êtes bâti comme pas un, et bien des marbres jalouseraient votre perfection de formes. Vous êtes né modèle, soyez modèle.

Cadamour, qui ne comprit pas tout d'abord, se fit longuement expliquer ce en quoi consistait cette profession. Puis, il accepta, enthousiasmé par l'enthousiasme du peintre.

Paris lui souriait, et l'idée d'être reproduit dans tous les chefs-d'œuvre — car le peintre ne lui avait parlé que de chefs-d'œuvre — lui allait merveilleusement. Bien des cœurs féminins dijonnais, et de la haute volée, se serrèrent en apprenant le départ de Cadamour; mais l'ingrat partit sans verser une larme. Son cœur avait quelque rapport avec la saltarelle.

C'est ici que commence la vraie vie de Cadamour. Il débuta par poser dans tous les tableaux du peintre qui l'avait amené de Dijon. Ce peintre se nommait Vauxclerc, un nom oublié aujourd'hui, et qu'on a bien fait d'oublier. Vauxclerc était de cette mauvaise queue d'élèves de Boucher, qui ne voyaient pas au delà du nez de leur maître; bien que David commençât à faire école et à ramener la rigidité des lignes, ceux-là en étaient encore aux *froufrou* et aux *frisselis* de la peinture.

La révolution vint sans que Cadamour sans mêlât tout d'abord. Cependant, il quitta Vauxclerc, qui ne trouvait plus à occuper ses pinceaux, depuis que les paniers et les mouches s'étaient envolés. Cadamour alla hardiment trouver David.

— Citoyen peintre, lui dit-il, il paraît que j'ai des

bras, des jambes, un torse, ce qui manque à peu près à quatre-vingt-dix-neuf hommes sur cent. Si tu veux employer ces bras, ces jambes, ce torse, ils sont à ton service.

— Es-tu patriote? dit David. — Je suis Italien. — D'où sors-tu avec tes habits de ci-devant? Je ne veux pas de marquis dans mes ateliers.

Cadamour raconta ses histoires de maître à danser, sa vie de Dijon et ses débuts de modèle chez Vauxclerc.

David avait plus d'une fois froncé le sourcil en entendant ces récits aristocratiques; sa joue gauche augmentait en signe de mauvaise humeur. On sait que cette joue était beaucoup plus grosse que l'autre et donnait à croire, à ceux qui ignoraient cette difformité, qu'il partageait le faible des soldats pour la *chique*.

— Il faut expier ton aristocratisme. — Je serai patriote, s'écria Cadamour. — Bon, déshabille-toi.

En deux minutes, Cadamour eut jeté bas ses vêtements de marquis.

— Ne bouge pas, dit David. Très-beau! tu ne t'es pas vanté, très-beau! Fends-toi maintenant?

Le modèle exécuta le commandement.

— Crie : La liberté ou la mort!

— La liberté ou la mort! cria Cadamour.

— C'est mou; mets-y plus d'enthousiasme, plus de feu. Tiens, prends l'appuie-mains, il te servira de glaive. Répète? Allons, tu dis mieux. Quand tu auras tout à fait renoncé à tes souvenirs de ci-devant, tu iras bien. R'habille-toi.

— Je ne veux plus de ces habits de marquis, s'écria

Cadamour enthousiasmé, au feu les souvenirs du despotisme! je veux une carmagnole et un bonnet de la liberté.

— Très-bien! très-bien! dit David. Tu poseras pour moi seul. Mes tableaux doivent concourir au triomphe de la liberté, tu es digne d'y figurer.

Quelque temps après, Cadamour apprit que Vauxclerc avait été guillotiné; il fut très-heureux de l'avoir quitté, et surtout d'être à l'abri, pour l'avenir, de fâcheuses affaires, le peintre David étant connu pour son dévoûment à la république. Du reste, l'Italien était devenu très-sincèrement patriote, aussi sincèrement qu'il s'était fait modèle. Ce fut lui qui posa pour Léonidas dans le *Passage des Thermopyles*, et pour Romulus dans l'*Enlèvement des Sabines*.

David était ravi d'avoir trouvé un pareil homme; il était infatigable.

— Allons, repose-toi, lui disait-il.

— Non, citoyen; il faut finir de dessiner, nous ne retrouverions pas si bien le mouvement.

Quelques peintres qui avaient vu Cadamour à l'atelier, et qui avaient admiré sa beauté de formes, lui firent des propositions avantageuses; il refusa.

— Mon corps appartient au citoyen David, dit-il; sur ses toiles, je suis sûr de vivre toujours.

Aussi le grand peintre, qui savait combien le modèle lui était attaché, jeta les yeux sur lui pour remplir un rôle important dans une fête que la Convention préparait.

— Cadamour, lui dit-il un jour, je connais ton patriotisme; j'ai à te donner une pose qui te répugnera sans doute, le despotisme. — A bas le despotisme! s'écria Cadamour. — Ce cri te fait honneur, mais il ne s'agit pas de crier. Pose-moi le Despotisme.

Le modèle prit aussitôt une mine inquiète et menaçante, et ses membres tremblèrent.

— Tu n'y es pas, tu poses là le Despotisme sur le trône; je veux le despotisme terrassé. — Bon! dit Cadamour en se jetant à terre et en joignant ses mains comme s'il suppliait. — Bravo! combien peux-tu rester dans cette position? — Toute ma vie, dit le modèle exalté, si je peux contribuer à son anéantissement. — Oh! le despotisme est enterré pour jamais; mais tu n'auras à rester ainsi que six heures; tu seras enchaîné aux pieds et aux mains. — Avec plaisir.

— Je pense seulement que tu es trop beau pour figurer le Despotisme; il paraîtrait trop séduisant, dit David.

— N'est-ce que cela, citoyen, regardez!

Cadamour contracta ses traits qui étaient très-mobiles et se donna un air repoussant. David applaudit.

— Comment m'habillerai-je, citoyen?

— Tout nu; un bout de manteau royal suffira pour ne pas offusquer la décence.

Quelques jours après, la fête, dont David était l'ordonnateur, arriva. Cadamour se prépara; on l'étendit sur une planche dans le costume convenu; nu, enchaîné avec les oripeaux royaux, jetés sur lui d'une main habile. A ses pieds gisaient une couronne et un sceptre d'or brisés; au moment de se mettre en marche, un nouveau personnage entra dans la salle. C'était la belle madame de M..., habillée en Liberté. Une robe blanche très-courte et très-transparente protégeait d'une façon peu invisible son beau corps. Elle avait un bonnet phrygien sur la tête, et des sandales à ses petits pieds.

— Voilà le Despotisme, lui dit David, en lui montrant Cadamour. Citoyenne, monte sur cette planche, là... et mets le pied sur sa poitrine ; campe-toi hardiment, n'aie pas peur, le citoyen-modèle est solide. Et toi, Cadamour, ne bouge pas, surtout tâche de faire contraste par une mine repoussante à la Liberté, la plus belle des femmes.

Après ces instructions, le cortége se mit en marche. Le pauvre Despotisme était dans la plus critique des situations ; il fallait tout son patriotisme pour grimacer à une femme si séduisante, très-court vêtue, et dont le pied de poupée lui frôlait la poitrine. Pendant toute la cérémonie républicaine, il fut en proie à une chaleur accablante, et son front était baigné de sueur.

Le lendemain, il dépeignit d'un mot ses souffrances à David : — Ah ! dit-il, les mystères de la Liberté !

Plus tard, dans sa vieillesse, il racontait ce souvenir comme un de ceux dont il avait toujours gardé la mémoire.

— La princesse de L... me revient aussi parfois dans la tête, disait-il. Je n'oserai décider quelle était la plus belle de la princesse ou de la Liberté, quoique j'en puisse parler en savant. Je posais chez M. Girodet, en ce temps-là... La princesse de L... eut la fantaisie de servir de modèle pour un tableau d'Acys et de Galathée qu'elle avait vu commencé dans l'atelier de M. Girodet. Moi, je posais Acys. Depuis un mois, j'avais à tenir dans mes bras un mannequin qui ne se prêtait pas au mouvement... Le mannequin, voyez-vous, ne servira jamais à rien qu'à arranger un bout de draperie. Que diable! un morceau de carton n'est pas intelligent... Il y a déjà tant de modèles qui sont des morceaux de carton! M. Girodet me dit : Tu vas poser avec la princesse, surtout pas un mot. Je lui réponds : Je serai discret comme un médecin... Enfin, la princesse vient; elle se déshabille, sans façon... J'étais pourtant bien accoutumé, j'ai vu dans ma vie plus de deux mille modèles de femme... eh bien! c'est égal, je rougissais presque; songez donc, une princesse... Pour achever l'histoire, la princesse remplace le mannequin... C'était une grande femme rousse, les cheveux ondulés comme dans les tableaux du Titien, et qui avait un regard fier; elle n'avait pas l'air de songer seulement qu'elle s'appuyait sur moi; je devais lui brûler le cou par mon souffle. Tout d'un coup, je sens que je ne peux plus rester, je ne fais ni une ni deux, je me sauve. — Cadamour! me crie M. Girodet. Ah! plus souvent. Plus de Cadamour, j'avais pris mes habits dans l'autre pièce, et je me sauvai... J'ai bien juré de ne plus poser d'Acys de ma vie. Quand je revis M. Girodet, je lui racontai tout; il en rit, le brave homme.

Ces beaux temps passèrent vite. Cadamour vit disparaître David en exil, et Girodet qui mourut en 1824. Il entra alors chez Gros, qui le fit poser dans plusieurs tableaux importants; mais il n'était plus, comme jadis, le modèle chéri du maître. Les juifs commencèrent à trouver le métier bon, et toutes les familles juives pauvres faisaient irruption dans les ateliers en qualité de modèles.

Un jour, blessé de cette concurrence, il signifia à Gros qu'il ne voulait pas poser en même temps que les juifs.

— Pourquoi ça ? dit le célèbre peintre, qui se divertissait de ces petites jalousies.

— Ma religion me le défend, répondit Cadamour.

En même temps, il entra dans une sainte colère contre Géricault, qui avait une telle prédilection pour un nègre, qu'il le plaçait dans tous ses tableaux.

— Ce n'est pas si beau un nègre, disait-il.

— Mais que t'importe le nègre de Géricault?

— Ah! monsieur le baron, jamais M. David n'aurait mis un nègre. et pourtant c'était un peintre...

En 1830, Cadamour était le doyen des modèles. Lui seul avait connu les peintres de la République; l'orgueil lui tourna un peu la tête, il fit imprimer des petits avis ainsi conçus :

CADAMOUR,
ROI DES MODÈLES.

C'est à propos de cette adresse maladroite que fut composée une célèbre chanson interminable ; on la chantait dans tous les ateliers, aussitôt l'arrivée de Cadamour. Lui, prenait cela pour un hommage.

Il se maria alors à une femme qui n'était ni belle, ni

jeune, ni riche. Quelques-uns lui demandèrent le pourquoi de cette fantaisie matrimoniale.

— Je ne veux pas, dit-il, laisser éteindre le nom des Cadamour. J'aurai des enfants et je leur apprendrai mon état. Personne ne posera comme eux, je leur enseignerai les traditions de M. David, le grand peintre. Madame Cadamour n'est pas belle, je le veux bien. N'importe elle posera les sibylles.

On s'est étonné que le roi des modèles n'eût pas de trésors cachés : cela n'a rien de surprenant. Il vivait au jour le jour; il ne gagnait guère plus de 4 fr., que les soins du ménage absorbaient ou à peu près... Il est vrai que la plupart des modèles, aujourd'hui, ont quelques grosses sommes d'économies; mais ces modèles sont juifs, brocanteurs surtout, et d'une avarice rare, d'une avarice juive, quant à leurs personnes. Cadamour était bien trop artiste pour songer au lendemain; n'ayant pu avoir d'enfants, il en prit deux à de malheureuses gens, leur promettant de faire un petit Apollon du garçon et une Vénus de la fille.

Puis, il se faisait vieux; sa barbe se *teignait des frimas de l'hiver* et il tenait à se donner quelques jours de relâche. Quand un maître célèbre s'était servi de lui pour une œuvre destinée à la publicité, Cadamour était le premier à la saluer sitôt qu'elle était exposée.

On l'a vu trois jours de suite dans le jardin des Tuileries devant une statue nouvellement placée. Il s'extasiait à haute voix, admirait chacun des membres de la statue, et tâchait de faire comprendre aux curieux que c'était lui qui avait servi de modèle. Parfois, il rencontrait un promeneur qui se laissait prendre à son exaltation; le bourgeois n'en était quitte qu'en l'écoutant deux heures. C'étaient sa vie, l'éloge de M. David, de M. Girodet, surtout l'éloge du dernier maître qui l'avait employé, et une critique impitoyable des peintres chez lesquels il n'allait pas.

Lorsqu'il devint vieux, il prit des airs de ressemblance avec Henri IV ; mais cette ressemblance ne se faisait sentir que dans le repos. Sur la table à modèle, son masque très-mobile, comme nous l'avons dit, avait une singulière faculté d'assimilation. Ainsi, on lui disait : Pose Brutus. Aussitôt, il reproduisait presque Brutus. On lui aurait dit de poser l'enfant Jésus qu'il l'aurait fait. Il ne doutait de rien, et il assurait par bravade pouvoir poser un cheval.

Un jour qu'il avait une semaine à faire chez M. Paul Delaroche, il se présente à l'atelier ; en entrant, il aperçoit un de ses confrères, nommé Dubosc, dont on lui parlait depuis quelque temps comme *plus beau* que lui...

— Vous allez poser ensemble, lui dit un des peintres.

— Ah! je veux bien ; c'est donc un défi que me jette monsieur?

Tous les deux se déshabillèrent. Cadamour prit sa pose la plus classique et interrogea du regard l'aréopage.

— Eh bien! Cadamour, que penses-tu de ton rival?

— Je dis que monsieur n'est pas mal bâti, répondit Cadamour, en faisant une grimace significative, qui prouvait qu'il n'y avait pas de comparaison à établir entre eux.

Dubosc, irrité de cet éloge négatif, s'écria :

— Monsieur le roi des modèles a été joliment tourné sous l'empire, quoiqu'il ait trop de muscles.

— Comment trop de muscles? repartit Cadamour. Vous n'en avez pas assez de muscles, vous. Je vous prends à témoin, messieurs. Où se trouve le *clyno sternoïde mastoïdien* de monsieur?

— Avez-vous jamais vu un *rompronateur du rayon* pareil à celui-là? dit Dubosc, en faisant mouvoir son bras.

— Allons donc, mon cher, trouvez-moi un pareil *grand couturier* sur la terre, fit Cadamour, en posant en avant sa cuisse.

— Tenez, reprit Dubosc, voilà la preuve de ce que j'avance. Monsieur a un os du *métatarse* en plus.

— Ce n'est pas vrai.

Tout l'atelier était en fête de cette scène anatomique.

— Là, continua Dubosc, qui tenait à faire briller sa science, voyez le *long peronnier*. Son tendon, après avoir passé derrière la malléole externe, se glisse sous la plante du pied et va se terminer au grand os cunéiforme.

Cadamour avait perdu l'usage de la parole.

— Le court peronnier va se terminer derrière la malléole à la partie postérieure et supérieure du cinquième os du métatarse.

— Oh! fit Cadamour, étourdi par ce déploiement anatomique.

— Le petit peronnier se confond avec l'extenseur commun des doigts, et son tendon va...

A la suite de cette scène, qui se termina par la fuite

de Cadamour, il ne posa plus que la tête. Cependant il allait chez les peintres qui avaient des ateliers isolés, et quand on l'en priait, il servait encore de modèle.

Le jour de l'ouverture du Salon de 1845, on ne vit distribuer, comme à l'ordinaire, sa carte à chaque groupe d'artistes. Il fut très-assidu à l'exposition ; peut-être pensait-il à sa fin prochaine.

Cette année-là, Cadamour emmena, je ne sais quel jour de fête, sa femme à la lumière, dans un affreux endroit qu'on appelle le bal d'Italie. C'était un souvenir de sa patrie. Il y dansa toute la nuit, et beaucoup s'étonnèrent de voir une vieille barbe grise se trémousser avec des jambes de quinze ans. C'était en souvenir de Dijon.

Le lendemain, il entra par protection dans une hospice de vieillards où il payait quelque petite somme, grâce aux artistes qui le faisaient demander, de temps à autre, pour figurer dans leurs œuvres.

Un matin, Charlet l'envoya demander. Cadamour était mort dans la nuit. Charlet s'affligea beaucoup, sans se douter que lui aussi ne tarderait pas à rejoindre celui qui lui avait tant servi pour ses grognards.

Ainsi se termina la vie d'un grand homme inconnu, qui a inspiré un demi-siècle de peintures, qui débuta chez David pour finir chez les romantiques. De toute cette gloire posthume, de cette royauté, il n'est resté qu'une bête chanson d'atelier. Encore ne la chante-t-on plus !

Il demanda à son lit de mort que son squelette fût conservé à l'école des Beaux-Arts.

L'ABBÉ CHATEL.[1]

I

La révolution de 1848 a été, pour quelques hommes, un curieux et comique spectacle ; et combien nous pou-

[1] Quand parut en 1851 cette étude, elle fut précédée de quelques lignes d'avant-propos que je crois devoir reproduire, en ce sens qu'elles aideront à fixer la position des gens de lettres dans les temps de révolution.

« Cette monographie, qui se rattache de loin et de près aux grands mouvements politiques de ces temps-ci, a besoin d'être expliquée.

» L'auteur ne l'a pas écrite pour un journal, dans le but de flatter tel ou tel parti. L'abbé Châtel fait partie du groupe des Excentriques, galerie commencée depuis six ans dans différents journaux et revues ; il a sa place toute marquée entre les musiciens étranges, les inventeurs détraqués, les savants maniaques, les presque hallucinés, ceux enfin, qui tous cherchent et ne trouvent pas.

» Classé dans un livre, l'abbé Châtel n'eût pas demandé à l'auteur deux lignes de préface ; publié isolément dans un journal, qui a sa couleur politique particulière, il était important d'expliquer les liens mystérieux qui rattachent cette étude à d'autres études.

» Le véritable homme de lettres aujourd'hui ne doit pas plus se connaître en politique que le charbonnier en dentelles de Malines. »

vions être heureux, sur notre simple banquette de parterre, de voir toutes ces *entrées* et *sorties* de grands et petits politiques, tous ces changements à vue! Mais il arrive que des voisins bavards, non contents de regarder, veulent se mêler à l'action, et bien mieux, veulent que les artistes s'y mêlent.

Ne me parlez pas des bavards au théâtre ; au lieu d'écouter tranquillement le prologue qui fait son exposition, ils le discutent dès son entrée ; à l'épilogue, mes bavards sont tout embarrassés de s'être trompés.

Le collectionneur d'histoire naturelle ne discute pas sur le papillon qui vole ; il l'attrape, le pique proprement dans sa boîte ; alors il lui est permis de disserter sur le papillon.

J'ai longtemps attendu avant de parler de l'abbé Châtel ; depuis une dizaine d'années, je le croyais mort. Il a reparu avec la République, il cherchait à s'accrocher à ses branches. Les pousses étaient trop jeunes, M. Châtel s'est noyé.

Je le collectionne!

Pauvre M. Châtel! les révolutions ne l'ont pas servi ; il avait compté sur le soleil de juillet pour éclairer son église; il avait compté sur le soleil de février pour réchauffer les ruines de son église : le soleil de juillet était trop chaud, le soleil de février trop froid.

Malheureux sous le gouvernement constitutionnel, il regrette aujourd'hui la monarchie. Louis-Philippe l'avait plus servi que le gouvernement provisoire.

Sa grande affiche jaune, à deux colonnes, placardée

sur tous les murs de Paris en 1848, personne ne la lisait, quelques-uns la déchiraient.

C'est que le peuple français comprend toujours l'ineptie de pareilles doctrines; il est vrai qu'il comprend longuement. Il n'y a rien de plus méthodique, de plus didactique que le Français, accusé si follement de légèreté.

Il lui faut deux cents ans pour *comprendre* Shakspeare.

M. Châtel a vécu de 1830 à 1849 de sa religion. Dix ans, quand il aurait dû suffire de dix minutes pour annihiler chez les esprits les plus bornés toute croyance à de telles mascarades.

Avant la révolution de Juillet, M. Châtel était desservant d'un petit village; je ne sais précisément quels griefs lui reprocha son évêque; toujours est-il que le curé de campagne jeta sa soutane par-dessus les moulins et s'en vint à Paris.

Il y a dans les cinq lettres qui forment Paris un mirage plein d'écus qui attire comme des alouettes tous les ruinés de la France.

L'ex-curé se logea rue des Sept-Voies; ce fut pour lui les Sept-Voies douloureuses. Que faire? comment vivre? M. Châtel, ne sachant où était le chemin épineux qui conduit aux sacs d'écus, annonça à la fruitière, à l'épicière, à la bouchère, au cordonnier que, se trouvant *sans place* pour le moment, il serait heureux d'avoir quelques auditeurs le dimanche prochain pour une affaire importante.

Le dimanche suivant, rue des Sept-Voies, au septième, M. Châtel disait *en français* la messe à sa fruitière, à son épicière, à sa bouchère et à son cordonnier.

Un modeste tronc était placé sur une chaise, près de la porte, ainsi que la boîte en plaqué des garçons d'estaminet. Cette cérémonie était si navrante que les fournisseurs laissèrent tomber quelques sous dans la boîte.

Il n'était pas alors question de la fameuse *Banque d'échange*. Combien M. Châtel aurait saisi cette lumineuse idée de dire des messes en français pour des souliers, du pain, du vin, de la viande, même de la charcuterie !

Ce commerce modeste dura jusqu'à la révolution de juillet ; la renommée de M. Châtel n'avait pas dépassé le marchand de vin qui fait le coin de la rue des Sept-Voies. Mais juillet arrive, tous les esprits sont à l'envers. Le catholicisme est détruit pierre à pierre et jeté dans la Seine avec l'archevêché ; les prêtres sont des masques ; on a vu Polichinelle avec une mitre sur la tête ; Basile n'a rien à faire pour changer de soutane ; la calotte coiffe Pierrot comme à l'ordinaire. Il n'y a plus de catholicisme ? Le catholicisme a été retrouvé dans les filets de Saint-Cloud !

Ainsi raisonnaient quelques-uns qui avaient pris une griserie du peuple enivré de sa victoire, pour une action de sang-froid.

M. Châtel pensa que l'archevêché ayant été démoli, il n'y avait plus d'archevêque à Paris ; par conséquent plus d'églises. Il lui sembla que le moment était venu de se montrer.

Et il lance des prospectus, des affiches sans nombre, pour annoncer une *nouvelle* Église dite

ÉGLISE CATHOLIQUE FRANÇAISE.

Les offices seront dits en français.
Les fidèles ne paieront plus les chaises.
M. Châtel baptisera pour rien.
M. Châtel mariera pour rien.
M. Châtel enterrera pour rien.

Il eût dû dire, comme pour les lampes, comme pour les fourneaux : *église économique*. Quand on construit une maison, il faut abattre l'ancienne ; M. Châtel ramassa contre les prêtres toutes les injures que le xviii° siècle nous a léguées, et il mélangea adroitement son *prospectus* de politique ; à l'entendre, c'était le haut clergé qui avait forcé Charles X à mitrailler le peuple.

Le siége de la nouvelle Église catholique française était rue de la Sourdière, au deuxième étage.

Rue des *Sept-Voies !* rue de la *Sourdière !* Pour qui sait voir dans le rapprochement des lettres, dans la formation d'un mot, dans le son d'un nom, il est évident que ces deux églises furent mal situées ; cependant quelques curieux allèrent rue de la Sourdière ; la chapelle ne tenait guère plus de trente personnes.

A ceux qui s'indignaient, l'abbé Châtel repondait que son culte était absolument le même que celui de l'Église catholique romaine, à l'exception qu'il *priait* gratis et en français, voulant se mettre à la portée du peuple.

M. Châtel s'adressait à des gens sans instruction, à

des flâneurs qui allaient rue de la Sourdière par distraction, comme ils auraient été voir ailleurs un veau à trois pattes.

Les trente *paroissiens* et la queue qui attendait dans l'escalier ne servirent point à éteindre l'ambition de l'ex-prêtre. Un matin il s'en va frapper à la porte de l'abbé Grégoire, prêtre constitutionnel, ex-membre de la Convention.

L'abbé Grégoire devina à quelle espèce d'homme il avait affaire ; quoique retiré du monde politique, le conventionnel flaira un de ces champignons tel qu'il en pousse sur le fumier des révolutions. Il fut poli et regretta de ne pouvoir remplir les désirs de monsieur Châtel.

Que voulait l'abbé Châtel ? se faire sacrer évêque par l'abbé Grégoire.

En sortant, notre homme était tout consolé ; il se dit que les prêtres constitutionnels et conventionnels n'étaient pas encore en bonne odeur de sainteté auprès de la majorité, et que l'épiscopat décerné par de telles mains pouvait être plus nuisible qu'utile. En conséquence, il se rattrapera sur qui ? sur M. de Pradt, ex-archevêque de Malines.

Celui-là était un publiciste au courant des affaires de Juillet, qui se fâche rien qu'à entendre le nom de Châtel ; le religionnaire ne se déconcerte pas pour si peu et demande l'épiscopat ; M. de Pradt appelle son domestique qui reconduit immédiatement M. Châtel.

Ces deux essais malheureux auraient pu décourager une âme faible ; être aussi malmené par MM. Grégoire et de Pradt, où donner de la tête ? Il n'y a plus beaucoup de prêtres constitutionnels ; cependant, à force de fouiller dans ses souvenirs, M. Châtel se souvient d'un abbé Poulard, bien vieux, qui fut évêque constitutionnel d'Autun.

L'abbé Poulard est peut-être mort; s'il ne l'est pas, tant mieux; son intelligence ira de pair avec celle des enfants au berceau; M. Châtel et son clerc Auzou rendent visite à l'ex-évêque d'Autun. Heureusement le vieillard n'avait pas fait un pas depuis 93; il était resté sous le Directoire, sous l'Empire, sous les deux Restaurations, évêque schismatique.

La comédie fut longue à jouer avec le vieillard, qui, au fond, reculait devant le sacre de M. Châtel, comme évêque, et l'ordination de M. Auzou, comme prêtre. Il y avait même un troisième personnage à ordonner, M. B...

Il fut convenu après de longs colloques que M. Châtel serait sacré évêque, que MM. Auzou et B... seraient ordonnés prêtres, que la réforme prendrait une grande extension; et surtout, comme dernière condition, que la réforme, avant le sacre, assurerait une pension à l'abbé Poulard. Car le vieillard ne se dissimulait pas que le ministère des cultes qui lui faisait une pension, pouvait bien voir d'un mauvais œil sa participation à la résurrection de l'ancien schisme.

Auzou et B... furent ordonnés prêtres par l'évêque Poulard; cela ne tirait pas à conséquence. M. Châtel se présenta une dizaine de fois pour être sacré, mais toujours il arrivait sans façon, les mains vides.

Et le titre de rente ! car la rente a été convenue ; l'abbé Poulard ne veut pas perdre celle que lui fait le gouvernement ; toujours il renvoyait M. Châtel avec cette raison qu'il pouvait continuer ses offices, comme auparavant, rue de la Sourdière.

Vieillard entêté !

Il y eut une scène violente ; M. Châtel n'ayant pas d'argent en vue, cassa les vitres, j'entends les vitres de la raison. Lui et Auzou allèrent un soir chez le vieillard, et firent une scène de religion, telle qu'on n'en a jamais vu de pareille aux halles. Ils traitèrent le vieil évêque d'avaricieux, de grippe-sou, lui reprochèrent de tenir plus à un mauvais titre de rente qu'à la réforme.

Après cette scène, qui effraya l'abbé Poulard, M. Châtel crut avoir triomphé par des éclats de voix. Il employa les moyens violents.

— Vous allez procéder au sacre ? lui dit-il d'un ton de commandement.

Mais l'abbé Poulard, qui avait passé par les temps orageux de la Convention, se voyant traité de la sorte, retrouva un éclair de jeunesse.

— Sortez, dit-il aux deux associés, sortez, vous m'avez trompé, je vois clairement à quels hommes j'avais affaire. Vous, Monsieur, dit-il à Auzou, vous êtes indigne de l'ordination que je vous ai donnée trop facilement ; mais c'est une leçon pour moi... ne revenez jamais !

M. Châtel commençait à douter de son épiscopat, et il lui fallut subir même d'autres humiliations dans de certaines quêtes qu'il faisait pour le triomphe de la réforme religieuse. Sans doute, les curieux iront par hasard rue de la Sourdière voir une église pot-au-feu, mais de là à l'entretenir, à la faire vivre, il y a loin.

Depuis son arrivée à Paris, M. Châtel était reçu francmaçon; il se raccrocha à la franc-maçonnerie, ou du moins l'idée de l'épiscopat lui vint-elle par cette filière.

Au numéro 45 de la rue Grenelle-Saint-Honoré, il y a une maison sans apparence, reconnaissable à un long corridor; c'est la *Redoute*. Les dimanches, lundis et jeudis soir, on y danse; les autres jours, la salle est louée accidentellement à des concerts d'amateurs, plus particulièrement à des sociétés de franc-maçonnerie.

La salle est occupée également par la société des Templiers, compagnie mystérieuse, plus délaissée, s'il est possible, que la franc-maçonnerie; malgré tout, pleine d'orgueil comme les reines sans couronne, et qui vivait en hostilité avec le Grand-Orient.

M. Châtel, laissant de côté les querelles des francs-maçons et des Templiers, se souciant aussi peu du Grand-Orient que de la loge de Saint-Jean, fit des ouvertures au grand maître du Temple. Chose bizarre, qui fit que ces deux hommes se rencontrèrent.

Le grand maître F... de Spolette cherchait depuis longtemps un homme à qui conférer l'épiscopat; personne ne voulait le recevoir.

M. Châtel cherchait à recevoir l'épiscopat; personne ne voulait le lui donner.

L'ordre des Templiers est très-oublié, tout à fait éteint, malgré les dignités dont il peut disposer Le grand maître de ces chevaliers du Temple est en même temps souverain pontife de l'Église Joannite. Deux couronnes à la fois : l'une militaire, l'autre religieuse.

Le grand maître, comme chef de milice, est :

> Altesse sérénissime,
> Très-excellent seigneur.

Comme chef des lévites, il est :

> Souverain pontife,
> Prince des apôtres,
> Très-saint père.

Beaux titres illusoires! dignités mortes! qui aboutissent à un cordon fané autour du corps pour décoration, à une chaise dépaillée pour trône.

Il faudrait tout le génie de mon illustre maître, M. de Balzac, pour faire sentir les misères et les décadences de ces associations ruinées, et les intrigues nouées, dénouées, renouées entre le Temple et l'Église catholique française.

Toujours est-il que le chercheur d'épiscopat rencontra le donneur d'épiscopat, et que ce fut une joie, une liesse énorme dans la vie de ces deux personnages.

Que voulait M. Châtel? moins que rien. Être évêque.

Que voulait le grand maître du Temple? Pas grand chose de plus. Être pape.

Et son raisonnement n'était pas mal imaginé. « Du jour, se disait-il, où j'aurai sacré un évêque, cela prouvera ma puissance, je serai pape. » Depuis longtemps il avait offert l'épiscopat à quelques-uns de ses chevaliers, mais ceux-ci, rien qu'à regarder l'affreuse salle de *la Redoute*, rien qu'à penser à leur travail du lendemain, rien qu'à se donner la main sans gants, rien qu'à retrouver le soir leur femme endormie, se disaient avec un fond de bon sens : « Je ne suis pas fait pour être évêque; je veux bien de temps en temps parler au Temple, aller faire un *extra* avec les chevaliers; mais mon porteur d'eau, le voisin et ma portière riraient trop s'ils me savaient évêque. »

Donc, Châtel était le Messie si longtemps attendu qui allait servir l'ambition du grand maître, M. F.... Ce dernier était d'une rare générosité; on lui demandait un sou, il vous donnait un louis. M. Châtel voulait un simple épiscopat, il fut nommé *primat des Gaules*.

— Vous signerez de votre sang, dit le grand maître, que vous croirez et professerez toute votre vie la doctrine templière et que vous vous soumettrez aveuglément à tous les statuts lévitiques et militaires de notre Église et de notre ordre.

— Je le signerai, répondit l'aspirant évêque.

— Vous adopterez dans votre culte le costume et les cérémonies de l'Église Joannite?

— Je les adopterai.

— Toutes vos églises seront gouvernées par notre administration et il vous est interdit de toucher l'argent.

L'abbé Châtel adopta tout sans marchander, même la question d'argent ne lui fit pas faire de grimaces.

— Cependant, dit-il au grand maître, j'aurais besoin d'acheter un costume d'évêque, et je ne suis pas très-riche en ce moment...

Le Temple réfléchit.

— N'importe, dit-il ; vous donnerez un reçu de cette avance pour que notre caisse la prélève sur les premières recettes.

— Il est assez important, dit l'abbé Châtel, de conserver encore quelque temps l'extérieur du culte romain, pour ne pas trop effrayer les fidèles par l'apparition d'un costume et d'un rit qu'ils pourraient prendre pour un costume et un rit de franc-maçonnerie, ce qui ne serait pas propre à les attirer à nous.

— A la condition, reprit le grand maître, que nous serons les juges du moment où vous devrez opérer le changement.

— J'ai un officiant, dit M. Châtel, qu'il est nécessaire de nommer vicaire primatial.

— Oui, mais il faudra qu'il signe de son sang notre profession de foi ou nos statuts.

L'abbé Châtel s'engagea pour M. Auzou, et alla immédiatement lui apporter la bonne nouvelle. Quel enthousiasme s'empara des frères en religion ! On ne dort pas ces nuits-là. *Tout Paris* vous écoute, vous applaudit, vous baise la robe... Et puis viennent les profits sans nombre. Il est nécessaire d'ouvrir une église vaste, bien ornée, où sera le siége de l'évêché !

M. Châtel rêvait à sa mitre, à sa crosse ; la fière mine qu'il aura ! M. Auzou pensait à la gloire qui rejaillirait sur lui ; il est au second rang, qu'importe ! en *travaillant*, il pourra arriver au premier.

Pendant que l'église catholique française dormait sur son oreiller bourré de rêves si doux et si roses, le grand maître du Temple faisait mander son grand sénéchal et convoquait pour le lendemain un *convent général extraordinaire*.

II

L'assemblée du Temple approuva tout ce qu'avait promis le grand maître, et décida que le lendemain, sans retard, l'abbé Châtel et son officiant seraient sacrés. Le Temple était radieux, car les plus âgés ne se souvenaient pas de pareille cérémonie.

Je ne veux pas entrer dans toutes les comédies et simagrées auxquelles donna lieu ce sacre : cela ressemble aux épreuves franc-maçonniques, bonnes tout au plus à donner le cauchemar à des enfants au berceau. Mais cependant la clause principale du contrat fut exécutée : la signature au sang!

Le sang coule sérieusement, le parchemin est déroulé, la plume est prête, Châtel signe. Mais au fond cette cérémonie est d'une vulgarité bien bourgeoise. Le grand maître serre avec des ficelles les trois doigts des néophytes; il les pique avec une aiguille, et les disciples et chefs de l'église catholique française sont reçus Templiers.

Bientôt une nouvelle église s'ouvre rue de Cléry avec un nouvel évêque, l'abbé Châtel, qui s'intitule évêque coadjuteur des Gaules. Au début, il vint quelques fidèles ; d'ailleurs le Temple se remuait pour *chauffer* la nouvelle religion; il était de l'intérêt du grand maître de voir la farce réussir, puisque la papauté résultait du succès.

Mais tout à coup un premier schisme déchire les voiles du temple; M. B... se sépare de M. Châtel, fait devant l'archevêque de Paris amende honorable. M. B... revenait à l'Église catholique.

Châtel se dit que, dans les douze apôtres, saint Pierre avait renié son maître et que Judas l'avait vendu; il ne s'en inquiète pas autrement; mais les Templiers ne virent pas cette défection du même œil. Déjà ils commençaient à douter de la bonne foi de leur frère en chevalerie.

Une dénonciation vint à la rue de Grenelle-Saint-Honoré, qui accusait le primat Châtel d'avoir été prêcher *extra-muros*, à Clichy-la-Garenne, et d'avoir dit en chaire qu'il tenait son grade sacerdotal d'un évêque catholique romain dont il ne pouvait encore dire le nom.

Le grand maître courut rue de Cléry et s'emporta, accusant Châtel de manquer à sa signature.

— Eh! dit l'évêque des Gaules, ces paysans sont d'une défiance... Je savais, avant de monter en chaire, qu'on allait m'interpeller sur mon évêché; j'ai commis un mensonge bien innocent.

— Assez de mensonges! s'écria le grand maître du Temple; cela ne mène à rien; le grand conseil de l'église Templière a décidé que le moment était venu de jeter le masque. A votre prochaine messe, chevalier, vous dépouillerez le costume romain, et vous déclarerez publiquement que vous êtes évêque primat de l'ordre de Saint-Jean.

M. Châtel écoutait de toutes ses oreilles.

— Rappelez-vous de plus, continua le grand maître, qu'il nous faut remettre, suivant vos engagements, l'administration temporelle de votre église.

— Je n'ai jamais manqué à ma parole, dit le primat des Gaules, mais laissez-moi huit jours de répit afin de préparer une mutation de costume et de langage qui ne choquent pas trop mes paroissiens. Dans huit jours je recevrai l'assemblée du Temple, ici même, dans la chapelle.

Huit jours après, les chevaliers de la rue Grenelle-Saint-Honoré arrivaient avec l'ardeur que met un jeune homme à son premier rendez-vous; ils trouvèrent une lettre de M. Châtel, dans laquelle il expliquait qu'une affaire importante, un fort emprunt d'argent indispensable le forçait à s'absenter, et qu'il les priait de remettre la conférence à la huitaine suivante.

C'était agir avec légèreté vis-à-vis d'un ordre aussi orgueilleux et aussi fier de ses titres; mais l'abbé Châtel, qui était arrivé à son épiscopat, commençait à regarder de haut ses chefs. Il avait pour bouclier l'abbé Auzou, qui lui dit :

— Nous perdons nos paroissiens si nous changeons le culte romain; jamais les gens du faubourg ne viendront payer au casuel pour voir des exercices de franc-maçonnerie.

Toutes les administrations qui sont dans de mauvaises affaires ont un endosseur, un gérant qui reçoit avec complaisance les injures et les coups de pied au derrière des créanciers mécontents. L'abbé Auzou fut nommé le gérant responsable de l'église, et M. Châtel disparut.

Les hauts dignitaires du Temple étaient venus solennellement à l'église, rue de Clichy : on remarquait le grand-maître, le grand-sénéchal, le grand-commandeur, le prieur, le bailli, etc., etc. Aucuns frais n'avaient été faits pour recevoir cette illustre compagnie ; le Temple s'assied et demande M. le primat.

— Il n'y est pas, répond l'abbé Auzou.

— Comment, il n'y est pas...

— Non, messieurs, il est à ses affaires.

— Ses affaires, s'écria le grand maître ! peut-il en avoir de plus importantes que celle d'aujourd'hui ; M. Châtel a manqué de respect envers notre ordre, je propose à nos collègues de lui infliger une réprimande pour s'être fait attendre.

— Non-seulement, messieurs, répondit l'abbé Auzou, M. le primat se fait attendre, mais il ne reviendra pas, il n'a pas le temps et il m'a chargé de vous le faire savoir.

Le Temple murmura et blasphéma ; il comprit qu'il était joué, mais il jura de se venger d'un tel apostat. Une convocation extraordinaire des membres de la loge Saint-Jean fut faite, chose qui n'arrivait qu'une fois par an. Trois cents chevaliers étaient présents. Le grand sénéchal se leva et parla ainsi :

— « Très-grands, très-puissants, très-excellents seigneurs, très-saints pères et vous tous seigneurs pontifes et chevaliers, salut :

» Ferdinand-François Châtel, créé chevalier, sacré évêque, et nommé primat-coadjuteur des Gaules, par décision de la cour apostolique patriarcale et décret du grand maître de la milice du Temple, et souverain pontife de la sainte Église du Christ, a violé ses serments de chevalier, d'évêque et de primat; il méconnaît aujourd'hui l'autorité de notre Église, à laquelle il avait juré de se soumettre. Mais avant de vous signaler toute l'indignité de sa conduite et prendre des conclusions contre lui, il serait nécessaire que la cour apostolique autorisât son rapporteur à faire connaître à l'assemblée les considérants qui avaient motivé son admission dans l'ordre des chevaliers du Temple, son élévation à l'épiscopat et au siége de la primatie des Gaules, et motivé l'ouverture d'un cours public; car, messeigneurs, si la cour apostolique peut, dans ses prérogatives, à l'insu des membres de l'ordre, recevoir des chevaliers, sacrer des évêques, il est de son devoir de faire connaître, lors des assemblées générales, les titres des récipiendaires; il est de son devoir surtout de motiver à vos yeux la décision par laquelle elle a autorisé d'ouvrir les portes du Temple au public. »

L'assemblée s'étant prononcée pour l'affirmative, le rapporteur de la cour apostolique revint sur les faits que nous avons racontés plus haut; mais une grande partie des chevaliers accusa le grand maître d'avoir conféré légèrement le titre de prince à un homme qui avait d'abord cherché à se faire sacrer par des évêques constitutionnels, d'où il résultait que le Temple n'avait été qu'un pis-aller pour l'abbé Châtel.

Le grand maître, un peu confus, se défendit assez faiblement et ordonna au grand sénéchal de prendre de suite des conclusions.

Conclusions terribles, comme on va voir :

1° « Le sieur Châtel a violé ses serments ; il a rougi d'avoir reçu l'épiscopat des mains du vénérable bailli, Jean de Rutland ;

» 2° Il a menti au public en disant en chaire qu'il avait été sacré par un évêque romain ;

» 3° Il a ordonné les sieurs Plumet et Laverdet suivant le rit romain ;

» 4° Il a constamment refusé de rendre compte des fonds qu'il a touchés, lui qui s'était engagé à laisser à l'administration du Temple le gouvernement temporel de son église ;

5° Enfin, il n'a pas eu honte, après avoir dérangé la cour apostolique, de la faire insulter en son nom par son vicaire, lorsqu'elle lui faisait l'honneur de se rendre à sa chapelle pour conférer avec lui, et de se déclarer par là tout à fait indépendant du Temple. D'après ces faits bien constatés, nous requérons que ledit sieur Châtel soit dégradé comme chevalier et comme évêque et déclaré déchu de son titre au pouvoir de primat-coadjuteur des Gaules. Que le jugement, précédé des considérants, soit imprimé à vingt-cinq mille exemplaires ; et qu'en conséquence, sommation lui soit donnée de comparaître à la barre de l'Assemblée, pour que le jugement soit exécuté. »

III

Un des membres fit observer que le sieur Châtel se garderait bien de comparaître.

— Alors, qu'on le brûle en effigie, s'écria le chevalier.

Un frère servant apporta un poteau. Sur une feuille de papier fut écrit le nom de Châtel et on l'attacha au poteau avec la sentence de dégradation. L'abbé Auzou fut aussi *brûlé* de la même manière (1).

Tristes effets des guerres de religion qui font que deux églises si bien assorties, l'église catholique française et l'église joannite, s'humilient et se mordent réciproquement.

Tel fut le jugement mystérieux : restait le jugement public, car il est des coupables dont la conscience ne chante jamais; il faut alors que le public puisse les mépriser et leur inspirer de salutaires remords. Le grand bailli reçut l'ordre d'aller le lendemain signifier à l'abbé Châtel le jugement du convent général de l'ordre du Temple.

Justement il y avait presque fête carillonnée à l'église de la rue de Cléry ; c'était jour de première communion. Les enfants jouaient au bouchon avant de recevoir ce sacrement, mais quels enfants !

(1) La majeure partie de ces faits sera confirmée à tout lecteur incrédule par la lecture du *Lévitikon*, publié par le grand maître du Temple.

Il reste dans le peuple des traces de croyance; les parents des enfants traitaient les prêtres de *jésuites,* et cependant voulaient que leurs fils ou filles fussent communiés et confirmés.

L'abbé Châtel n'était pas difficile; il recevait tous les enfants sans les interroger; son audace en matière de communion avait bien vite couru Paris, et les portières ne parlaient que de l'Église française.

Le grand bailli arriva comme la communion allait commencer et parla poliment à l'abbé Châtel.

— J'ai une triste mission à remplir, lui dit-il; je viens vous signifier le jugement suprême de la cour de justice de l'ordre du Temple, qui vous dégrade comme chevalier et évêque. En voici copie. Il vous est enjoint de cesser toutes fonctions lévitiques immédiatement; vous allez fermer la chapelle.

— Bah! dit l'abbé Châtel.

— Vous me remettrez à l'instant la mitre, la crosse, la croix pastorale, l'anneau, la soutane, la musette, le rochet, les bas et souliers que le Temple vous a prêtés; vous me paierez la somme qu'on vous a avancée et je vous en donnerai quittance.

— C'est impossible, répondit sur le même ton le primat dégradé; je vous rendrai quelques objets qu'on m'a prêtés; quant à l'argent, cela ne se peut pas. Je ne fais pas mes frais ici; voulez-vous fouiller les troncs, ils sonnent plus creux que les cloches... Maintenant, je ne fermerai pas mon église qui ne touche en rien à vos rits; elle est catholique française et non joannite. Je ne reconnais pas l'archevêque de Paris, mais je reconnais encore moins votre pitoyable grand maître...

Le grand bailli éleva la voix.

— C'est le Temple qui vous a fait évêque ; le Temple vous retire vos pouvoirs ; si vous ne dépouillez tout de suite votre costume d'évêque et ne fermez votre église, je vais lire à haute voix et devant tout le monde le jugement des chevaliers de Saint-Jean.

— Allez chercher la garde, s'écria M. Châtel ; cet homme viole ma sainte chapelle, entrave la liberté de mon culte, à laquelle j'ai droit d'après l'article 5 de la charte, délit prévu par le Code d'instruction criminelle, par le Code pénal.

Ces diables d'articles de la Charte, surtout ces mots de *Code pénal,* font toujours l'effet de plomb fondu dans de l'eau froide ; les gardes municipaux ne connaissent pas le Temple ; ils mettraient sans façons un grand bailli, un grand maître au corps de garde.

Le chevalier de l'église joannite descendit quatre à quatre les deux étages de l'église de la rue de Cléry ; il était terrifié par l'audace de M. Châtel ; le Temple gémit d'avoir été victime d'un tel apostat et se consola avec son innocent livre d'or, son léger bâton d'or et sa lourde croix de fer, aux séances de la rue Grenelle-Saint-Honoré.

Le trouble de l'église joannite se reporta en même temps vers l'église française. Un huissier osa venir apporter des assignations dans ce saint lieu ; l'abbé Châtel ne payait pas son terme.

C'est que l'huissier ne respecte rien ; ni Dieu ni

diable; il vous a aussitôt saisi une église qu'une cabane.

Voilà l'abbé Châtel en quête d'un nouveau temple; il ne perd pas confiance. Bientôt l'on voit sur tous les murs des affiches qui annoncent la réouverture de l'église faubourg Saint-Martin. Là je le vis pour la première fois; il prêchait dans ce hangar où on l'écoutait. Sur l'autel il y avait un buste de Louis-Philippe et des drapeaux tricolores au-dessus et dans un cartouche une accolade singulière des trois plus grands hommes de l'humanité :

{ Confucius,
Parmentier,
M. Laffitte.

J'étais bien jeune alors, j'arrivais de la province passer quinze jours de vacance à Paris; je ne pensais guère alors à faire de la littérature mon métier. Par instinct autant que par curiosité, en deux jours, je vis deux hommes dont je devais m'occuper dix ans plus tard.

DEBURAU.

L'ABBÉ CHATEL!

Une vieille femme s'approcha de moi pendant que j'écoutais le prêche, et me dit mystérieusement en me tendant la main :

« C'est pour la fête de *mossieur !* »

Voilà tout ce que j'ai retenu de cette cérémonie ennuyeuse qui se tenait dans une ancienne écurie des pompes funèbres. Oui, *pompes funèbres* que celles de l'abbé Châtel; et le hasard ne préside pas à ces rapprochements divers!

A la rue de Cléry, M. Châtel avait vomi force injures contre le clergé, qui exige une minime rétribution pour les chaises; l'église française s'adressait *gratis* aux fidèles. Mais le primat se reprocha cette générosité ; aussi les bancs, les tabourets, les baptêmes, les mariages, les enterrements, furent-ils tarifés avec grand soin, rue du Faubourg-Saint-Martin.

Ce ne fut qu'une église au rabais.

Des milliers de prospectus furent distribués dans Paris, offrant aux catholiques des *avantages :* on mariera sans confession, toutes dispenses sont supprimées, les paroisses sont supprimées, à toute heure on dit des messes. Le clergé catholique français se transportera à domicile pour les enterrements.

Puis, les dimanches, l'abbé Châtel montait en chaire et annonçait force promesses de mariage, avec des noms et des adresses impossibles. En même temps, il faisait publier dans les journaux quantité de baptêmes et d'enterrements menés à bonne fin par l'église française.

Monseigneur Châtel, primat des Gaules, fut l'Aymès d'une religion. Ce que ce dernier déploya de ruses, d'annonces et d'invention pour les saucissons qui *pleurent sous le couteau*, M. Châtel le dépassa en annonces, réclames et effronté charlatanisme.

Chaque prêche se terminait ainsi : « J'invite mes frères à venir, après l'office, à leur tour dans la sacristie, où des communications importantes leur seront faites. » Les crédules y allaient, ainsi que les incrédules, curieux de voir un primat *dans les coulisses*.

Dans la chapelle, deux registres étaient ouverts ; l'un pour recevoir les demandes d'actions des fidèles ; ce n'étaient pas des actions de grâces, mais bien des souscriptions d'actions pour constituer définitivement l'église française. Peu d'amateurs se laissèrent prendre au premier registre.

Le second registre engageait les fidèles à reconnaître par signature M. Châtel pour primat des Gaules ; les tailleurs, les concierges et les vieilles femmes, cercle habitué des cérémonies de l'Église française, signèrent hardiment. Ceux qui ne savaient pas signer mettaient des croix.

Beaucoup de croix émaillèrent ce registre défunt. Une telle signature est si vite donnée ; en même temps on signait la constitution qui établissait la suprématie du temple du faubourg Saint-Martin sur toutes les églises de France.

Bientôt un événement changea la face du culte ; M. Auzou sentit l'ambition lui monter au cerveau. Envoyé par son chef dans la commune de Clichy-la-Garenne, il ose se dire : curé de Clichy-la-Garenne par *l'élection du peuple*. De plus, il tonne en chaire contre l'abbé Châtel.

A Nancy, l'abbé Lot essaya de se faire nommer évêque ; il obtint une triste chute.

A Villa-Favart, l'abbé Reb lutta quelque temps avec le clergé de Limoges ; cependant il reconnut ses erreurs et publia son abjuration.

L'abbé de R... s'imagina qu'il allait être porté en

triomphe à l'évêché de Nevers; mais bientôt il fit amende honorable.

Ces prêches entraînèrent un schisme comique; M. Châtel fut traité de *simoniaque, hérésiarque, démoniaque,* vastes injures qui, dans d'autres temps, auraient fait élever un bûcher. La scène de l'Eglise joannite et de l'Église française se renouvela ; ingrat envers le Temple, Châtel trouva un ingrat. Il voulut ôter à l'abbé Auzou son titre de vicaire primatial ; il lui défendit de porter la molette violette ; il cassa son élection ; M. Auzou répondit ce qu'il avait répondu jadis au grand bailli : — Monseigneur le primat, c'est moi qui vous interdis l'entrée de ma cure de Clichy-la-Garenne ; et si vous dépassez le champ de blé qui appartient à mon paroissien Naigeon, je vous fais poursuivre à coups de fourche par les paysans.

L'abbé Châtel, avec grand courage, se rendit à Clichy ; il y allait avec la louable intention de soustraire le petit Laverdet aux intrigues d'Auzou. Laverdet, jeune villageois, avait été sacré prêtre français rue du Faubourg-Saint-Martin ; mais le petit paysan préféra rester avec son supérieur Auzou.

Enfin le temple croula ; il n'y eut plus de schismes et de schismatiques à l'exception de quelques apôtres arriérés qui coururent la province, espérant donner plus avantageusement la parole de Châtel.

IV

En 1845, il se forma une espèce de queue de l'abbé Châtel. J'y allai un matin.—L'église française, s'il vous plaît. — Au *cintième*, la deuxième porte à main gauche, me dit la portière.

Je montai un escalier aux murs suintants, imprégnés de l'odeur des plombs domestiques, un de ces escaliers où le chapeau coudoie le plafond. Au cinquième, ne trouvant que de mauvaises portes peu dignes de figurer l'entrée d'un temple, j'allai à deux hommes qui conversaient.

— Ah! c'est toi, farceur, me dit l'un en m'offrant la main. — Pardon, monsieur, vous vous méprenez sans doute; pourriez-vous m'indiquer M. Lhôpital? — C'est moi, me répondit-il, et je vous prenais pour un autre ; c'est assez *farce*.

S'il y eût jamais quelqu'un d'étonné, ce fut moi ; j'allais à la recherche du dieu Lhôpital, et le dieu avait une calotte, des mains calleuses et noires, un tablier de serge plus noir que ses mains, montant jusqu'au cou, à la manière des cordonniers.

Est-il possible que ce soit là le dieu? Le dieu qui m'a envoyé cette lettre : « Monsieur, l'administration de l'Église chrétienne française croit vous être agréable en vous informant des jours et heures de ses réunions religieuses, et vous prie de lui faire l'honneur d'y assister. »

— « Donnez-vous donc la peine d'entrer, me dit-il. » J'entrai avec lui et je vis une mansarde assez nue, trois chaises, un lit de bois blanc, un poêle et une bibliothèque. Une porte fermée donnait dans cette pièce.

— Je viens pour la réunion, dis-je.

— Très-bien, monsieur, dit le dieu Lhôpital, nous ne sommes pas au large, comme vous voyez ; mais, patience, nous allons descendre de trois étages. L'*église* est trop petite. Ce qu'il y a de plus *embêtant*, c'est le propriétaire *qu'est chien comme tout.* Il veut 800 fr. de son second, nous lui en avons offert 700 fr.

— Effectivement, répondis-je, c'est cher. — Et dire qu'il partage nos doctrines! — Vous savez, dit celui qui m'était inconnu, que les propriétaires rançonnent toujours les prolétaires.

— « *A cré guerdin* de poêle, dit tout à coup le dieu Lhôpital, il ne veut pas tirer. » Il alla chercher du charbon de terre. Pendant qu'il essayait de ranimer le feu, je m'approchai de la muraille, curieux de lire une espèce de proclamation renfermée dans un cadre. Je lus :

« Les catéchismes, pour les enfants, ont lieu les dimanches après l'office du matin, et les jeudis après l'office du soir.

» La première communion, ou cène fraternelle pour les enfants, aura lieu vers le mois de juillet ; les parents sont invités à faire inscrire leurs enfants.

» L'administration a fondé une bibliothèque dont les volumes sont mis à la disposition des fidèles.

» Chaque personne ne pourra emporter plus d'un volume à la fois et le garder plus de quinze jours.

» M. Lhôpital est nommé bibliothécaire.
» M. Délit est nommé sous-bibliothécaire.
» Au nom du conseil d'administration.

» Le président,
» A.-H. COHENDET. »

La bibliothèque contenait à peu près cinquante volumes dépareillés. Ces volumes étaient le *Dictionnaire philosophique,* de Voltaire, l'*Histoire parlementaire de la Révolution,* de M. Buchez, le *Voyage en Icarie,* de M. Cabet, quelques ouvrages de MM. Quinet, Michelet et de Lamennais. Ces ouvrages, « destinés aux fidèles » devaient former une religion bizarre. Quant à l'invention du sous-bibliothécaire, rien n'était plus gai en présence de ces cinquante volumes.

— « Si nous mettions la serrure ! » dit le dieu Lhôpital. Et il passa par un trou de la porte un bout de ficelle attachée à un morceau de bois qui permettait aux *fidèles* d'ouvrir eux-mêmes la porte. Un jeune homme entra. — Ça va toujours bien, papa Lhôpital ? — Comme vous voyez, Vavasseur. — Bonjour, Billaut. — Est-ce vous qui dites l'office, aujourd'hui ? dit le nouveau venu à celui qu'il appelait Billaut. — Non ; vous devriez bien vous en charger, Vavasseur ; depuis deux ou trois jours, j'ai une colique *d'enragé.*

L'homme à la colique, Billaut, était un dieu ;
Lhôpital était un dieu ;
Vavasseur était un dieu.

La conversation s'engagea entre les trois dieux. On parla de confession ; entre autres paroles qui me frappèrent : — Le frère Quentin, dit le dieu Vavasseur, ne veut pas plus de confession que de *perruque à la broche*. — *A cré* farceur, dit en éclatant de rire à cette facétie le dieu Lhôpital.

Le dieu Vavasseur était mis comme un honnête homme qui n'est pas dieu. Dans la rue, on aurait pu le prendre pour un second clerc d'huissier. Il avait un paletot, je n'oserais affirmer que son pantalon fût à sous-pieds. Il raconta diverses anecdotes de séminaire, où il avait été, disait-il (de fait, il lui en restait quelque teinte); mais ses opinions *avancées*, ses questions sur la théologie qu'il voulait approfondir, l'en avaient fait chasser. Plus tard, les prêtres, sachant qu'il faisait partie de l'Église française, l'avaient invité à venir chez eux, lui avaient fait expliquer sa religion nouvelle, et avaient essayé de le ramener dans le sentier de la vertu : mais lui les avait bien *roulés;* il les avait confondus par ses théories superlatives. De plus, il se vantait de ne pas suivre celles de l'abbé Châtel :

— Car, continua-t-il en me regardant, nous ne sommes ni catholiques, ni protestants, nous ne suivons aucune religion. Nous les avons toutes fondues ensemble pour en extraire le superfin.

Je me hasardai à lui demander quelle était leur religion.—Vous n'avez donc pas lu notre profession de foi? dit-il.— Non, monsieur.— Alors, il toussa, se recueillit et me dit :

— Quand elle apparut en 1830, comme l'atteste l'Eucologe publié en 1832, l'Église française ne différait guère de l'Église romaine, qu'en ce que la liturgie y était célébrée dans la langue nationale ; mais dans les Eucologes postérieurement imprimés, c'est-à-dire en 1839, la doctrine se développe, prend une forme plus décidée et reproduit plus complétement, ou plutôt commence à reproduire la lumière évangélique, dont fut illuminée la glorieuse et sainte Église primitive.

Cependant, bien des abus, bien des erreurs existaient encore ; la forme et le cérémonial démentaient à chaque instant la doctrine ; mais comment détruire ces abus, redresser ces erreurs, réformer un cérémonial ridicule ? Qui eût osé l'entreprendre ? Qui eût pu le faire ? On nous vint en aide ; on se chargea de ce soin ; on nous rendit un immense service, on nous fit beaucoup de bien en croyant nous faire beaucoup de mal. Le coup de tonnerre du 29 novembre 1842 a fait tomber, a réduit en poudre les idoles installées imprudemment dans la nouvelle Église ; l'ouragan a emporté les ornements du vieux paganisme, dont nous avions formellement paré le temple et les pontifes ; nous sommes revenus tout à coup à la simplicité de l'Église apostolique.

Le dieu Vavasseur attendait avec confiance la fin de sa harangue.

— Eh bien ! me dit-il. — Il faudrait, lui répondis-je, assez embarrassé, que j'eusse étudié la matière. — C'est pourtant bien simple ; Châtel n'était pas un aigle. Il appelait son Église : l'Église *catholique* française ; nous autres, nous avons bien changé tout cela ; nous appartenons à l'Église *chrétienne* française. Châtel avait une église, nous n'avons pas d'église ; un autel, nous n'a-pas d'autel ; un costume, nous n'avons pas de costume ;

J'avoue que j'ai peu vu dans ma vie de bavards aussi intarissables et plus ennuyeux que ce dieu. La porte s'ouvrit, une vieille dame, suivie de sa demoiselle, entra et salua les dieux. — Est-ce que nous n'aurons pas Cohendet aujourd'hui, dit le dieu Billaut? reprit la vieille dame. — Il va venir.

Je croyais être quitte du dieu loquace ; mais il continua :

— Châtel avait fait la même bêtise que les prêtres ; il se servait du mot messe, qui ne signifie rien. Que veut dire messe? Messe vient de *missa,* en français mission. Ayez la bonté de me dire le rapport qui existe entre la mission et la messe que font les prêtres! Quant à vêpres, c'est autre chose. Vêpres vient du latin *vesperum,* qui veut dire soir. Comme ces offices ont lieu le soir, le mot est rationnel ; *vesperum* lui-même est formé de *vesper,* c'est-à-dire étoile du soir.

A coup sûr, le dieu tenait à paraître savant ; la demoiselle l'écoutait avec une attention soutenue. C'était mademoiselle Cohendet, la fille d'un autre dieu, d'un plus que dieu, puisqu'il était leur président. Dans cet Olympe, Cohendet était une manière de Jupiter.

— Nous n'aurons pas grand monde *aujord'hui,* dit le dieu Lhôpital, qui avait changé son tablier contre une veste, et sa calotte contre une casquette ; il fait un brouillard, *qu'on ne s'y reconnaît pas.* — C'est un mauvais temps pour les rhumes, dit la vieille dame. — Qu'est donc devenu Délit? dit Billaut.

Délit était aussi un dieu.

— Je ne sais ce qu'il a depuis quelque temps, répondit le dieu Lhôpital, il est tout drôle. — Il est de fait, dit le dieu Vavasseur, que Délit est bien grave.

Les fidèles rirent beaucoup de l'aimable jeu de mots du dieu.

— *A cré farceur!* dit Lhôpital, qui paraissait tenir à ce mot. Le dieu Lhôpital me parut avoir toutes les qualités requises pour présider une goguette.

En ce moment, diverses personnes entrèrent : quelques femmes hors d'âge, un petit garçon et deux ou trois ouvriers endimanchés. Je remarquai avec surprise Lepeintre jeune. Lepeintre jeune serait-il un dieu? Malheureusement, ce n'était pas lui, ce n'était que son ventre. Cette façon de tonneau marchant s'avança, salua l'assemblée en souriant, et dit au dieu Vavasseur : — Auriez-vous lu les prêtres dans le *Constitutionnel?* — Non. — Je l'ai sur moi. — Le dieu Vavasseur lut aux fidèles le *canard* suivant : « Un mourant ayant légué sa bibliothèque à des prêtres, ceux-ci avaient brûlé, dans la maison, une édition complète de Voltaire. » Les fidèles étaient indignés. Pendant cette conversation, madame Cohendet racontait à une de ses voisines comme quoi on avait fait récemment cadeau à son mari d'un chien-loup.

— Oh! je n'aime pas ces bêtes-là, moi, ça me paraît dangereux, répondit la voisine; M. Marival, le locataire du second, en avait un pareil, il a été obligé de s'en défaire. D'ailleurs, des enfants de loup, c'est tout dire. — Mon Dieu, dit madame Cohendet, c'est simplement des loups bien élevés. — Faut pas s'y fier. — La louve, reprit mademoiselle Cohendet, jalouse de faire briller ses

connaissances en histoire naturelle, fait neuf petits.
Dans ces neuf loups, il y a toujours un chien. La mère
s'en doute, mais elle ne le reconnaît pas tout de suite.
Qu'est-ce qu'elle fait? Elle les mène boire à une fontaine;
celui qui lape est un chien-loup. Alors elle le dévore...

— Voyez-vous ça; mais alors comment-ce que font
les personnes qui ont des chiens-loups? Puisque la
mère l'a détruit, où monsieur Marival l'aura-t-il eu?

— Cela se trouve, reprit mademoiselle Cohendet sans
se déconcerter. Il y a toujours des gardes dans les bois...
Ils empêchent la mère de massacrer son petit chien-
loup et ils l'emportent... D'ailleurs c'est dans Buffon.

— Messieurs et Mesdames, dit Lhôpital, si vous voulez passer de l'autre côté, nous allons *commencer*.

La seconde pièce (c'était l'église) était aussi nue que
la première. Une table ornée d'un tapis vert et une ca-
rafe, des bancs de bois blanc étaient les seuls meubles.
Chacun s'assit. Autour de la table prirent place les
dieux Billaut et Moulin, au milieu d'eux Vavasseur.
Ces trois messieurs se décorèrent d'un ruban moiré violet auquel était attachée une petite médaille d'argent.
Le dieu Vavasseur agita une sonnette, et le silence se
fit. On commença par une prière en français. Le dieu
Billaut eut la bonté de m'apporter un petit volume pour
suivre l'office; c'était l'Eucologe, inventé par monseigneur François-Ferdinand Châtel, ex-primat des Gaules.

Je me souviendrai longtemps de cette messe ou plutôt de cette *réunion religieuse*, ainsi que l'appellent les
initiés. J'étais entre une vieille dame, qui me prenait à
tout instant mon Eucologe pour m'indiquer les endroits

à suivre. De l'autre côté, un vieillard m'offrait sans relâche du tabac à priser.

Les hommes chantaient des vers d'almanach sur une musique de café du Sauvage. Les femmes répondaient, Mademoiselle Cohendet me parut conduire les chœurs; peut-être est-elle une déesse? Jamais je n'ai entendu de voix si fausse.

Le dieu Vavasseur se leva et prononça un discours incompréhensible qui parut faire beaucoup d'impression sur l'assemblée et sur mademoiselle Cohendet.

Après le discours, le dieu Lhôpital fit la quête. La recette, comptée aussitôt, put monter à 50 cent.; puis un homme se leva. Ma voisine m'apprit que c'était le président Cohendet.

— Mes frères, dit-il, mercredi étant le jour de l'an, nous dirons seulement une petite messe pour ne pas vous déranger. Car, le lendemain de Noël, le *lévite* est venu et il a trouvé *visages de bois*. — Les fidèles s'amusèrent infiniment de cette locution. — Mes frères, chantons l'hymne pour le service anniversaire des ministres de l'Église chrétienne française.

L'assemblée entonna l'hymne. Je regrette beaucoup de ne pouvoir en donner un échantillon. Je sais seulement que cette hymne, composée par une demoiselle Mignard de Nantes, se chante sur l'air de : *Des rives* de *la Seine.*

Je sortis avec les fidèles, tout pensif, et n'y suis plus retourné.

Plus tard, j'ai appris que le dieu Cohendet est imprimeur, le dieu Vavasseur est *pion* dans une pension (il touche 300 fr. en sa qualité de lévite); le dieu Délit est relieur, et le dieu Lhôpital, cordonnier.

De tous ces Luther de ruisseau un seul est resté, M. Châtel; et encore la république lui a-t-elle donné le coup de pied de l'âne. Cependant, dans le mois de janvier, les journaux judiciaires ont inséré cette petite note laconique, pleine d'enseignements :

« M. Auzou, ancien prêtre catholique, ancien vicaire de l'Église française, ex-directeur des postes à Givry, vient d'être condamné par la cour d'assises de Saône-et-Loire, pour un détournement de 1,060 fr., avec des circonstances atténuantes, à cinq ans de détention et dix ans de surveillance de la haute police. »

J'avais cru le *christianisme français* éteint, lorsque j'ai eu connaissance d'une nouvelle petite chapelle, plus inconnue que les précédentes, mais qui compte un certain nombre d'adhérents.

L'église de M. Châtel est aujourd'hui passage Dauphine, « *tout en haut de l'escalier,* » ainsi que l'annonce une petite affiche manuscrite, placardée au bas de l'escalier C. L'ex-primat a pour vicaire M. Riboulot, jeune néophyte qui a la mine d'un clerc d'huissier.

A la fête de mai, tous les curieux ont pu lire cette *réclame,* insérée dans quelques journaux : « Banquet religieux et social, présidé par le citoyen Châtel, fondateur de l'Église française, en mémoire de la naissance du Christ, le grand apôtre du socialisme. Cette solennité étant la fête de la fraternité universelle, les dames y seront admises, ainsi que tous ceux qui veulent communier en Dieu et en l'humanité, quelles que soient d'ailleurs leurs opinions politiques et religieuses. »

Le banquet coûtait 1 fr. 25 c. par personne et avait lieu barrière du Maine, maison Ragache.

Je rencontrai en chemin l'abbé Châtel qui arrivait à pied comme un simple citoyen ; il était vêtu de noir, et portait un manteau à double collet, l'un de drap, l'autre en poils de lapin imitant la fourrure de l'ours. Le célèbre socialiste mettait soigneusement en évidence deux grandes bandes de velours qui s'étalaient sur le devant du manteau.

Arrivé chez Ragache, il ôta son chapeau pour saluer les rares vieilles femmes qui avaient devancé l'heure. L'abbé a des cheveux gris bouclés qu'il porte derrière les oreilles. En public, il est aimable, mielleux, et cause beaucoup avec les femmes. Il semble un pauvre directeur de théâtre de la province, qui a fait sa grande toilette pour aller en ville prier les bourgeois de souscrire à une représentation à bénéfice.

Quand tout le monde fut arrivé et placé à la longue table de cent couverts, l'abbé Châtel alla vers chaque convive, disant un mot gracieux aux jeunes filles, plaisantant avec les hommes, souriant aux vieilles femmes.

Après un mauvais dîner, l'abbé Châtel monta à l'orchestre, ainsi que son disciple Riboulot ; derrière eux dormait une contre-basse insonore ; devant eux les pupitres de la clarinette et du trombonne. Alors commença un concert d'imprécations où l'Évangile se mêlait au socialisme, où le fusil résonnait.

Mais, je le dis avec bonne foi, aucun enthousiasme ne

pénétra dans le cœur des convives. Ce n'étaient pas des ouvriers, ce n'étaient pas des bourgeois ; les convives étaient des demi-bourgeois, des demi-ouvriers qui n'apportent même pas la foi dans ces festins orduriers.

L'abbé Châtel s'intitule socialiste. Veut-on savoir comment le traitent les socialistes sérieux, à la tête desquels marche le satirique P.-J. Proudhon qui a été le premier à montrer aux partis que les savants seuls et les têtes fortes servaient à faire avancer des idées et non ce vil troupeau, cette écume, cette lie qu'on rencontre à la queue d'une école, espérant en manger la tête un jour !

« Voilà ce que dit l'esprit d'ordre, le génie aux ailes de flamme, qui veille aux destinées de la France :

» Il écrit à l'abbé Châtel, anti-pape :

» Je t'ai fait prêtre de la canaille, afin que tu serves d'exemple aux ambitieux et aux charlatans. Tu as été la première dupe, la dupe de ton ignorance et de ton orgueil. Tu croyais qu'au nom de liberté le peuple en foule courrait à ton autel et que tu serais pontife de la France raisonneuse. Tu t'es trompé, téméraire ! Tes mascarades font pitié, tes scandales soulèvent le dégoût. Tu le sais, et tu t'obstines ; mais plus tu étales d'impudence, plus ton cœur est abîmé, et plus je sens redoubler ma joie. »

L'HOMME AUX FIGURES DE CIRE

I.

Les promeneurs qui vont tous les jours de la place de la Concorde à l'arc de triomphe de l'Étoile, se souviennent peut-être encore qu'en 1848, non loin de Beaujon, il existait une petite baraque de figures de cire. Les tableaux éraillés et en loques, l'annonce d'un animal extravagant, n'attiraient aucun visiteur. Ce spectacle était d'un extérieur morne et dégradé, trop peu engageant pour le public des Champs-Élysées. Aussi, le rideau rouge en calicot, orné de crasseux glands blancs en coton, restait-il dans un repos triste ; et ce n'étaient pas les visiteurs qui faisaient grincer les anneaux de ce *velum*, sur la tringle de fer.

On aurait pu prendre le bouge pour un spectacle en faillite, si, à de certaines heures, les deux figures de cire habituelles qui servent de spécimen à ces sortes d'établissement, n'eussent donné quelque signe de vie. Une femme de cire, vêtue en saltimbanque, que le Curtius des Champs-Élysées s'était imaginé pouvoir figurer une puissante princesse, tournait les yeux tantôt à droite, tantôt à gauche, par un mécanisme grossier. Mais de telles agaceries n'arrêtaient pas plus ceux qui venaient de l'arc de l'Étoile que ceux qui arrivaient de la place de la Concorde. L'autre figure de cire représentait un criminel sans titre, vêtu d'un modeste habit noir, les bras tendus en avant, comme pour engager le public à entrer. Ma longue étude de cet art populaire me donne aujourd'hui à penser que celui que j'appelle le *Criminel,* n'était autre chose que le témoin d'un crime. J'entends par là que l'homme en habit noir avait été sans aucun doute détaché d'un groupe représentant un assassinat. Honnête homme, caché, il avait vu le crime, et il étendait par un mouvement d'horreur ses bras en avant... sous son chapeau gris, ses cheveux se dressaient... une sueur froide s'emparait de son corps (*impressions irréalisables dans l'art du mouleur en cire*); mais le moyen le plus brutal n'avait pas été négligé. Il criait; c'est-à-dire sa bouche s'ouvrait avec prudence et se refermait avec lenteur.

Ainsi, la porte était ornée de cet ex-témoin, dont les anciens gestes et cris avaient été conservés sans en garder la signification première. Les beaux bras qu'il faisait pour attirer le public, furent anciennement un geste d'horreur; et cette bouche qui jadis semblait crier : au meurtre! devint le pendant mécanique des **œillades de la princesse.**

Pour ces raisons et bien d'autres, le pauvre spectacle des Champs-Élysées était presque mort. Une femme cul-de-jatte vint le ranimer un peu. Elle dansait la polka à la porte sur un tabouret, ce qui fut une séduction de curiosité pour les moins curieux.

J'entrai un jour, après que le rideau en calicot rouge eut été tiré, dans une grande salle basse et longue, où le soleil ne daignait pas se montrer. Il y avait beaucoup de figures de cire échelonnées les unes derrière les autres, arrangées tout autour de la salle, en forme de fer à cheval.

Un homme, tenant une longue baguette, était au milieu du Musée. Il salua les six ou sept visiteurs qu'avait attirés la parade de la femme cul-de-jatte, et il demanda la permission de garder son chapeau, à cause de l'humidité de la salle. Bientôt il commença son *pallas* par Henri IV monté sur un âne derrière un paysan. Le paysan ne reconnaissait pas le roi qui s'était égaré à la chasse et lui disait de dures vérités sur les amours de la cour. « C'était un Bourbon, disait l'homme à la baguette, brave comme tous les Bourbons. » Papavoine succéda à Henri IV; il tenait un couteau à la main et ne se laissait pas fléchir par les supplications de deux enfants à genoux devant lui. Puis vint la cour d'Espagne actuelle, c'est-à-dire un groupe de dames richement habillées et assises autour d'une table sur laquelle était servi un repas de carton. Le démonstrateur profita de cette circonstance pour traiter longuement de la fameuse question des mariages espagnols et il se répandit en diatribes si amères et si mordantes contre le ministère et contre M. Guizot, que je commençai à prendre garde à lui.

On n'était pas encore sous la République ; et il me semblait étrange qu'un directeur de spectacle autorisé par la police, se permît de telles critiques. Il continua sans paraître s'inquiéter de rien, par la figure de M. de Talleyrand qui avait, dit-il, sur la poitrine autant de crachats qu'il aurait dû en recevoir sur la figure, à cause de ses nombreuses trahisons. Ce jugement grossier m'en rappela un autre bien plus fin de Ludwigh Bœrne, le démocrate allemand, qui ne se fâchait pas trop des variations de M. de Talleyrand. Seulement le poëte, s'il avait été roi, aurait accroché le ministre dans son cabinet et l'aurait regardé de temps en temps, comme on regarde les capucins de carton, ces naïfs baromètres, qui remettent ou défont leur capuchon suivant les caprices de l'atmosphère.

Arrivé à moitié de l'explication de ses figures, l'homme à la baguette demanda à se reposer un moment. — Pendant ce temps, dit-il, madame va travailler ; ensuite je continuerai à vous expliquer toutes les pièces de ce beau cabinet. — La femme cul-de-jatte était prête ; elle montra avec beaucoup de sang-froid les genoux qui terminaient ses jambes. Un seul doigt s'était formé dans ses chairs ; ce n'était pas un spectacle attrayant. — Maintenant, dit-elle, je prierai une personne de la société de s'avancer et de me toucher le côté droit. On remarquera que j'ai une pendule dans le côté. « Monsieur, me dit-elle, en me faisant un signe gracieux, uniquement parce que j'étais le plus rapproché... » —

Mais je reculai; les monstruosités en cire, les monstruosités en chair m'inspirent plus de dégoût que de curiosité. Une spectatrice s'avança, mit la main au-dessus de la hanche de la cul-de-jatte et fit un signe d'approbation. Pendant que le phénomène racontait que l'Académie royale de médecine n'avait pas eu raison du mouvement intérieur qu'elle qualifiait de pendule, les autres visiteurs s'étaient approchés et palpaient le côté mystérieux de cette femme. Elle donna ses nom et prénoms, son âge, son lieu de naissance et raconta sa vie pour les six juges d'instruction qui avaient donné six sous à la porte. — Charles, cria-t-elle. Un petit garçon accourut et vint se frotter contre les jambes du tabouret.
— C'est mon fils, dit-elle, il va faire le tour de la société. Je prie le public de ne pas l'oublier, c'est pour le racheter de la conscription. — Le futur conscrit, qui n'avait que cinq ans, recueillit quelques sous dans sa sébille en osier; et la mère phénomène dansait sur son tabouret, en s'accompagnant elle-même d'une rauque chanson.

L'homme à la baguette reparut et continua ses explications; elles sont trop partout les mêmes pour être reproduites. D'ailleurs, ce genre de littérature-daguerréotype, a été si souvent employé et devient si fatigant pour le lecteur, qu'il doit être supprimé. Je n'aurais conservé aucun souvenir particulier de l'exhibition; mais, dans la seconde partie de l'explication, l'homme à la baguette se montra de plus en plus hostile au gouvernement de Louis-Philippe; il attaquait le roi, ses fils, ses ministres avec tellement d'audace, que ma première supposition demeura entière dans mon esprit.

Je retournai plusieurs fois dans ce cabinet de figures étranges. En plein midi, il entrait un jour vert et malsain, qui se répandait avec chagrin sur les figures de cire. Depuis, je n'ai plus revu de ces exhibitions, et je crois qu'il faut attribuer leur décadence à la trop grande popularité des figures de cire par différents industriels.

A toute heure de la journée, en tous lieux de Paris, dans les passages, sur les boulevards, les dentistes ont dévoilé les mystères de ces mâchoires mécaniques qui travaillent sans s'arrêter, avec la régularité d'un battant de pendule, à montrer les trente-deux plus belles dents du monde. Une figure de cire dont la bouche s'ouvrait fut évidemment une source de fortune dans le principe : aujourd'hui cet effet est si usé, que j'ai vu un gamin audacieux qui n'avait rien trouvé de plus original que de s'arrêter devant la porte d'un dentiste et de mettre au repos avec sa main ces mâchoires désespérantes à regarder, rien qu'à cause de leur voir mâcher du vide.

Si les dentistes n'ont pas peu contribué à l'inattention qu'on accordait au témoin du bouge des Champs-Élysées, les coiffeurs doivent se sentir presque aussi coupables. Combien dans Paris de ces belles dames en mariées, en Kettly, en amazones, en danseuses, qui tous les jours tournent dans de superbes accoutrements pour un public désœuvré. Et leurs agaceries sont bien plus perfides que celles des spectacles de cire.

Elles ne craignent pas le plein jour, sont à la hauteur raisonnable ; le corsage est indiscret, les hanches accusées, les formes toujours ronflantes, l'œil noyé est plein de promesses. On comprend le mot d'un provincial qui resta dans le passage Choiseul, deux heures, en contemplation devant une de ces sirènes de cire.

— La belle brune ! s'écria-t-il transporté.

— Ah ! dit la nourrice de Roméo et Juliette, en s'extasiant sur la beauté du comte de Paris : *A man of vax.* C'est-à-dire, c'est un homme de cire, il est fait comme de cire. Ce qui montre qu'à Londres, du temps de Shakespeare, l'expression populaire qui rendait le mieux la beauté, était de la comparer aux figures de cire.

A cette race de purs admirateurs appartiennent ceux qui guettent le matin le petit lever des figures de cire aux montres des coiffeurs. Car les propriétaires sont pleins de soins minutieux pour la beauté de leurs enseignes. Quand l'homme au gaz a annoncé par le bruit de son instrument de fer qu'il va fermer les tuyaux, après que les volets discrets interdisent au public toute communication avec la boutique, le coiffeur prend délicatement dans ses bras la fiancée de cire qui tournait comme dans la douce walse du premier jour des noces, il lui ôte sa robe. C'est la toilette de nuit de la mariée ; bientôt sa fausse chevelure est mise sous clef et montre une tête niaise, sans bosses, d'un ton rosé charmant, mais où jamais ne durent pousser ces cheveux nattés et crêpés qui tout à l'heure donnaient la vie à cette personne.

On enlève la robe, la chemisette ; seul, le coiffeur peut jeter un regard ardent sur cette belle poitrine nue. Seulement quelques rares amateurs ont découvert qu'à sept heures du matin, se faisait le petit lever de la mariée. Alors ces enthousiastes amis des formes plastiques jouissent en secret de la vue de ces trésors matutinaux.

J'attribue donc avec assez de preuves, aux exhibitions des coiffeurs et des dentistes, la disparition des cabinets de cire. D'autant plus que quelques chapeliers ont encore empiété sur le genre, en étalant audacieusement de monstrueux bustes en cire d'hommes célèbres à différents titres, MM. de Lamennais, Béranger, etc..., qui se voient encore place des Victoires.

Le plus célèbre cabinet de cire disparut, tué par ces spectacles gratis : j'ai vu la fin de Curtius, si longtemps connu au boulevard du Temple. Il ne pouvait pas lutter contre les dix spectacles autorisés et contre les mille spectacles imprévus du boulevard. D'ailleurs deux ou trois générations avaient connu « la femme qui offre un million à celui qui voudra l'épouser. » Les voyoux, sans candeur et sans surprise, ne s'effrayaient plus quand au lieu d'une figure charmante, la millionnaire laissait voir une tête de mort. Peut-être quelques provinces des fonds de la France sont-elles tour à tour alléchées et épouvantées par cette fiancée à double visage! Curtius ne laissa ni trace ni élève, à l'exception du cabinet des Champs-Élysées dont le propriétaire ne pouvant vivre de ses figures de cire, jugea prudent de s'adjoindre la grosse dame sans jambes. Depuis longtemps je désirais visiter l'exhibition, car j'aime à voir l'agonie de pareils spectacles. J'ai la cruauté de rire en les trouvant pauvres, malades et infirmes. S'ils sont borgnes, je me réjouis que le lendemain les verra aveugles; s'ils sont boiteux, je suis heureux de les penser cul-de-jatte. Les habits se déchirent, ce n'est pas assez, je veux les voir ramasser par le chiffonnier. L'amour du laid n'a rien à voir là-dedans ; au contraire me pousse l'amour du beau.

Ces spectacles corrompent et rendent mauvais ; surtout la vue des cabinets de cire. On est troublé en entrant dans les salles ; on pense au meurtre, à l'assassinat. Cela ressemble tout à la fois à la Morgue et à l'abattoir.

La sculpture peinte, employée par tous les peuples sauvages, touche à nos figures de cire ; mais il y a un sentiment grossier de réalisme ; il y a une naïveté d'exécution dans les dieux des peuples primitifs qui les sépare complétement des moulages en cire. Les Espagnols, s'ils mettent des cheveux, des vêtements vrais à leurs statues coloriées de saints, se sauvent par une foi ardente qui veut comprendre d'une manière exacte et matérielle la représentation de leurs saints.

Au contraire, nos figures de cire avaient fini, abandonnant les sujets bibliques, n'apportant plus autant de soins aux rois et empereurs, par être la *Gazette des Tribunaux* en pied, grande comme nature, avec des habits et coloriée. C'était la consécration du crime ; ceux qui n'avaient pu aller à la barrière Saint-Jacques, retrouvaient, à l'exhibition, le criminel avec sa tête. Ceux qui n'avaient pas lu le procès, assistaient au crime, groupé et *parfaitement ressemblant*.

Et je voudrais que les auteurs dramatiques assez coupables pour se servir de *Fualdès*, de *madame Lafarge*, de *Castaing*, m'entendissent ; ils font là un vilain métier ; ils sont un peu plus bas placés sur l'échelle des arts que les Curtius, car ils ne sauraient pas mouler une figure de cire. Ils volent et coupent dans les *Causes célèbres ;*

-mais ils coupent mal, et n'ont même pas le talent de tailler un vice ou un crime, dans les conditions de l'art. De si coupables moyens au théâtre, en livres, en baraques de foire, corrompent plus qu'on ne croit. Un petit groupe de la nation accuse sans cesse les autres vingt-cinq millions de Français de ne pas croire au beau; mais le groupe est trop intelligent pour se faire comprendre des masses, trop restreint pour empêcher et détruire la bande nombreuse des faux artistes, faux savants, faux poëtes, faux philosophes, qui passe son temps à distiller du poison et à le faire boire au peuple.

Une des impressions d'enfance qui m'est restée la plus vive, c'est d'avoir été porté à bras dans un cabinet de figures de cire à la nuit.

J'eus très-peur. Bien des fois j'ai pensé à cette impression; j'ai tâché d'analyser, car *l'enfant a raison;* il ne sait pas la vie, il n'a pas de préjugés, il connaît la nature et ignore l'art. En même temps et à diverses époques, j'ai regardé longuement des figures de cire de toutes les conditions et de toutes les formes. Plus je regardais, plus je me disais qu'enfant j'avais eu raison d'avoir peur. Mais pourquoi ? Ce n'était pas l'immobilité et le calme de ces figures, la statuaire partageant ce calme et cette immobilité. Je comprenais que mon effroi naïf venait de cette apparence de vie qui n'est pas la vie, de cette apparence de réalité qui n'est pas la réalité, de ce *plus* complet que la sculpture et la peinture, qui cependant est *moins* complet que la peinture et la sculpture, lorsqu'un jour il me tomba sous les yeux un livre scientifique qui contenait les procédés par lesquels on peut donner une apparence de vie à un cadavre.

Ma peur venait de la ressemblance des figures de cire avec les cadavres que je devinais. Plus tard, j'allai à la Morgue. Je compris alors pourquoi l'aspect des figures de cire était odieux. Il arrive souvent que des meurtriers, pour faire disparaître leurs victimes, les coupent en morceaux. La morgue retrouve ces morceaux, les joint autant qu'elle peut et s'essaie à offrir un corps complet, plus facile à reconnaître. Mais quoique rajusté par des mains habiles, ce corps coupé n'a jamais l'*entier*, même d'un cadavre. Les personnages célèbres dans les cabinets de cire, n'ont que la figure et les mains moulées en cire, par économie. Le corps, les jambes sont faits avec plus ou moins de soin par des *bourres* d'étoffes; quelquefois c'est un mannequin de carton. Aussi, la figure et les mains presque réelles du personnage ne s'harmonisent-elles plus avec les mouvements faux et guindés du mannequin. A la Morgue, on injecte les vaisseaux du cadavre d'un liquide conservateur qui a les apparences du sang; le visage est enduit d'un coloris léger. Malgré ces peintures, un cadavre de la Morgue ressemble toujours à un cadavre. Les figures de cire ne sont-elles pas fardées de la même manière? A la Morgue, des yeux artificiels sont placés dans les orbites oculaires. Les mouleurs de cire se fournissent d'yeux de verre exactement semblables.

Ainsi peut-on expliquer les sensations terribles, les cauchemars en plein jour que vous occasionnent les cabinets de figures de cire, et il a fallu l'esprit un peu vulgaire d'un réformateur moderne, M. Cabet, pour ne peupler son Icarie « que d'artistes qui se livreront à la confection des *automates de cire*, portraits des hommes utiles. »

II

Huit jours après, passant dans les Champs-Élysées, je m'aperçus que le cabinet de figures de cire était fermé. Alors je pensai que l'homme à la baguette était fou, que la police avait eu vent de ses propos et qu'on lui avait retiré sa permission. Du côté opposé, je retrouvai la cul-de-jatte qui exploitait sa personnalité, seule et en plein soleil ; j'oubliai tout à fait le sombre hangar des figures de cire.

La révolution de février arriva, qui coupa brusquement le carnaval en deux. Un événement si inattendu offrait tant de motifs d'étonnement et de curiosité, que le bœuf gras fut vaincu par la République. Il n'y eut pas de bœuf gras en 1848 ; on trouva sans doute que c'était un animal courtisan dont les parents, sous la monarchie, avaient été saluer trop d'autorités constitutionnelles. Le bœuf resta aussi gras qu'avant ; mais il fut abattu entre quatre murs, sans avoir eu l'honneur d'un triomphe.

A la seconde année de la République, nous étions quelques-uns qui s'imaginèrent qu'elle avait porté un aussi rude coup au carnaval qu'au bœuf gras. Et comme il se pouvait que 1849 devînt le terme des mascarades de nuit, je résolus, afin de me souvenir plus tard, de visiter avec courage tous les lieux où on va se réjouir dans ces folles saturnales. Il n'y a guère de différence entre les unes et les autres ; et, ce qui le prouve, c'est l'ancienne coutume des gens de l'Opéra d'aller trouver les gens de la Courtille. Les riches soûls de champagne ont toujours eu la curiosité d'aller voir les pauvres soûls de vin à quatre sous.

Moi, j'allai avec deux de mes amis voir des bals plus curieux et moins connus, à la barrière du Maine et à la barrière Mont-Parnasse. Ce que j'y ai vu sera raconté ailleurs ; mais je sortis d'un de ces terribles endroits, quasi halluciné, ne me connaissant plus, ayant remarqué des confusions de sexes, des hommes et des femmes hybrides, dont les sculptures et peintures licencieuses des antiques ne peuvent donner aucune idée. Cependant j'avais entrepris cette tâche difficile, et il fallait voir tous les bals de la barrière. Quelquefois l'entrée était dangereuse, à cause des gens ivres qui encombraient et se disputaient aux portes. C'est ainsi que je fus séparé de mes deux amis par un groupe d'hommes en blouse, qui criaient à tue-tête. Mes compagnons avaient dû entrer par une cuisine enfumée qui est au rez-de-chaussée et qui conduit à un escalier, en haut duquel se trouvent les danseurs. Je restai sur la porte, tâchant de voir clair sur la chaussée, pour m'assurer qu'ils n'avaient pas pris une autre route ; puis je regardai dans la salle.

— Entrez, me dit un homme qui se disputait avec une vieille femme. Je ne répondis pas. — Entrez donc,

répliqua-t-il; vous n'avez pas peur qu'on vous assassine.
Je le regardai. — Pourquoi voulez-vous qu'on m'assassine? — Ne l'écoutez pas, monsieur, dit la vieille, il ne dit que des bêtises. — Je gage que c'est un étudiant, reprit l'homme; les étudiants sont bien reçus là dedans.
— Je ne veux pas entrer, dis-je; je cherche mes amis.
— Bah, répondit l'homme, je les ai peut-être vus. — Ça doit être les grand cheveux, dit la vieille, et l'autre a un chapeau à larges bords. — Eh! les autres! cria l'homme, on vous attend par ici, étudiants.

Mes amis étaient descendus pour me chercher; l'homme les avait reconnus descendant l'escalier. — Il n'y a rien de curieux là dedans, me dit le peintre Courbet. — Ça ne vous amuse pas, vous autres, dit l'homme, je conçois ça; il vous faut la Chaumière. — Allons, viens, dit la vieille, il est temps de rentrer. — Laisse-moi un moment, j'aime à causer avec les étudiants; et il parla bas à la vieille. — Non, dit celle-ci. — On ne sait pas, répondit l'homme, et il se retourna vers nous : — Ah! vous êtes comme les *Mystères de Paris*, vous aimez le curieux... J'en ai du curieux, moi, dit-il à voix basse, en mettant la main devant sa bouche pour que la vieille n'entendît pas. — Qu'est-ce que vous avez? lui dis-je. — Psch! ça ne se dit pas comme ça. Est-ce que vous descendez dans Paris? — Oui. — Eh bien! nous allons toujours faire un bout de route ensemble... si ça ne vous gêne pas. — Ça nous est égal. — Et je vous montrerai des choses comme jamais vous n'en avez vu de votre vie. — Très-bien. — Voilà ma maison, dit-il, tout d'un coup; ne faites pas de bruit et n'ayez pas peur.

Allons, la vieille, la clef? La femme avait l'air de ne nous voir arrêtés qu'à regret; elle se fouilla longtemps, pendant que son mari jurait. C'était une maison bâtie nouvellement, à en juger par la lune qui nous éclairait. La porte étant ouverte, nous entrâmes tous les cinq dans un corridor étroit. L'homme nous répéta ses premières instructions, de faire silence et de n'avoir pas peur; la porte de la rue s'était refermée sur nous et nous étions dans la plus profonde obscurité. — Attention pour la seconde clef, la vieille, s'écria l'homme bizarre qui nous avait invités si spontanément à entrer chez lui. Enfin, il finit par ouvrir cette seconde porte, nous recommanda d'entrer prudemment et de ne pas remuer tant que la chandelle ne serait pas allumée.

La pièce où nous venions d'entrer n'était ni parquetée, ni pavée ; un froid pénétrant saisissait, et le vent semblait annoncer un grand appartement. Une troisième porte fut ouverte dans l'obscurité. J'avais un frisson de froid qui se changea subitement en frisson de peur. Il me semblait que je venais de frôler avec mon habit un habit inconnu; machinalement j'avançai la main et je touchai un corps. Mes amis ne parlaient pas, La troisième porte qui venait de s'ouvrir, donnait sur une chambre attenant à la rue; et la faible lumière de la lune qui passait à travers des carreaux élevés, m'avait fait voir un homme d'une grande taille. — Êtes-vous là, Courbet? dis-je à voix basse. —Oui, répondit-il. — Avez-vous remarqué qu'il y a un homme étranger dans cette salle? J'en ai vu deux, me dit-il, en se rapprochant de moi.

Pendant cinq minutes, les idées les plus terribles s'emparèrent de nous; la lumière n'arrivait pas; nous avions été bien insensés de suivre cet inconnu ; il m'avait dit qu'on n'assassinait pas à la barrière ; il nous avait recommandé à deux reprises de ne pas avoir peur; il avait causé à voix basse avec la vieille. Si la femme n'avait pas une avenante figure, la physionomie de l'homme n'était guère plus aimable.

L'homme entra avec une chandelle à la main; il y avait peut-être cinquante personnes dans la salle. — Mais vous êtes l'homme des Champs-Élysées, m'écriai-je, en reconnaissant seulement à cette heure les figures de cire et leur cicérone, que j'avais perdus de vue depuis deux ans. — Ah! vous m'avez vu là-bas, dit-il. Eh ! la vieille, voilà une ancienne connaissance. Je suis mon maître à présent; Monsieur, en mourant, m'a laissé une belle collection..., il y en a pour de l'argent, allez ; rien que les habits des généraux et des maréchaux, tout en or, les broderies, les fleurs... faut pas croire que c'est faux. J'ai deux chiens à nourrir, deux boule-dogues, qui sont occupés toute la nuit à ce qu'on ne vienne pas voler les habits des généraux... C'est les compagnons de l'empereur, le brave Bertrand ; son habit a été acheté par Monsieur à la famille, ça vaut des mille et des cents. On ne se figure pas quand ils sont brossés, comme ça va briller...

Cette salle de figures de cire, éclairée par une seule chandelle, est impossible à décrire. Jamais je n'ai vu rien d'aussi lugubre. Chaque figure s'allongeait, suivie de son ombre; les criminels étaient plus criminels que jamais. Les généraux étaient pâles, jaunes et décolorés comme s'ils avaient reçu un coup de couteau des criminels. M. de Talleyrand faisait une grimace sinistre. La cour d'Espagne à table paraissait s'être nourrie de poison pendant un mois. Plus de fard aux joues; les dernières comédiennes de la province auraient refusé de porter les robes de soie des princesses. Le pauvre âne en carton peint, qui supportait Henri IV et le paysan, avait une jambe cassée et écrasait une malheureuse femme nue, aux longs cheveux épars, femme sauvage trouvée dans la forêt de Compiègne.

Ah! M. Cabet! votre enthousiasme pour les « automates de cire » *portraits des hommes utiles*, se serait écroulé bien bas en présence d'un semblable cabinet.— La vieille, cria l'homme, ma baguette? « Mais pendant que nous écoutions et que nous regardions, la femme s'était endormie sur une chaise. — Tant mieux, dit l'homme en haussant les épaules, elle me laissera tranquille... Je veux vous faire une explication de mes figures, mais une bonne; je sais à qui je m'adresse. Croiriez-vous, dit-il, que Monsieur ne m'a laissé ces figures de cire qu'à la condition d'épouser la vieille qui dort... C'était sa bonne, sa gouvernante, pas grand' chose de bon, elle l'avait entortillé si bien qu'il a fallu en passer par là... Et elle est jalouse! oh! tout à l'heure je vous montrerai des choses bien plus curieuses... J'ai là une femme disséquée... je ne montre ça qu'aux amateurs... ah! bah! vous en avez vu assez, vous autres étudiants... — Nous ne sommes pas étudiants, lui dis-je. — Il ne me manque plus qu'une chose, continua l'homme, c'est de nettoyer les figures, on ferait de l'or avec, bien exploitées. Il faudrait les repeindre surtout, le voyage leur a ôté la santé, c'est un peintre qui me serait nécessaire, pour les figures. —Je peux faire votre affaire, dit Courbet, pour entrer dans les idées de l'homme. — Ah! vous êtes peintre, bon, touchez là. Qu'est-ce que ça vous fait de me donner trois, quatre heures par jour? Je sais ce qu'un peintre vaut; vous aurez un tiers dans la recette; si vous vous défiez de moi, vous recevrez l'argent à la porte. — C'est convenu, dit Courbet. — Ah! çà, vous ne badinez pas, dit l'homme. — Jamais je ne plaisante, dit le peintre. —Alors, reprit l'explicateur, nous n'avons pas de temps à perdre, dès demain vous viendrez avec vos couleurs, vos outils, et nous commencerons... De là nous retournerons aux Champs-Élysées où il y a du beau monde; moi je m'y connais pour faire l'article aux milords. Je ne leur fais pas l'explication comme je la ferais à des pauvres; je les flatte et ça rapporte gros. Il y a des Anglais qui ne reculent pas à donner un écu en sortant, mais il ne faut pas faire l'éloge du brave des braves, du grand Napoléon... Et pendant que vous êtes là, je vais vous demander un conseil : j'ai le brave Duroc, encore un bon, un fameux, mais qui a été abîmé; regardez-le. J'ai envie d'en faire un Wellington?— C'est une idée, lui dis-je. —C'est ce que j'ai bien pensé; dans le commerce, dit l'homme, nous ne sommes pas libres; il en faut pour tous les goûts. Le peintre Courbet s'était arrêté devant une figure de criminel, aussi endommagée que le brave Duroc; ce personnage était vêtu d'un habit noir et je le reconnus pour celui qui, les bras en avant, servait d'enseigne au cabinet des Champs-Élysées. — C'est Peytel, dit l'homme à la baguette, une figure qui a eu du succès dans son temps, mais qui est tombée bien vite. — Comment, tombée? demandai-je. — Oui, tombée; j'entends que ce n'est pas un criminel important. Nous avons des criminels qui réussissent et nous en avons qui ne réussissent pas. Regardez Lacenaire qui est derrière la reine de Saba; celui-là sera toujours bon. Il est connu, on le regarde, ça fait plaisir au public. Papavoine, qui est encore plus âgé, n'est pas mauvais non plus; Fieschi et sa maîtresse Nina Lassave, les mêmes qui sont représentés avec les habits qu'ils portaient le jour de l'attentat, on aime à les revoir. Ceux qui sortent vont le dire à leurs parents, à leurs amis; la foule vient. Voilà ce que j'entends par de bons criminels. Mais il y en a, on ne sait à quoi ça tient, qui n'ont point de succès. Aussitôt le procès fini, on n'en parle plus. Je me tue pour ceux tels que Peytel, à faire des explications soignées, rien n'y fait.

Pendant qu'il faisait à mes amis l'explication de ses figures, je regardai cet homme plus curieux que tout son musée. Ses habits semblaient avoir servi à une des pièces de la collection, mises au rebut. Sa figure était pâle et jaune, comme flétrie par la poussière. L'œil était vitreux, d'un bleu clair ressemblant à de certaines porcelaines. Si on avait pu retrancher la voix, cet homme eût pu passer pour une figure de cire; car ses gestes en avaient le décousu et la roideur. Sa physionomie générale n'offrait rien d'humain, il semblait sortir du moule où se coulent les criminels. Le vice se montrait dans ses deux paupières bordées de rouge et dont la majeure partie des cils était partie. La boisson avait dû déformer la bouche qui était lâche, d'un dessin effacé. On ne vit pas impunément au milieu d'êtres sans vie sans en prendre les formes. Il a été donné à l'homme de se rendre meilleur par la vue d'objets fabriqués par la main des hommes; mais une contemplation perpétuelle de la laideur, du crime, mène à la laideur et au crime.

C'est ce qui fait que Diart, car tel était son nom, avait pris les manières et la physionomie des figures de cire, sans s'en douter. Un grand savant a expliqué ces métamorphoses : « Les travaux de l'intelligence rendent l'homme toujours beau. » La laideur primitive de Diart s'était accrue par ses passions, par ses vices et par sa fréquentation continuelle avec les moulages de son exhibition.

— Maintenant, nous dit-il, nous allons passer dans une autre chambre, et je vous ferai voir la pièce la plus curieuse de l'univers. Il s'arrêta devant sa femme toujours endormie. — Je vais laisser la porte ouverte, me dit-il, et vous regarderez de temps en temps si la vieille ne se réveille pas, car tout serait manqué. Nous entrâmes dans un petit cabinet donnant sur la rue, qui était le taudis le plus confusionné qui se puisse voir. C'étaient pour ainsi dire, les coulisses des figures de cire, le magasin d'accessoires, la friperie où on les habillait : habits en loques, vieux meubles, mains sans doigts, figures sans nez, les unes sans yeux, enseignes déloquetées, instruments de musique, tout cela était entassé pêle-mêle, comme au sortir d'une voiture de déménagement.

Au milieu de cette chambre se tenait une figure de cire représentant une jeune fille habillée en grisette, robe d'indienne, foulard sur la tête. Les pieds ne touchaient pas à terre; elle était montée comme les poupées, sur un pied. Elle paraissait mieux entretenue que les autres *sujets* du cabinet, à l'exception des joues et des lèvres dont le rouge était envolé par endroit, comme si on eût passé les doigts dessus.

— C'est la reine des belles, s'écrie Diart en approchant sa chandelle de la figure pour nous la faire mieux voir. C'est Julie... attention, la vieille n'est-elle pas réveillée? — Non ! répondis-je. — Avez-vous vu jamais une perfection pareille... la belle créature! Les empereurs n'ont rien eu de pareil à ma Julie. Regardez la bouche, c'est une rose. Et il alla déposer un baiser sur la bouche. Et ces dents blanches qui brillent dans la bouche entr'ouverte... J'en ai connu des riches dames qui lui auraient arraché les yeux à Julie, tant elles auraient été jalouses. Diart courut embrasser les yeux de la figure de cire. — Tenez, vous qui êtes peintre, trouvez-m'en beaucoup de seins comme ceux-là, sous le fichu. C'est une merveille... Elle est tout entière, nous dit-il, en relevant légèrement la robe pour nous faire voir que la Julie n'était pas bourrée comme les autres figures. — Je ne la donnerais pas pour tous les trésors de l'univers... aussi la vieille est jalouse et lui en veut. Mais qu'elle y touche, qu'elle lui fasse du mal et je lui ferai *bécher des briques avec son nez*, dit-il d'un air terrible.

Un tel mot fait comprendre un homme. — Julie est la perfection, continua-t-il; elle est aimable, empressée et bonne. — Il lui avait pris la main dans ses mains et la massait comme de la chair. — Il faut la voir quand elle danse; elle valse mieux que personne, mais avec moi, seulement; avec d'autres, je ne le permettrais pas, n'est-ce pas ma Julie? dit-il, en s'efforçant de sourire amoureusement et lui donnant une petite tape sur la joue.

Pendant un quart d'heure, Diart prodigua à Julie les noms les plus doux, les épithètes les plus amoureuses. De temps en temps, il s'en approchait, la pressait dans ses bras à la dérobée, et lui lançait des regards enflammés. — Si ces messieurs, nous dit-il, voulaient faire un peu de musique, je leur montrerais comment Julie valse. — Diart nous montra un orgue dans un coin; une grosse caisse était à côté, avec sa paire de cymbales. Mes deux amis ne se firent pas prier; l'un tourna la manivelle de l'orgue, l'autre saisit la baguette de la grosse caisse.

Alors commença une valse étrange, auprès de laquelle la fameuse valse de *Faust*, dansée par Frédérick, n'est plus qu'un enfantillage. Diart semblait plongé dans une ivresse extatique; il serrait contre lui la figure de Julie, dans une telle étreinte, que je m'attendais à la voir crier; ses mains se crispaient sur la taille de la grisette; quand il passait devant la triste chandelle qui éclairait le taudis, son œil brillait et retrouvait des éclairs éteints par la débauche. Il haletait, mais il semblait reprendre à chaque tournoiement de nouvelles forces. Il valsait avec une rapidité sans égale, en portant dans ses bras la figure de Julie. Des sons sans nom sortaient de sa poitrine, qui étaient un mélange d'imprécations et de joies amoureuses. Au milieu de ces onomatopées fiévreuses, il disait le nom de Julie.

— Ah! fainéant! lâche! misérable! scélérat! je t'y prends encore, s'écria la vieille, que la musique avait réveillée en sursaut et qui entrait dans la salle de bal avec une provision d'épithètes. N'as-tu pas honte de recommencer encore tes horreurs devant le monde; mais tout ça finira, et ta Julie paiera pour deux? S'est-il mis dans un état, messieurs, regardez-le, on dirait qu'il va rendre l'âme. Et cette autre Julie... tu crois que je n'ai pas deviné le secret de tes abominations, monstre cruel! Allons, essuie-lui la figure, débauché, tu l'as encore dévorée de caresses. Seigneur! faut-il que je sois mariée à un pareil homme, qui boit tout, qui est en-dessous, qui ne vit que pour sa Julie, et qui ne parle qu'à elle... Patience, va, nous verrons qui l'emportera d'elle ou de moi... Je ne sais pas ce qui me retient de lui déchirer la figure...

La vieille s'élança pour accomplir son dessein; mais elle fit tomber la chandelle. Nous sortîmes tous les trois effrayés et sans nous dire un mot.

— Ils vont se tuer, dit plus tard le peintre Courbet, nous aurions dû rester. — Non, mon ami, croyez que nous ne serons pas appelés en cour d'assises comme témoins. — Cependant ce Diart a l'étoffe d'un échappé de bagne. Croyez-vous que sa femme qu'il appelle la vieille, ne soit pas à sa hauteur? — Et la 'ulie!!!

Quinze jours après la curiosité nous reprit, et il fallut emmener à la barrière du Maine, un ami incrédule; nous ne lui garantissions pas une seconde représentation de la nuit à la valse. Tout avait été si imprévu, si spontané, qu'on ne pouvait demander à Diart de recommencer.

La femme était seule et paraissait plus maussade que d'habitude. — Et votre mari? demandais-je. — Vous ne le verrez plus... ici... répondit-elle. — Il se porte bien? Elle ne répondit pas. — Nous sommes partis un peu brusquement à cause de l'heure avancée, lui dis-je, aussi venions-nous pour acquitter une petite dette. Et comme nous lui donnions quelque monnaie, elle demanda si la personne étrangère qui était avec nous, désirait voir le cabinet.

Tout était comme par le passé; mais comme nous jetions un coup d'œil dans la petite pièce où se voyait la grisette de cire, la vieille Diart se laissa aller en flots de paroles. — Elle n'y est plus, messieurs, la Julie; la coquine a perdu mon mari... Vous vous rappelez encore la nuit où j'ai voulu la démolir, ça s'est encore bien passé; mais le lendemain, pendant que j'étais allée aux provisions hors barrière, je rentre.... Qu'est-ce que je vois? Diart dans le lit avec la gueuse. Il m'a sauté au cou, j'ai encore les marques... Il m'aurait tuée sans les voisins... La nuit, il a enlevé la Julie..... Ce que c'est que la passion..... Elle était faite au tour!

BUG-JARGAL

M. Petrus Borel (ce nom vient tout naturellement quand on parle croque-morts) écrivit jadis sur cette profession un article d'un goguenard inouï. Un matin, on sonne à sa porte, il va ouvrir.

— Je suis Bug-Jargal, dit l'entrant.

— En quoi puis-je vous être agréable, monsieur?

— Laissez faire, vous nous l'avez été déjà assez..... Nous voulions vous voir et nous sommes venus..... Vingt-cinq cercueils! Nous vous remercions de tout notre cœur... Ah! sacristi, quand vous mourrez, nous vous porterons comme un prince, tout à la douce et sans vous secouer...

M. Petrus Borel ouvrait de grands yeux.

— Il y a un petit malheur, c'est que vous ne soyez pas du 11° arrondissement. On vous aurait porté au Mont-Parnasse; on est là comme chez soi. Pas besoin de tombeau. Moi, je me chargerais de vous entretenir de bon terreau, j'ai un ami jardinier par là ; il ne faut pas autre chose sur un cadavre que des fleurs, c'est plus gai.

Alors seulement, l'homme de lettres commença à comprendre que le personnage qui débutait par un tel discours pouvait bien être un croque-mort. Si l'accoutrement de Bug-Jargal était insolite, sa physionomie ne l'était guère moins. Une petite tête ronde grêlée, égayée par trois fossettes sur les joues et sur le menton ; le nez rouge et gros comme celui d'un buveur de Teniers ; des besicles, instrument inaccoutumé aux gens de cette profession ; et sur le tout un crâne nu comme un ver. L'habit-veste de drap noir, la cravate blanche, le gilet et le pantalon noirs donnaient l'idée d'un huissier de province endimanché.

— Monsieur Bug-Jargal, répondit M. Petrus Borel, je suis très-charmé de votre aimable visite et vous remercie de vos non moins aimables propositions ; mais je n'ai encore aucune idée de faire un tour à Mont-Parnasse ou au Père-Lachaise...

— Je l'entends bien ainsi, reprit Bug-Jargal ; histoire de rire tout simplement. Faut-il faire monter les autres ?

— Quels autres ?

Bug-Jargal alla à la fenêtre et montra du doigt à l'écrivain une cinquantaine de croque-morts qui se promenaient gravement dans la rue ; les uns causant, les autres fumant. Tous avaient revêtu le costume officiel.

— Eh ! quel est votre dessein ?

— Les faire monter ici.

— Non, non et non.

— Sacrés cercueils, ils ne seront pas contents. Voilà ce que c'est. Je suis leur doyen, tel que vous me voyez. Je leur ai lu votre travail entre deux verres de vin, et ils m'ont dit : — Ça ne peut pas se passer comme ça, allons remercier l'*auteur*. Et puis, nous sommes venus. Voilà donc pourquoi ils ont pris la liberté de m'envoyer en avant.

— Je vous remercie, vous le leur direz de ma part ; mais ils me feraient grand plaisir de ne pas rester là trop longtemps... On pourrait croire qu'il y a un mort dans la maison...

— Bon, reprit Bug-Jargal, je saisis vos systèmes ; les auteurs ont des drôles d'idées, enfin n'importe. Nous allons vous obéir ; au moins faites-nous un petit plaisir... Après nous partons.

— Je suis tout à votre service.

— Allons, vous êtes un brave auteur, monsieur Petrus Borel. Puisque vous ne pouvez pas recevoir mes camarades, montrez-vous une minute à la fenêtre ; qu'ils puissent vous voir.

— C'est convenu. Adieu, monsieur Bug-Jargal.

— A l'avantage de vous revoir, monsieur Petrus Borel ! Surtout, si le malheur voulait que vous vous trouviez un de ces quatre matins *in extremis*, vous pouvez compter sur nous.

Bug-Jargal descendu conta à ses amis son entrevue avec l'*auteur* et leur dit :

— Attention, la fenêtre s'ouvre.

L'homme de lettres parut à son balcon.

— Vive M. Petrus Borel! crièrent les cinquante croque-morts.

Ce hurrah étonna beaucoup les boutiquiers du quartier, qui sortirent de leurs maisons, fort surpris d'entendre les croque-morts faire des souhaits de vie en l'honneur de quelqu'un, ce qui va contre leur métier.

Bug-Jargal est le doyen des croque-morts. Il y a trente-deux ans qu'il est à l'administration des pompes funèbres; pendant ces trente-deux ans, il n'a mérité que des compliments de ses chefs. Depuis deux ans, il aurait pu se retirer du service, il a droit à une pension, mais Bug-Jargal a l'amour de l'art.

— Un croque-morts, l'amour de l'art, vous voulez rire!

Je me garderai bien de rire en pareille occurrence. Cela semble en effet bizarre pour ceux qui n'ont pas remarqué que les individus s'attachent à leur profession en raison de leur bassesse.

La seule faveur que demanda Bug-Jargal aux Pompes fut d'être employé à l'avenir au transport des *petits.*

Ce n'était pas le zèle qui faisait faute, mais la force. Un matin, il avait laissé glisser d'un second étage une bière contenant un très-gros grenadier de la garde nationale, mort d'apoplexie. Ce lui fut un avertissement du ciel. « Mes bras s'en vont! » dit-il.

L'administration lui accorda sa demande; et depuis Bug-Jargal fut chargé du service des petits. Le *petit*, en style des Pompes, correspond à enfant, en français. Voilà Bug-Jargal heureux, pouvant *travailler* à sa fantaisie et vivre libre comme l'air ; car le petit s'en va plus qu'on ne le croit, isolé, au cimetière. Quand le petit est mort, les parents disent souvent : *Un fier débarras!*

Donc, Bug-Jargal s'en allait plus d'une fois *au* Mont-Parnasse, sous-entendu cimetière, portant la *biérette* sous le bras. Le doyen des croque-morts était en même temps l'homme le plus poétique, le plus buveur, le plus philosophe et le plus lacrymal des Pompes. Quand il était seul par les chemins, servant tout à la fois de corbillard, de convoi, de parents et d'amis, pour se distraire, Bug-Jargal composait des manières d'oraisons funèbres rhythmées qu'il adressait à *son* mort. Il avait adapté à ces discours de petits airs de fantaisie qui en relevaient la monotonie.

Voici une de ces ballades que nous tenons de l'amitié de l'auteur :

« Eh bien ! petit, te voilà donc dans un bon lit de planches ? »

« Tu es heureux, petit ; à ton âge, on est mieux couché dans le sapin que vieux dans un lit de plumes. »

« Comme tu vas faire un bon somme, petit, le sommeil de l'éternité. »

« C'est que, vois-tu, petit, la vie est une mort quotidienne, tandis que la mort est une vie perpétuelle. »

« Là-bas, petit, où tu vas reposer, ton corps va faire pousser de la belle herbe verte et des marguerites. »

« Tu quittes, petit, une vallée de larmes pour une vallée de joies. »

« Le bon Dieu va faire de toi un ange, petit, parce que tu n'as pas encore péché. »

« Quand tu seras un ange, petit, souviens-toi de moi, le vieux Bug-Jargal, qui seul t'accompagne. »

« Adieu, mon petit, et prie pour moi. »

Bug-Jargal n'a jamais eu aucun penchant voltairien, et il croit sérieusement que les *petits* s'occupent de lui. « J'ai déjà là-haut, disait-il, deux cent cinquante-trois anges qui me connaissent. » Car il les compte et les inscrit sur un livre.

Quand il a remis la *biérette* aux fossoyeurs, Bug-Jargal s'en revient tranquillement faire un tour chez la *mère aux chiens*. On nomme ainsi la propriétaire d'un cabaret de la barrière d'Enfer. Là, se donnent rendez-vous les employés des Pompes, qui viennent vider nombre de fioles en mémoire des morts.

Ce cabaret, qui a pour enseigne *à la Girafe*, n'est pas des plus remarquables à l'extérieur. Il est même vilain avec le badigeon rouge criard dont on a jugé à propos de l'orner. Mais il existe une grande salle, exposée à tous les vents, avec un toit de bois, des tables et des bancs de bois solidement fichés en terre. Le jour n'y pénètre qu'à demi et donne à cette longue salle un aspect tout particulier, qu'on ne retrouve guère que dans les *brawery* de Hollande.

La cabaretière, une grosse personne, incessamment suivie d'une légion de jeunes chiens, d'où lui vient son surnom, est depuis longues années en fort bonne intelligence avec Bug-Jargal. La calomnie, qui s'assied même au cabaret, a prétendu qu'elle était sa maîtresse. Nous n'en croyons rien, pas plus qu'à la nouvelle de son mariage, facétie inventée par un croque-morts plaisant.

L'origine de ces bruits vient de ce que Bug-Jargal prend ses repas à la Girafe. Aussi bien le vénérable doyen a le mariage en horreur, et il répète souvent.

« Le mariage est un corbillard rempli de cahots. Il y a des mariages de première classe qui sont aux corbillards de première classe ce que les mariages de dernière classe sont aux corbillards de dernière classe. »

La conversation de cet homme étonnant est semée de mots en harmonie avec sa condition. Il a composé même une chanson *lariflatique* sur la mort, qui est dans le sentiment jovial et mélancolique des fresques de la *Danse des Morts,* que peignait à Bâle Holbein. Nous en donnons trois couplets pour qu'on juge du ton philosophique qui est empreint dans cette chanson. La poésie n'en est pas des plus fines ; mais à quoi bon des règles qui gêneraient les pensées de l'auteur ?

Air : *Du Larifla.*

La mort pour tous est bonne.
Oh ! la belle besogne,
Quand aux petits et vieux
Elle éteint les deux yeux.

Larifla, fla fla,
Larifla, fla, fla.

Brrr, la froide fille !
Disait un joyeux drille,

Sentant à son grabat
Claquer de maigres bras.

Larifla, fla, fla.

La folle personnière
Enfourne dans la bière
Les soucis du passé
Avec le trépassé.

Larifla, fla, fla.

Le public n'a pas grande sympathie pour les employés des Pompes. Cela vient de ce que les croque-morts, en général, n'ont pas de dehors. D'ordinaire, ils sont vêtus de noir, mais on ne sait pourquoi leurs habits de drap deviennent tout d'un coup de lasting, et de noir passent à un ton verdâtre et malheureux qui chagrine la vue. Leurs crêpes sont tout de suite loques, et plus d'un chiffonnier en ferait fi ! Voilà ce qui indispose le public.

Au contraire, Bug-Jargal a le sentiment du costume. Son habit ne se déforme pas : son drap reste du drap et le noir demeure du noir. De cette tenue magistrale lui arrivent en foule les sympathies. Il a de tout temps exercé une certaine suprématie sur ses camarades : ils admirent non-seulement le doyen, mais encore l'homme.

Du temps qu'il exerçait pleinement son métier, il reçoit l'ordre d'aller *encercueiller* un *homme* de haut parage. Les parents avaient recommandé au concierge de les avertir quand les croque-morts se présenteraient. Rien ne ranime la douleur comme un affreux croque-morts. Bug-Jargal monte et sonne ; il s'adresse justement à l'épouse du défunt, qui le prit pour le notaire. — On ne peut pas faire de plus grand éloge à un employé des Pompes. Ce n'est pas tout, la bonne le voyant tout frisé et guilleret, — Bug-Jargal était jeune alors, — ne sut contenir son admiration et s'écria :

— Seigneur ! qu'il est donc gentil et propre... On dirait qu'il *sort d'une boîte*...

Cette expression, que quelques lecteurs pourraient prendre pour une allusion, et qui est très-usitée dans la province, prouve simplement la bonne tenue et les soins exquis que Bug-Jargal a pour sa personne.

D'où vient-il ? d'où sort-il ? demanderont les personnes qui veulent savoir l'alpha et l'oméga d'un personnage. D'autres vont dire : On ne s'appelle pas Bug-Jargal, et mille autres réclamations fort désagréables à tout biographe.

Il n'avait pas de nom, quand il sortit des enfants-trouvés. On l'appelait Pierre, singulière prédestination quand on songe à l'état qu'il devait embrasser dans la suite. Chose plus étrange encore ! il entra en apprentissage chez un menuisier. De menuiserie en menuiserie, il arriva chez l'entrepreneur des cercueils. De confectionneur à porteur de cercueils, il n'y a qu'un pas. Ce pas, il le franchit. Alors paraissait un des premiers romans de M. Victor Hugo ; l'ex-menuisier le lut, le relut et le lut encore. Il en parla et reparla à qui voulait l'entendre ; il le récitait à ses amis ; ce fut une rage telle que celle de La Fontaine parlant à tout le monde du prophète Barruch.

Bref, on surnomma Pierre Bug-Jargal en raison de sa

profonde admiration pour le livre ; comme il n'avait pas de nom, il garda celui-là. N'en valait-il pas un autre ?

Les entasseurs de tomes, qui se piquent d'écrire des *choses* en dix volumes, peuvent aller trouver Bug-Jargal. Il les recevra comme un marquis ne reçoit pas et leur racontera des histoires étranges qui laissent de bien loin en arrière madame Radcliffe et qui surpassent en invention les *Mystères d'Udolphe.* Bug-Jargal, par sa position, ne sait-il pas tout ? N'a-t-il pas remarqué dans les familles, au jour de l'enterrement, les douleurs et les larmes qui ressemblent tant à des pâtés d'opéra-comique : — des douleurs et des larmes de *carton ?*

N'ayant voulu tirer qu'un simple crayon de cette figure originale, je me bornerai à citer un seul fait observé par Bug-Jargal.

— Un homme pas riche, dit-il, venait d'être enterré au Mont-Parnasse. Je dis pas riche, à cause de son convoi qui était *maigrelet.* Huit jours se passent. Voilà un matin une femme, longue et maigre, pâle comme la lune, qui demande la place où était son mari. Le concierge l'y mène. Elle tombe à genoux sur la terre et fond en sanglots. Nous sommes habitués à cela, pas vrai ? eh bien ! ça nous faisait de la peine. Ces sanglots-là n'étaient pas naturels. Il n'en sortait pas de larmes. Après, elle tire de dessous son châle une bouteille, mon Dieu ! faite comme toutes les bouteilles ; et puis elle ôte le bouchon et verse de l'eau sur la terre. Ensuite, elle s'en va. Une semaine après, elle revient. Toujours les mêmes sanglots et toujours la même bouteille. — « Madame, que lui dit le concierge, faut pas vous gêner à apporter de l'eau, nous en avons ici à votre service. » Elle le regarde avec ses grands yeux fixes et ne répond pas. Ce commerce dura je ne sais combien. Pour lors, nous apprenons que la pauvre affligée passait son temps à pleurer ; et ce qu'elle apportait dans sa bouteille, c'étaient des larmes, oui, monsieur, ses larmes de la semaine.

Ce simple narré, qui laisse bien loin la douleur mythologique d'Artémise en l'honneur du roi Mausole, est un des mille faits dont est chargée la mémoire du croque-morts.

Tout dernièrement il a eu une idée originale. Il fit placer sur la tombe d'un ouvrier qui s'était acquis une réputation par ses chansons dans les goguettes, une bouteille cassée.

Bug-Jargal a peut-être un défaut. Il n'aime pas la nature, il lui préfère le vin ; ou il ne voit la nature qu'à travers un prisme sépulcral. Il regardait une plantation de jeunes arbres que faisaient sur le boulevard d'Enfer des ouvriers.

— Ces arbres-là, dit-il, c'est des cercueils qui poussent.

MIETTE

Le Pont-Neuf, le plus vieux des ponts, a été *étrenné* par Brioché, saltimbanque. Brioché fut le premier qui exécuta des tours sur ce pont, qui a eu l'honneur d'être décrit longuement en un volume, *le Voyage autour du Pont-Neuf,* et qui, du vivant de Miette, donnait son nom à un journal. Après Brioché vinrent d'autres saltimbanques, des comédiens en plein vent, des montreurs de marionnettes, des arracheurs de dents. Ce fut le meilleur endroit de Paris pour les recettes; mais la statue de Henri IV, érigée sur le terre-plein, chassa les donneurs de spectacle, le préfet de police interdit le pont aux saltimbanques. Mieux valaient les faiseurs de tours; ils étaient plus divertissants que ce bronze, œuvre d'un sculpteur médiocre de la Restauration.

Miette vint un jour recueillir l'héritage de Brioché; il s'établit au bas du Pont-Neuf, sur le quai des Augustins. Il est là depuis vingt-cinq ans; il le dit avec orgueil et il a raison. Qu'on en cite beaucoup de comiques qui aient conservé aussi longtemps la faveur du public ! La raison du succès de Miette tient à des causes occultes. Ce ne sont pas la *Poudre persane*, le taffetas pour les cors, les escamotages et le *pallas* de Miette qui ont fait son succès ; il le doit au magnétisme qu'il exerce sur les spectateurs par des yeux petits et brillants, d'où s'échappe une flamme qui fascine l'auditoire.

Miette sait bien quelle influence il a sur son public, mais il ne s'en rend pas compte. Dans la vie privée, il a l'œil d'un honnête homme, d'un père de famille ; ce n'est que le soir qu'il allume ses prunelles insidieuses.

Il y a cinq ou six ans, un directeur du petit théâtre de Bobino, vint faire des offres à Miette. On avait écrit une pièce pour lui, dans laquelle il devait réciter son *boliment* habituel. Les propositions étaient avantageuses. Miette refusa. — Monsieur, dit-il, je suis escamoteur, je ne veux pas être comédien !

Au premier abord, cette réponse paraît digne des temps antiques ; elle n'est que rusée. Miette craignait le gaz ; il craignait plus encore de ne pas retrouver ce public vierge, ce public naïf qui l'écoute la bouche ouverte, qui est plus attentif à ses moindres paroles qu'à un cri de rage de Frédérick Lemaître, à un cri de douleur de madame Dorval.

Dans la journée, rien ne révèle l'existence de Miette. Seulement, la place où il *exerce*, le soir, est occupée par un petit étal sur lequel sont exposées diverses porcelaines, les unes neuves, les autres cassées. Une bonne femme garde cette boutique en raccommodant force nippes. Saluez! passants, cette femme est madame Miette; oui, madame Miette, la légitime épouse du saltimbanque. Vous la reconnaîtrez, l'été, à un vaste chapeau de paille qui protége du soleil sa bonne vieille tête ridée. L'hiver, elle porte assez ordinairement une marmotte ornée d'agréments en plumes noires, comme en mettent à leurs chapeaux les charbonniers. Donnez-lui vos porcelaines à raccommoder, évitez de l'interroger sur son mari. Elle cause peu habituellement; mais quand il s'agit de son mari, elle devient âpre et revêche.

Madame Miette *croit* à son mari. Trente ans de ménage n'ont pu affaiblir son enthousiasme. Singulier privilége du génie masculin! Depuis vingt-cinq ans, elle assiste à ses *exercices*, et elle les trouve toujours agréables et nouveaux. Elle ne se mêle pas aux travaux de Miette : elle s'y associe à la manière des chats qui occupent le premier plan de la baraque de Polichinelle, et qui en jouissent sournoisement sans faire mine de le regarder.

Sitôt que l'horloge de la Vallée a annoncé aux libraires du quai la cinquième heure du soir, Miette arrive. Il ôte sa redingote et endose une petite veste d'artilleur dont les avant-bras sont coupés. Cet habit coupé, dont on ne se rend pas compte d'abord, indique assez l'habileté de l'escamoteur et le mépris qu'il montre pour le charlatanisme. A un certain cri lancé dans les airs et obtenu sans *pratique,* les habitués accourent. Le fond des habitués se compose de jeunes vauriens du faubourg Saint-Germain, des apprentis de tout âge et de tout état.

Les soldats, les intrépides amateurs de spectacles gratis et qui donneraient tous les arbres des Champs-Élysées pour un arracheur de dents, s'empressent de profiter d'un saltimbanque aussi proche. Les paysannes, les bonnes d'enfants se groupent. Le public est complet.

Miette, pour *allumer* l'assistance, commence par des tours d'escamotage. Il ne manque pas un jour d'exécuter le tour de la poule, avec imitation de ce volatile en travail d'enfantement. Vient ensuite le chapeau d'Adam, qui consiste à donner à une casquette vingt formes différentes. — « Le chapeau de nos pères, s'écrie Miette en se coiffant de la casquette affectant deux formes bien accusées de cornes, ce qui met l'assemblée au comble de la jubilation! »

La corne n'a jamais manqué son effet.

On rit de la corne le même soir aux Français et aux Funambules.

Une comédie où il n'y aurait pas de cornes n'aurait pas grandes chances de succès.

Les pièces où un mari passe sa tête par un œil-de-bœuf au-dessus duquel est suspendu un bois de cerf, sont à peu près assurées de cent représentations.

La corne sera toujours le comble du drôle, et le plus comique des effets comiques connus.

Tout en faisant ses tours d'escamotage, Miette commence ainsi (1) :

---

(1) Ces discours, que je tâche de rapporter avec une grande fidélité, ne seront peut-être pas intéressants pour le public qui n'a pas entendu Miette. Il y manque le ton, il y manque la vie de l'acteur... On peut nier tout acteur

« Je ne vous dirai pas que je suis l'élève de mademoiselle Lenormand... Mademoiselle Lenormand n'a jamais fait d'élèves. Je ne vous dirai pas que je suis le gendre ou le successeur du célèbre Moreau ; *mossieu* Moreau n'a jamais eu de gendre ni de successeur. Mais qu'es-tu donc alors? Messieurs, je n'emprunte le nom à personne, je me nomme du mien, je suis MIETTE, l'un des sept fils du dragon de Paris. Feu mon père était escamoteur, mon frère était escamoteur, je suis escamoteur. Je demeure rue Dauphine, n° 12, maison du marchand de vin, ce qui ne veut pas dire que je demeure chez le marchand de vin, c'est au contraire le marchand de vin qui demeure chez moi... J'ai travaillé trois fois devant l'ambassadeur de Perse, mais je ne me targuerai point de ce vain titre pour vous dire que c'est l'ambassadeur de Perse qui m'a découvert le secret de la POUDRE PERSANE... Il ne m'a jamais parlé... D'ailleurs l'eût-il fait, je ne l'eusse pas compris, car il m'eût parlé persan, et je l'avoue à ma honte, je n'ai point étudié les langues orientales ; mais ce fut un des officiers de sa maison, *mossieu Ugène* BARRRBARRROUX... Curieux d'apprendre à faire des tours, il m'en demanda et je les lui démontrai. C'était un élève agréable... Il ne me payait pas avec des pommes de terre. (*Miette tire des pommes de terre de dessous les gobelets.*) Et voici des pommes de terre. Il ne vous tirait pas de carottes (*il fait surgir une carotte*), et voici des carottes ; mais il y avait de l'ognon (*même jeu*), et voici de l'ognon ; aussi me faisait-il des compliments. Il me disait : *mossieu* MIETTE, pour les tours de passe-passe et de gobelets, à vous le pompon (*il montre un pompon*), et voici le pompon ! J'en étais donc très-content, aussi vrai que voici la petite balle (*il escamote une petite balle*), la moyenne balle (*même jeu*), et leur camarade la grosse balle (*même jeu*). Un jour je me présentai chez lui ; il était en train de se nettoyer les dents. Cela ne m'étonna pas, la propreté de la bouche

mort... Si les vieillards savaient quels ennuis ils font éprouver à leur auditeurs avec Lekain ou Talma...

étant de tous les âges et de toutes les nations ; mais ce qui m'étonna, c'est ce qui va vous surprendre, c'est ce que, depuis trente-cinq ans que j'exerce sur cette place, je n'ai point encore vu ailleurs... La poudre dont il se servait était blanche comme de la neige (*il ouvre une boîte et la montre en faisant le tour du cercle*), à peine introduite dans la *bocke*, elle devenait cramoisie comme de la lie de vin. » (*Il introduit dans sa bouche un linge frotté de poudre persane, s'en frotte les dents et fait le tour du cercle en montrant au public le linge devenu rouge. Il tient aussi la bouche ouverte de manière à faire voir ses dents*). « Voici, je l'espère, du cramoisi. (*Il remet la boîte en place*). Curieux de ce phénomène, je m'en informai, il me le dit, et je l'ai gardé pour moi... Voilà tout mon talent. Tant que l'ambassade de Perse resta en France, je ne parlai plus à personne ; une fois qu'elle en fut partie, je me présentai à l'académie *rrroyale* de MÉ-DE-CINE, j'exposai ma recette et j'obtins mon brevet, ce n'est pas plus malin que ça... La POUDRE PERSANE, Messieurs, n'a que cinq propriétés ; mais elles sont irrécusables (*pause*). Elle blanchit en deux minutes, montre en main, les dents les plus noires (*pause*). Elle calme à l'instant la douleur de dents la plus vive (*pause*). Elle corrige la mauvaise haleine, toutefois et *quantes* la mauvaise haleine n'est point le produit de la putréfaction de l'estomac (*pause*). Elle raffermit les dents ébranlées dans leurs alvéoles, en arrête la carie, en arrête le tartre et le tuf (*pause*). Les dents sont un des agréments de la physionomie... Une bouche qui est démeublée n'en offre plus, et pourtant les dentistes vous les arrachent. L'homme le plus hardi tremble à la vue des instruments qu'il faut introduire dans la *boche* pour opérer l'extraction de la dent la plus simple. » (*A ce moment, Miette déroulait une trousse de dentiste dans laquelle se trouvaient des instruments énormes et rouillés, espèces de tire-boîtes monstrueux qui faisaient frissonner l'auditoire ; Miette se plaisait à prolonger la terreur en gardant le silence le plus complet, en promenant ces appareils de terreur devant toutes les bouches des curieux, qui se fermaient instinctivement*).

« Me direz-vous que vous voyez entrer ces instruments de sang-froid dans la *boche*? (*Nouvelle promenade autour du cercle avec la terrible trousse*). Non. Eh bien! gardons les ornements que la nature nous a départis, sans nous livrer aux mains barbares des opérateurs. La POUDRE PERSANE nous épargne ces désagréments, et voici la manière de s'en servir : Vous prenez un linge blanc, de lessive, que vous enroulez autour du doigt comme ceci (*il opère en même temps et montre chaque exercice à la ronde*); vous le trempez dans l'eau, l'appliquez sur la BOATTE, l'introduisez dans la *boche* et vous frottez les dents avec... puis vous prenez une gorgée et vous rincez (*il l'avale; marque d'étonnement*). Comment, quoi, c...., tu l'avales? Oui, Messieurs, la POUDRE PERSANE laisse dans la *boche* une odeur si suave, si exquise, si agréable, que je ne suis pas assez ennemi de mon estomac pour l'en priver volontairement... Avec toutes ces qualités, la POUDRE PERSANE coûtera donc bien cher? Non, Messieurs, nous l'avons mise à la portée de toutes les bourses. Il y a des *boâtes* de un franc cinquante centimes ou trente sous (*pause*). Il y a des *boâtes* de un franc ou vingt sous, qui sont les deux tiers des *boâtes* de trente (*pause*). Il y a des *boâtes* de soixante et quinze centimes ou quinze sous, qui sont les deux tiers des *boâtes* de vingt et la moitié des *boâtes* de trente (*pause*). Il y a des *boâtes* de cinquante centimes ou dix sous, qui sont les deux tiers des *boâtes* de quinze, la moitié des *boâtes* de vingt et le tiers des *boâtes* de trente (*longue pause*). Enfin, Messieurs, il y a des *boâtes*, dites *boâtes* d'essai ou d'épreuve, et que je ne vends que dix centimes ou deux sous (1). Messieurs, si la POUDRE PERSANE n'a pas rendu blanches en deux minutes, montre en main, les dents les plus noires... si elle n'a point arrêté la carie... si elle n'a point enlevé le

(1) Les jours où il vendait peu, il cherchait à humilier les pratiques qui n'achetaient que des boîtes de deux sous, en appuyant sur ces mots : « une *boâte* de DEUX SOUS à *moissieu*, » au lieu de se servir du terme poli *boâte d'essai* qu'il employait seulement dans les occasions de forte vente.

tartre et le tuf... si elle n'a point corrigé la mauvaise haleine, toutefois pourtant que la mauvaise haleine ne provient pas de la putréfaction de l'estomac... si elle n'a point raffermi les dents dans leurs alvéoles, rendu leur couleur naturelle aux gencives... si elle n'a point enfin calmé en un clin d'œil la douleur de dents la plus vive, entrez dans ce cercle, démentez-moi, traitez-moi de fourbe et d'imposteur, prenez mon ordonnance, déchirez-la et jetez-m'en les morceaux à la figure... Au cas contraire, dites-le à vos amis et connaissances, et rendez-moi justice? »

Mais ce qui a fait le malheur de Miette, ce qui l'irrite quotidiennement, ça été l'invention de la *lime chimique* pour la destruction des cors. Tous les soirs, il se répand en imprécations contre la lime chimique. Ne serait-ce point là un bas mouvement de jalousie, car Miette s'occupe aussi de la guérison des cors, oignons, durillons *et autres* (sic), qui font le désespoir de tout homme qui descendrait assez gaîment le fleuve de la vie sans ces infirmités de bas étage.

« Mais on vous dira peut-être, ne l'écoutez pas, c'est un charlatan... Charlatan! *(avec indignation contenue)*. Savez-vous, Messieurs, ce que c'est qu'un charlatan, la liste des charlatans est entre les mains de *mossieu* le procureur du roi et non point sur la place publique. — Un charlatan est un homme qui promet ce qu'il ne peut pas tenir. — Découvertes universelles? — *Charlatans!* Un homme ne saurait tout découvrir à lui tout seul. Eh bien! et les autres, ils seraient donc là les bras croisés à le regarder faire. — Allons donc!!! Panacées, remèdes à tous maux? — *Charlatans!* Un remède qui est bon pour une maladie n'est pas bon pour une autre. Me ferez-vous croire que vous guérirez le mal de tête avec ce qui guérit les cors aux pieds. — Charlatans, et qui plus est, charlatans imbéciles.

» Ils l'ont pourtant essayé. — Ils ont pris vos pieds pour des barres de fer ; et la preuve, c'est qu'ils les ont limés. — Vous irez donc, quand vous souffrirez d'un cor, chez le serrurier voisin, poser le pied sur son enclume, et lui direz : limez-moi mon cor!!! *Charlllatans*. Oui, Messieurs, il y a bien un moyen de guérir les cors ; mais ce n'est point avec leur *lime chimique*. — Lime chimique! pourriez-vous me dire ce que c'est qu'une lime chimique? vous m'obligeriez infiniment (*s'adressant à un gamin*). Peux-tu me le dire, toi ? — Non, tu n'en sais rien, ni moi non plus. — J'ai consulté Boiste, Vailly, Restaut, Poche (*il confondait avec le dictionnaire de poche*), Napoléon Landais, le dictionnaire universel, le dictionnaire de pharmacopée, et nulle part je n'ai trouvé ce mot *lime chimique*. Est-ce donc à dire que la lime chimique n'existe pas? Si, Messieurs, malheureusement elle existe, mais elle ne sert à rien qu'à faire des dupes ; car que peut avoir de commun un composé de bois, de verre pilé, de vermillon pour la rendre rouge, d'indigo pour la rendre bleue, avec les cors aux pieds qui sont un produit des humeurs cynoviales. Répétons-le donc : limes chimiques, *charlatans!* — Mais ils ont vendu cent mille limes chimiques à un franc la lime, cela leur a fait cent mille francs avec lesquels ils ont passé pied en Belgique. Voulez-vous savoir où se trouve le dépôt général des limes chimiques? Doubles guides sur la route de Bruxelles.

» Oui, Messieurs, les cors se guérissent, et j'en ai le moyen. — Je ne l'ai pas inventé, je n'ai rien inventé ; mais je l'ai pris dans un livre que voici et que vous pouvez vous procurer comme moi. Il se vend cul-de-sac Paron, à l'enseigne du Chat-qui-Pelotte. — Imprimé à Paris en 1738, par *mossieu* Laforêt, chirurgien pédicure de Sa Majesté Louis XV, membre de l'académie de médecine de Paris, de celle de Montpellier, de la société libre des sciences de Turin, et de plusieurs autres têtes couronnées et corps savants ; celui-là n'était pas un *Charlatan.* Le remède qu'il donne est bien simple, vous pouvez le préparer vous-même comme moi; car je vais vous en dire la recette.

» Il se compose de :

» Térébenthine..	8 gros.
» Gentiane.	2 grammes.

» Tout cela compose le ciroëne royal. Si vous ne voulez pas vous donner la peine de le faire vous-même, je me la suis donnée pour vous.

» Avec ce morceau de ciroëne, qui vous coûtera deux sous, vous aurez de quoi guérir trois cents cors aux pieds. Pour le franc que vous aurait coûté la lime chimique, qui n'a jamais guéri un cor, vous aurez de quoi en guérir radicalement six mille.

» Rentré chez vous le soir, vous défaites votre chaussure, vous mettez le pied à nu, vous le dégagez de sa sueur, vous coupez sur le ciroëne un emplâtre de la grandeur du cor, vous l'amollissez avec votre haleine et l'appliquez dessus en entortillant l'orteil d'un linge pour qu'il ne s'en aille pas. Le lendemain matin le cor est-il guéri? — Non, mais il ne fait plus de mal.

» Répétez plusieurs jours de suite, et le cor sera radicalement guéri. »

Une des preuves du génie de Miette, c'est qu'il n'emploie pas de compères. Il travaille seul. Ce n'est pas lui qui se servirait d'un *pitre* grossier qui arrête un public grossier, par de sales histoires remplies de mots obcènes. Il sait qu'il a un public jeune, et il ne s'est jamais permis le moindre mot à double entente, n'étaient les cornes, sa seule faiblesse. Et qui n'en a pas?

Miette est petit et gros. Son *sac à la malice* est attaché par des cordons qui s'enroulent difficilement à sa

taille. Il a un petit nez en l'air d'une grande finesse de
dessin, qui est bien un nez d'observateur. Chose étonnante, Miette a très-peu de front ; joignez à cela l'habitude de faire avancer sur les yeux une touffe de cheveux
grisonnants. La puissance de son œil est masquée par
deux paupières très-avancées, qui forment presque deux
écailles d'huître. Comme toutes les personnes qui ont
des paupières de cette nature, il est obligé de rejeter un
peu sa tête en arrière, pour regarder en face. Une de ses
épaules est un peu plus forte que l'autre, ce qui a fait
avancer à quelques envieux, sans doute, que Miette était
bossu. Les gens de génie ont ont toujours eu des détracteurs ! Miette n'est pas bossu, mais il en a l'esprit.

Son organe lui a été très-utile ; aussi, faut-il l'avoir
entendu au moins cinq fois pour comprendre la domination qu'il exerce sur les masses. La voix de Miette est aigre
et stridente ; on la croirait le fruit des relations d'une
girouette et d'une crécelle. Cette voix rend merveilleusement chaque phrase ; elle s'enfle, elle arrive à un
crescendo extraordinaire pour le mot de la fin qui retentit longuement dans les airs, comme s'il était répercuté
par un écho.

Dans son intérieur de la rue Dauphine, Miette devient
simple comme bonjour. Il est très-aimable avec les personnes qui vont lui rendre visite. Il apprend à faire des
tours de cartes — un *moyen, dit-il, de se rendre agréable en société.* Il parle avec enthousiasme de Napoléon,
dont il possède le portrait. Il raconte volontiers la connaissance qu'il fit *avec* Carle Vernet. L'obscur Miette
d'alors ne s'était pas encore trouvé. Carle Vernet, grand

chercheur de figures curieuses pour ses caricatures, le rencontra faisant des tours de gobelets, mais entouré d'un public pâle. « Il attendit jusqu'à la fin, dit Miette, et il me proposa de me faire mon portrait. Vous pensez bien, monsieur, que j'acceptai. Nous entrons chez le marchand de vin du coin. Le peintre fait venir une bouteille à quinze. Nous buvons, le voilà qui se met à en conter de toutes les couleurs, il fait des calembourgs, j'en ris encore. Et puis il me dit : — C'est fini, voici cent sous pour ta peine... — Je ne voulais pas recevoir, moi, de l'argent d'un homme si amusant, que c'était moi plutôt qui devais le payer. — Bon, que je lui dis en riant, vous êtes artiste, j'en sais quelque chose, vous n'en avez pas trop pour vous... Ah! bien oui, il n'entend pas tout ça; il ne veut pas reprendre sa monnaie... — Moi, je veux payer le vin... le vin était payé... — Ah! çà, camarade, je lui dis, je me fâche pour de bon; nous allons redoubler... Garçon, une autre bouteille à quinze... Figurez-vous, Monsieur, qu'il était sauvé avec le portrait, sans crier gare, sans me laisser son nom... Qu'est-ce que je vois un jour à l'étalage de Martinet, mon portrait tout craché, ma ressemblance, quoi!... Il y avait un nom au bas, Carle Vernet.... J'entre chez le marchand ; il me dit que c'est un grand peintre qui fait de la caricature pour s'amuser... Je *suis été* trois, quatre fois chez lui, on ne le trouvait jamais; c'est si coureur ces artistes... Enfin, Monsieur, il m'a porté bonheur ; on a voulu voir si je ressemblais à la caricature... Il y a peut-être de ça huit ans, je travaillais sur le quai. Un vieux monsieur bien mis, décoré, s'arrête à m'écouter.

— Je connais ce vieux-là, que je dis à ma femme.

« Après la séance, il me dit : Vous ne me reconnaissez pas, mon brave.— Attendez donc un peu, je réponds, je vous ai vu quelque part... Ah! vous êtes mossieu Carle Vernet, je gage. — Vous avez la mémoire des physionomies, dit-il en riant.— Oui, et j'ai encore la mémoire d'autres choses. Pourquoi que vous vous êtes couru comme ça de chez le marchand de vin, l'autre fois ?... — L'autre fois, il y a dix-huit ans de cela! Il avait raison; il était bien vieilli, bien cassé. Je n'ai pas osé lui offrir une bouteille, c'était bon dans le temps que je ne le connaissais pas.— Eh bien! les affaires, qu'il me dit. — Là, Mossieu Carle, ça va et vient, je ne me plains pas. — Allons, tant mieux, mon ami, et il me donna une poignée de main... Depuis, j'ai su que ce pauvre vieux mossieu Carle Vernet était mort... Ma parole, j'ai pleuré... Tenez, j'ai là son portrait que j'ai acheté... Ah! le brave homme. Il paraît que mossieu Horace Vernet est son fils... Ah! sacristi, en voilà un particulier pour la bataille. J'ai vu son fameux tableau de la Smalah. Eh bien, Monsieur, je ne demande qu'une chose avant de mourir, c'est de pouvoir dire au fils que je pense toujours à son brave père, mossieu Carle Vernet. »

Miette était ému en me racontant cette histoire. Je le quittai en songeant à ce grand cœur qui battait sous un habit de saltimbanque, et je compris alors cette phrase à la Bossuet, cette pensée qu'on jurerait écrite par La Rochefoucault et que Miette a le courage de crier tous les soirs en plein air :

« UN ESCAMOTEUR EST UN HOMME QUI EST PÉTRI DU MÊME LIMON QU'UN MARÉCHAL DE FRANCE. »

On devrait écrire, en lettres d'or, cet axiome, sur le tombeau de Miette, au cas où il aurait un tombeau (1).

(1) Mon admiration pour Miette date de loin. J'ai connu le célèbre escamoteur, il y aura tantôt sept ans. Alors j'étais commis-libraire sur le quai des Augustins ; bien des fois mon patron me surprit la bouche ouverte, devant les tours de Miette.

Il n'est plus, hélas ! J'ai appris l'an passé, en province, sa fin. Le convoi était triste et peu nombreux ; personne n'a récité de discours sur la tombe du saltimbanque. Que ceci lui serve d'oraison funèbre.

FIN.

TABLE

Préface de la deuxième édition.	1
A Honoré Daumier.	3

PREMIÈRE PARTIE. — LES EXCENTRIQUES.

Da Gama Machado.	23
Lamiral, auteur dramatique et sonneur de cloches.	42
Lucas.	56
Jean Journet.	72
Berbiguier.	102
Rose-Marius Sardat.	133
Cambriel.	152
Carnevale.	164
Les communistes de Sainte-Croix.	176
Jupille.	191

DEUXIÈME PARTIE. — LES GRANDS HOMMES DU RUISSEAU.

L'élève de Moreau.	215
Canonnier.	228
Cadamour.	240
L'abbé Châtel.	261
L'homme aux figures de cire.	298
Bug-Jargal.	322
Miette.	333

Poissy, typographie ARBIEU.

www.ingramcontent.com/pod-product-compliance
Lightning Source LLC
Chambersburg PA
CBHW060332170426
43202CB00014B/2751